浙江省哲学社会科学规划
后期资助课题成果文库

万斯同哲学思想研究

A Study of Van Sitong's Philosophical Thoughts

伍强胜 著

ZHEJIANG UNIVERSITY PRESS
浙江大学出版社
·杭州·

图书在版编目(CIP)数据

　　万斯同哲学思想研究 / 伍强胜著. —杭州：浙江
大学出版社，2023.5
　　ISBN 978-7-308-23758-1

　　Ⅰ．①万… Ⅱ．①伍… Ⅲ．①万斯同（1638－1702）
－哲学思想－研究 Ⅳ．①B249.9

　　中国国家版本馆 CIP 数据核字（2023）第 078311 号

万斯同哲学思想研究

伍强胜 著

策划统筹	徐　婵	
责任编辑	吴　庆	
责任校对	蔡　帆	
封面设计	项梦怡	
出版发行	浙江大学出版社	
	（杭州市天目山路 148 号　邮政编码 310007）	
	（网址：http://www.zjupress.com）	
排　　版	浙江时代出版服务有限公司	
印　　刷	广东虎彩云印刷有限公司绍兴分公司	
开　　本	710mm×1000mm　1/16	
印　　张	15.5	
字　　数	256 千	
版 印 次	2023 年 5 月第 1 版　2023 年 5 月第 1 次印刷	
书　　号	ISBN 978-7-308-23758-1	
定　　价	88.00 元	

浙江大学出版社市场运营中心联系方式　（0571）88925591；http://zjdxcbs.tmall.com

序

  万斯同在浙东学术思想史上占居重要地位,理应得到广泛的关注。万斯同是黄宗羲的学生,他以布衣身份修著明史,名噪一时。其在史学领域的建树,梁启超在《中国近三百年学术史》中即有介绍。之后,又出现了诸多的研究和论述。进入新世纪,随着方祖猷先生主编的《万斯同全集》的出版(该著得到国家古籍整理出版专项资助),万斯同在经学、礼学领域的贡献进入世人的视域,对万斯同学术思想的研究全面展开。伍强胜的《万斯同哲学思想研究》作为研究万斯同哲学思想的专著,即为其中之一。

  伍强胜现在宁波财经学院工作。他曾在东南大学读研、攻博,我是他的硕士和博士研究生导师。他为人正直,潜心学术,好学深思,能够接受不同的学术观点和治学方法,具有开阔的学术视野。他从 2013 年至今曾先后著述及点校、审校象棋古典文献专著 10 余部,致力于象棋的哲学意境,在学术领域显现出突出的个人能力。现在,他又将这份学术热情用于万斯同的学术研究中。

  伍强胜撰写的《万斯同哲学思想研究》,是在他博士学位论文的基础上修改完成的,该书比较系统地阐述了万斯同的哲学思想。当年,伍强胜在确定博士论文选题时,我建议他研究浙东学派万斯同的哲学思想。万氏既往一般被视为历史学家,学界通常关注他的史学思想。但是,我认为万斯同史学领域的成就,遮蔽了其哲学思想的丰厚。之后,伍强胜对万斯同哲学思想展开了研究。伍强胜认为,万斯同哲学思想呈现出三条线索。一是以"气生万物"为主线,这是对传统气本论的继承。二是太极、乾坤生六子的构架。太极、乾坤生六子从易学角度说明了整个世界的生成顺序。三是道论,这是万斯同哲学思想的核心。万氏对"道"的本义做了正本清源的工作,其古今之道、治道、人生哲学等等则对

"道"进行了具体展开。另外，万斯同的道统论清理了佛老残余，其"有道之世"即构建"一代之规模"是万斯同哲学思想的归宿和目标。而其格物论重视"三物"之学显现出万斯同哲学思想的实学特征，表明万斯同哲学是浙东学派从王学到黄宗羲走向实学的重要一环。

弟子有著作问世，这是可喜可贺的事情。希望伍强胜继续努力，进一步深入研究万斯同哲学思想。本书"道统论"一章，通过探讨万斯同"对朱熹易学道教成分的剥离"，万斯同易学框架初步显现，但尚需深入挖掘。万斯同关于拟卦的记载、关于卦变说的论述，尤其是卦变说采用"刚柔说"，拒斥"阴阳说"之探讨，有待补苴。万斯同在礼学领域建树颇多，他曾帮助徐乾学修著《读礼通考》《五礼备考》等礼学著作，故万斯同礼学思想值得深入研究，万斯同礼学与黄宗羲等浙东学派代表人物之礼学的对比研究也非常有价值。徐乾学名下的《资治通鉴后编》亦是万斯同的作品，将万斯同学术思想研究置于从《资治通鉴后编》到《明史稿》的广阔范围，前后贯通进行研究，亦值得期待。

伍强胜的这篇博士学位论文经过修改，获得浙江省社科联 2022 年度哲学社会科学规划课题后期资助，即将付梓。非常感谢浙江社科联的鼎力支持与倾情资助，希望伍强胜有更多的研究成果呈现给广大的读者。

魏福明

二〇二二年元月八日东南大学九龙湖畔

目　录

导　论

万斯同(1638—1702)，字季野，号石园先生，卒后门人私谥"贞文"。浙东学派代表人物，黄宗羲高足。一生致力于纂修明史，主要著作《明史稿》，开创了一介"布衣"修纂国史的先例。另著有《儒林宗派》《庙制图考》《群书疑辨》《新乐府词》《石园诗文集》《石经考》《石鼓文考》《宋忠义录》《南宋六陵遗事》《庚申君遗事》《周正汇考》《纪元汇考》《补历代史表》《书学汇编》等；《读礼通考》《五礼备考》《资治通鉴后编》等则为徐乾学修书，俟考。

一、选题背景和意义

梁启超曾对浙东学派之学术作过总结，认为浙东学术自黄宗羲、万斯同、全祖望至章学诚，厘然自成一系统，其中贡献最大者实在史学。这是针对浙东学派学术研究的开端。之后，学人陆续有所补苴。黄宗羲、万斯同、李文胤、邵廷采、全祖望、邵晋涵、章学诚等众多浙东史学大师构成浙东学派的完整系列，湛然凸显在世人眼前。受此影响，长期以来，学界一直将万斯同视为史学家，相关研究难逃此窠臼。显然，这与万斯同的历史地位、学术地位是不相称的，对于浙东学术发展的真实轨迹的揭示也是不够的。

关于清初之中国学术概况，梁启超同样曾有一个重要判断："从顺治元年到康熙二十年约三四十年年间，完全是前明遗老支配学界。他们所努力者，对于王学实行革命(内中也有对于王学加以修正者)。他们所要建设的新学派方面颇多，而目的总在'经世致用'。……康熙二十年以后，形势渐渐变了。……这个时候的学术界，虽没有前次之波澜壮阔，然而日趋于健实有条理。其时学术重要潮流，约有四支：一阎百诗、胡东樵一派之经学，承顾、黄之绪，直接开后来乾嘉学派;二梅定九、王寅旭一派之历算书,承晚明利、徐之绪,作科学先锋;三陆桴亭、陆稼书一派之程朱学,在王学与汉学之间,折衷过渡;四颜习斋、李刚主一派之实践学,完成前期对王学革命事业而进一步。"①梁先生认为,从顺治元年到康熙朝结束,前中期中国哲学思潮为实学,即经世致用的实学上承王学。之后,也就是大约平定三藩后,实学思潮一分为四。即乾嘉学派、科学派、程朱派、颜李学派。因此,可以简单地抽绎出一条学术线索,即王阳明心学—实学—颜李学派;颜习斋、李刚主一派从外部延续了实学对王学的革命事业。梁先生的判断为后世的研究作了很好的基础工作和铺垫,但也留下了一个大大的疑问,即王学统治的浙东,此时大有人在,其影响下的浙东学术界又是什么个情况?我们知道刘宗周是晚明浙东学术的殿军,刘宗周的后学之著名者有黄宗羲、陈确、恽日初等。其中,历史上,以黄宗羲为代表的明末清初浙东学派继承和发扬了底蕴深厚的浙东学术宗旨,他们高举起"援经入史"和"经世致用"的大旗,成为扭转当时空疏学风的一支重要力量。万斯同师承黄宗羲,亲身经历了明末清初的"天崩地解"、王朝更替和学术大变迁,并且与颜李学派产生了思想碰撞。结合黄宗羲的思想,深入挖掘万斯同的哲学思想,对于全面把握中国哲学发展史,并由此揭示浙东学术思想、哲学思想的走向具有一定的理论意义和现实意义。

二、研究现状

目前,从"知网中文数据库"中能搜集到的有关万斯同学术思想的论文有百余篇,涉及万斯同的生平交游、经学、礼学、《明史》及其诸版本的研究等。其中,在万斯同哲学思想研究领域比较突出的学者是宁波大学方祖猷教授。

方祖猷教授关于万斯同学术思想研究的文献主要有两部著作,即《万斯同评传》与《万斯同全集》。其中,《万斯同评传》于 1996 年由南京大学出版社出版。该著作从时代背景,万斯同家世、生平、交游、学术等众多方面作了全方位的介绍和阐述。方先生发表的关于万斯同研究的论文基本上能在《万斯同评传》上找到。《万斯同全集》于 2013 年由宁波出版社出版。《全集》共收录万斯同著作 23 种,分为 8 册,共 480 万字。除国家图书馆收藏的几部《明史稿》之外,几乎汇集了万斯同流传于世的全部作品,对于学界全面深入研究万斯同学

---

① 梁启超:《中国近三百年学术史》,江西教育出版社 2017 年版,第 15 页。

术思想具有重要的参考价值。注：今新疆图书馆收藏之《万斯同文集》名目不在《全集》内，其内容有待深究。

很长一段时间来，学者们研究的原始文献都没有超出《万斯同全集》范围。下面扼要介绍方祖猷教授的研究情况。

第一，万斯同哲学及哲学史之相关论述。方祖猷关于万斯同哲学思想演变历程在《万斯同评传》中曾有结论：万斯同哲学思想三变。"万斯同哲学思想，自此为之三变，由早期蕺山之学转向潘平格之学，晚年转而为颜李之学的信从者了"。按：方教授的这个结论将万斯同哲学思想的眉目大致描述出来了。在对《儒林宗派》这部万斯同未完成之作的考察中，方祖猷认为，从《儒林宗派》一书史表的排列、学派的分合、诸儒的取舍，可以发现万斯同早期哲学倾向的蛛丝马迹。第一，《儒林宗派》综罗百家，无门户偏见。第二，万斯同虽无门户之成见，却以儒学为宗旨，一旦其认定某个学派或人物的学术思想在儒道之外，则列入《附录》予以贬低。第三，万斯同把叶适、陈傅良、陈亮的事功之学列于《附录》，显然受到黄宗羲的影响。第四，《儒林宗派》与《明儒学案》对人物的分合有所不同。第五，《儒林宗派》将科学家朱载堉、郭守敬等列入"儒林"，独具慧眼，等等。可表之处尚多，不一一列举。总览《儒林宗派》，开宗明义第一卷从孔子开始，立"圣门学派"，并在两汉经学家后，凡三国、两晋、南北朝、隋唐、两宋，直至元明，都立儒家人物表。总而言之，《儒林宗派》是古代第一部比较科学、客观、严谨的学术通史。

第二，万斯同礼学之研究。方祖猷认为，万斯同的礼学在丧、祭二礼方面较为详尽，成绩较为突出。其祭礼主要体现在禘论。万氏以破立论，所驳斥主要对象为汉儒郑玄的"二年袷三年禘"说、"禘为丧毕之祭"说、"祭于后稷庙而不祭始祖所自出"说和"袷大禘小"说。万斯同以《禘说》八篇和《书禘后说》共九篇来阐明自己的观点。"禘袷一也，以审禘昭穆谓之禘，以其合祀群庙谓之袷"。所论"精确不可易"，历来受到好评。至于丧礼，以《群书疑辨》为考察对象，其中"中月而禫"和"祔已主不复寝""娣姒妇""叔嫂有服""三虞即卒哭""殡于五父之衢"等，亦都"精确不可易"。方祖猷认为，万斯同以史学家的眼光治礼，以史视礼是万斯同礼学的实质。万氏将礼分成先王之礼和先贤之礼两种，并提出变革礼的观点。礼的变革遵循两条原则，一是要合乎情，二是要合乎义。"礼由情起，人情之所不能已者，先王勿禁。""未有不本于情也，情由中出，礼自外至。"然而人情又贵乎得中。"情固宜从厚，而礼又贵乎得中。"得中就是"义"，又称

"理"。先王之礼如合理,必须继承;先贤之礼如失情,必须废除。万斯同由礼的非经,以史观礼,至探求古礼的历史变迁和提倡礼的改革,从侧面反映了从明中叶到清中叶"六经皆史"这一命题在其发展过程中的具体体现。纵观万斯同经学,方祖猷认为,万斯同富于独立思考,而又注重实证,这是他的经学特点。万斯同经学的第二个特点是汉宋兼采。一般而言,他论《春秋》多主汉学,而其《诗》礼之学则多主宋学。第三,万斯同经学具有强烈的经世精神。因此,方祖猷得出结论,万斯同是从宋明经学向乾嘉汉学过渡中的一位承前启后的经学家。

第三,万斯同史学之研究。方祖猷认为万斯同对古今典章制度作了很好的总结,包括田赋、兵制、选举、乐律、郊社、庙制、舆地、官制、宫阙、地理、仓库、河渠、水利、政刑等等,体现了万斯同将"古今经国大猷,一一详究其始末,斟酌其确当"以论其"可行不可行"的总结性特色。在此基础之上,万斯同探究了明亡的历史教训。首先是经济原因。粮饷这样重,明哪有不亡之礼?其次,统治阶级内部矛盾、统治阶级和被统治阶级的矛盾即"乖戾之气"是明亡的第二个原因。第三是军事原因。武将与卫军世袭,军与兵相分,充军与勾军制的设立,致使国弱民困,乃至于灭亡。另外,劝善惩恶也是万斯同史学的重要内容。统而言之,万斯同史学是经世史学,充分表现了万斯同的民本思想、追求科学进步的思想。万斯同的民本思想首见于《与从子贞一书》,"今天下生民何如哉"。这一思想贯穿万斯同一生。万斯同的民本思想在史论中也有所流露。如命题"民之苦赋,甚于苦贼""仕宦而为盗",始终站在人民一边。因此,他的观点将古代民本思想提高了一步。方祖猷认为,随着时代的发展,万斯同民本思想中又有一些新的因素。即对农民起义的同情、对妇女命运的同情、对海商和市民斗争的同情、对君主专制的批判。

方祖猷认为,万斯同对科学进步也是非常重视的。万历末年,耶稣会传教士首次来华,带来了西方文化。对西学东渐,万斯同采取一分为二的态度。对他们带来的较先进的自然科学,表示欢迎,而对他们传入的基督教教义,则予以排斥。在自然科学方面,万斯同提倡会通中西而折其衷。万斯同重视自然科学的进步,在《讲经口授》中讲述了朱载堉的"律历之书",在《明史稿》中则又编入周述学列传,身体力行,提出了"亲试",即实验问题。

方祖猷认为,万斯同对于明末党争的态度问题,比较公允,绝不采取非此即彼的立场,如王永光的例子。当然,万斯同史学思想中亦有某些不足。方祖猷指出,万斯同史学思想中仍未彻底摆脱旧历史学家不可避免的某种天命论的残余影响。如君权神授观点;如对于张居正的评价,竟列出二十四条罪状,仅看到张居正晚期的错误,而忽视了张大部分时期执行的正确的政策和作风。

另,方祖猷《浙东学术及其三大学派——浙东学术文化在宁波概述之一》(《宁波党校学报》2003年第3期)一文认为浙东学术发展呈现前后相连接的三大学派。其中,南宋的四明学派,出自陆学并有所发展,其代表人物为"淳熙四先生"杨简、沈焕、舒璘、袁燮;明代的王阳明心学,代表人物王阳明,其学术影响深远,波及海外如朝鲜、日本;清浙东学派以史学为主,博大精深,涉及诸多学术领域,其代表人物黄宗羲、万斯同、邵廷采、全祖望、章学诚等等。此文为万斯同哲学思想学术定位提供了参照。

方教授之外,尚有诸多学者的研究亦成绩斐然。

朱瑞强《万斯同史学平议》(1992)一文中关于《儒林宗派》《宋季忠义录》《南宋六陵遗事》《庚申君遗事》《广宋遗民订误》等的研究与万斯同哲学思想有关。

朱瑞强教授认为,《儒林宗派》突出的成就在于反理学的编纂思想。《儒林宗派》将整个经学的发展看作是完整的不断变化的过程,从内容上彻底破除了道统神话和门户之见。如,周代(先秦)首立"圣门学派",叙列孔门弟子,立"先圣世系"叙列孔子家学渊源,强调经学始自孔子的历史事实,删掉了一向被理学家奉为"道统之祖"的尧、舜、汤、武等与经学毫不相干而又身份显赫的历史人物,使经学从神学回到了现实历史。汉唐经学实则是经学的重要内容之一,但长期为理学家所否认。《儒林宗派》客观地恢复了它们应有的历史地位并列出强大阵容。又如宋元明时期,不同的理学派别占据了儒学主流,万斯同既不否认这一事实,也不偏向任何门户,公允地叙列程、朱、陆、王各派源流。此外,又别立"诸儒博考"一目,收录这一时期非理学儒者,如范仲淹、马端临、焦竑等人,表明在理学占绝对统治地位的时代,亦有不卷入理学狂潮的儒士。总之,在理学道统之说依然十分盛行的清初,《儒林宗派》第一次全面公正地恢复了整个经学史的本来面目,其进步意义是不可低估的。对于宋季忠义史的研究,朱瑞强认为,这是万斯同史学的重要组成部分。万氏现存宋季史著主要有《宋季忠义录》《南宋六陵遗事》《庚申君遗事》《广宋遗民订误》等。其所讨论的主题也是清初遗民学人所共同关注的问题。因此,万氏这些著述在当时具有一定的代表性和影响,长期以来,忠义史学被视为万斯同"爱国主义"思想的一块基石。但朱瑞强认为对此必须加以分析。在"异族"入侵的特定历史条件下,万斯同歌颂宋末遗民的抗节忠义行为,固然有一定的反抗压迫的色彩,但究其实质,则主要是为了阐扬封建忠孝节义精神。万斯同欲通过对宋季遗民忠义行为的肯定,要求清政府承认明季遗民的历史和现实性。当时,清朝政权业已巩固,清廷不但不忌惮表彰明末抗清志士,而且更需要利用这种忠节行为的表彰来加强其统治。因此,万氏忠义史学思想和清政府的现实利益并不矛盾。正是在这个意义上,朱瑞强不赞同把万斯同颂扬末季遗民忠义行为的史学称之为爱国主义史学。

王允亮《西汉庙制之争考论》(2005)一文认为,刘歆以正统为主的宗庙理论得到万斯同的支持。万斯同《庙制图考》中有"采《王制》七庙之文,参刘氏三宗之说,会而通之,典祀斯在"。简言之,六亲庙的天子七庙制,着眼于政治等级的差别,从制度上确立了天子至高无上的地位;另宗无定数的理论,强调政治事功在宗庙废立中的作用,为后世处理疑难问题提供了一个富有弹性的理论依据。本文是目前万斯同礼学、礼制思想研究不多的一例。

王志跃、欧磊的《〈明史·礼志〉编纂考述》(2006)一文指出,万斯同《明史·礼志》叙分为两部分。第一部分万斯同极力强调礼仪制度的重要性,认为礼仪制度是治理国家,使人民顺服的唯一工具。接着万斯同又从礼仪制度的政治、法律和教化功能的角度,阐述礼对统治者的作用,即礼仪制度是"君之大柄"。然而,现实的情况是,随着时代的迁移,历代王朝对于礼仪制度越来越不重视。因此,万氏得出结论"三代以后,以礼为治天下一事,古今治效,所以有隆污之异者,正以此耳"。于此,万氏似有扩大礼的作用的倾向。故王、欧反对说,三代以后的社会,仅靠礼仪制度来维持社会稳定是不切实际的,必须依靠礼、乐、兵、刑等多种措施方才有效。第二部分对明太祖的礼制建设活动和礼制文献上取得的成果作了系统回顾,高度评价了明太祖在礼制方面的大胆改革,而对嘉、隆、万三朝则评价不高。

闫瑞的硕士学位论文《〈明史·佞幸传〉研究》(2013)指出,万斯同《明史稿·佞幸传》前有《序》后有《赞》,序中揭示邪佞之人"其性柔媚为术工巧",善察言观色,趁时以进,或因材能,或诱帝玩耍,或以浮屠方术诱上沉溺,这些行为都对帝王的德行有亏损。故要"掇其杰魁,以彰炯诫"。闫瑞认为万《序》只是泛泛地概括了佞幸之人行为如何,适用于所有朝代。万赞语称有明一代"佞幸为害,至方士尤甚",雅号英主的宪宗与世宗,都于此有失,使得李孜省、邓常恩、邵文节、陶仲文等人惑主肆意妄行、危害天下。因此,闫瑞对明代政治教训作了必要的总结,列出三大祸害:锦衣卫横行之祸,宪宗、世宗崇道问术的危害,武宗耽乐嬉游的危害。危害成形的原因在于小人以左道诱导君主之私欲，君主以亲己之人为可信而重用之，危害之甚难以预料。

赵静《〈宋季忠义录〉整理与研究》(2015)一文认为，《宋季忠义录》借古喻今，以亡宋比之于亡明，颇具有史学价值、文献价值、人文价值。从史学价值上讲，保存了 693 位爱国忠义之士的个人资料、宋元之际的战争资料、宋代服饰礼仪资料、宋代的语言以及天文资料；从文献价值看，可校正正史之讹误，可补正史及地方志之缺略，可与正史等相关文献互证；从人文价值看，遗民是一批风节凛然、精神有守的忠义节烈之士，是中华民族爱国主义思想的完整的内在精神体现。

陈佳炜的硕士学位论文《〈明史・奸臣传〉研究》(2018)认为万斯同设立《奸臣传》的目的就是通过书写"明代巨奸"的滔天罪行，来警示君主对大臣的罪行应防患于未然。在《〈明史・奸臣传〉研究》序言中，万斯同认为奸人(金壬)作奸犯科，背叛(畔)君主，实为阴险，并劝诫君主应当识别奸邪有所防范。在论赞中，万斯同分别评价了《奸臣传》中列出的奸臣。认为胡惟庸在明太祖面前，"懿不畏死，自取覆亲"，只能称之为愚蠢。而焦芳、刘宇、张彩和严嵩"徒哺啜遂忘身家"都是"穿窬(盗窃)之徒"。魏广微和崔呈秀"甘心涂面"，欺下瞒上，来满足一时之欲；而马士英和阮大铖"犹党护不休，颠狂益甚"。总之，这些奸臣"诛戮然殃民蠹国，寸断莫蔽其辜"，后世应当为戒。陈佳炜认为万稿中的"明代巨奸指不胜屈迹，其滔天之势未必不始于涓涓，是可取而鉴矣"和"诛戮然殃民蠹国，寸断莫蔽其辜"，指出了奸臣误国之危害以及编修成传的必要性。

邢万全的硕士学位论文《士风和世俗——以 16—18 世纪鄞县万氏为个案的考察》(2009)通过对濠梁万氏家族文化谱系发展的外在机缘与内在理路的探索，揭示了浙东文化区域的形成、鄞县学术地位，彰显了自王阳明以降浙东学术的发展脉络。

笔者另从台湾学术文献数据库检得文献 6 篇。

杨丕丞《由群书疑辨论宋史探讨万斯同之史学精神》(《中州学报》2002 年第 12 期)。该文首先介绍了万斯同治史三要即贵徵实、以实录为主、史之初稿贵详等等；文章通过万斯同对《宋史》中的若干人物传及其深层的思考，探讨浙东学派的治学方法、精神主旨。

汪惠娟《凌廷堪"以礼代理"之礼学思想探研》(《哲学与文化》2005 年第 11 期)。该文主要研究清代凌廷堪"以礼代理"的主张与乾嘉学术界舍理言礼的学术风尚之间的关系,其中涉及万斯同的礼学思想的介绍。

张丽珠《一代贤奸托布衣——万斯同之明史修撰与浙东史学的联系》(《成大中文学报》2009 年第 7 期)。该文以万斯同为研究对象,论及明季浙东地区抗清事迹对陶铸浙东史学精神的影响,万斯同修撰《明史稿》之史识、史裁、史法等以及万氏对浙东史学"以诗补史"之"诗史"形式等重视,充分说明了二者之间的密切关系。

邓国光《明史论明文:明、清公私史乘叙论明代诗文、八股及文化复古歧议研究》(《东华中文学报》2009 年第 12 期)。该文主要阐释私家修撰的纪传体明代国史在理解官史论定的意义。其中,万斯同关于"文必秦汉、诗必盛唐"的论定,网罗众失,考境论定的源流,分析语境,辨别取志等等。文章认为这是万斯同争论明文正统的意气表述。

衣若兰《旧题万斯同 416 卷本〈明史〉〈列女传〉研析》(《汉学研究》2010 年第 3 期)。该文认为万氏编撰《明史》的成果,自清代以来即众说纷纭。目前所存被视为万斯同《明史》的稿本中,唯有 416 卷本《明史》存有《列女传》,其内容与张廷玉《明史》稍异,故以 416 卷本为蓝本,探究了明代妇女集体入传的构想,并与王鸿绪《明史》、张廷玉《明史》作了比较。

凌华苓《什么礼义?谁的人情?——〈明史〉"大礼议"论赞分析》(《联大学报》2014 年第 6 期)。该文论及《明史》中宪宗朝争慈懿典礼与谏武帝南巡的史论,突显《明史》归咎于议礼群臣抗争手段激烈不智的双重标准。通过比较万斯同、熊赐履、王鸿绪《明史稿》、张廷玉《明史》等四种观点,呈现出万、熊与清官方真实修史态度之差异,以求贴近当时对"大礼议"影响与性质的认知,由此,几种观点之间的关联,甚至理学助长明清君权、礼教吃人之说得到进一步的厘清。

EBSCO 数据库所见外文论文唯一 1 篇。

Weiguo, Sun. The historical narrative of the Wanli Korean campaign in the Qing Official Ming History *Chinese Studies in History*, 2019, Vol. 52 Issue 1, p76-100, 25p, 1 Chart;数据库:OmniFile Full Text Mega (H. W. Wilson)

该文围绕万斯同《明史稿》、王鸿绪《明史稿》、张廷玉《明史》关于万历年间朝鲜战争记载的对比,揭示出代表明清两朝官方对此战争看法的不同观点。

从上述学者研究的内容来看,万斯同学术思想研究的原始文献资料范围已由《万斯同全集》拓宽到万斯同版《明史稿》甚至王鸿绪版《明史》、张廷玉版《明史》。具体研究方向有的直指哲学，有的并不是哲学研究但却涉及万斯同天道观、格物论、道统论、古今之道、治道、人生哲学等问题，这为万斯同哲学思想的研究铺平了道路。

三、研究思路与方法

（一）文献分析法

对《万斯同全集》、《明史稿》（416 卷版）、《黄宗羲全集》（部分）、《潘子求仁录辑要》、《李塨文集》等文本进行深入的理解和剖析，力求客观地解读万斯同的哲学思想，完整地呈现万斯同哲学思想的全貌。采用文献分析的方法，可以避免对万斯同哲学思想的过度解读，忠实于原文本，展开对万斯同哲学思想的深入研究。

（二）比较研究法

将万斯同哲学思想放在中国哲学思想的大视野下，将其与儒、释、道哲学思想，尤其是黄宗羲、潘平格、李塨等哲学大家的哲学思想进行比较研究，有利于我们更好地把握万斯同哲学思想的特质和历史地位。

（三）历史与逻辑统一法

万斯同哲学思想是一个完整的理论体系，因为生长在特定的历史条件下，必然带有那个时代的特点和气息。因此，对万斯同哲学思想进行研究，就必须把她与当时的历史环境紧密地联系在一起，从历史与逻辑相统一的角度对其进行完整的研究。

四、研究的难点、重点及创新之处

万斯同一生哲学思想经历了三变，即从蕺山之学到"潘平格"，再到"李塨"。个中演变过程及主要内容目前尚未有文献可参。对此问题的研究与论述是本书的难点，而关于万斯同哲学思想主要内容的研究则是本书的重点。

至于创新之处在于以下几个方面：

第一，对万斯同哲学思想的系统挖掘是开创性的，以前没有相关文献；

第二，在深入研究万斯同哲学思想的同时，对潘平格哲学思想、李塨哲学思想及彼此之间的关系有了一定的研究；

第三，从刘宗周到潘平格再到李塨哲学思想的演变，展示了明末清初实学思潮的兴起。

第一章　万斯同哲学思想的
时代背景及思想渊源

　　任何曾在历史上产生过重大影响的学术思想,都有其深刻的社会历史根源,都是一定历史条件下社会经济、政治和文化矛盾的产物。学者的家庭背景及其师承交游关系都不可避免对其思想的生成、发展产生深远的影响。

第一节　万斯同哲学思想的时代背景

　　明末,经济凋敝,政治腐败,社会积弊丛生,危机四伏,封建末世的衰败之象已暴露无遗,朱明王朝行将灭亡的命运已无可挽回。异族入主中原,"天崩地解"的社会震荡引起有识之士对于宋元明及整个传统文化的反省、批判。

一、清廷的血腥镇压及怀柔政策

　　清初顺治、康熙时期(1644—1722),为维持统治,稳固其刚刚建立不久的政权,清政府采取了镇压与怀柔相结合的治国之策。

　　清政权在相继击垮几个南明小王朝之后,迎来了全国的基本统一。对于国内时而出现的军事、政治或思想上的反抗,首先采用的是铁血镇压的手段。顺治末、康熙初,在川东一带尚残留部分抗清武装即"夔东十三家军"。清政府迅即调集三十万大军,以极其残忍的武力镇压将其消灭。康熙亲政之后,曾在清兵入关及扫荡南明政权中发挥过重大作用的"三藩"吴三桂、耿精忠、尚可喜,凭借割据势力恶性发展,且存图谋叛乱之不轨,遭到康熙政权的武力剪除。清廷不惜花费八年时间与巨额耗资,平息"三藩之乱",消除了动摇其统治的一大隐患。顺治十四年(1657)至顺治十八年(1661)间发生的科举舞弊案、苏松奏销案,实为清初统治者借机打击江南汉族地主、官僚阶层中不满者的高压措施。康熙二年(1663),湖州富户庄廷鑨刊刻的《明史》因内疑存有反满文字而遭严查,直接参与其事的七十余人被杀,受牵连的数百人被发配充军,庄氏(已死)被开棺戮尸。至此,清政府开"文字狱"之先例。

清初统治者一手拿着屠刀,杀气腾腾;一手却戴着仁慈的面具,实行颇有诱惑力的怀柔政策。

首先,清政府极力笼络明朝旧臣并着力保护汉族地主的利益,改变了前明旧臣及汉族地主阶层立场。清军刚进入北京,即礼葬崇祯皇帝,并令全国致哀三日,同时明确宣布各衙门官员俱照旧录用,凡逃离的明旧官员或隐居山林者亦俱以闻,仍以原官录用。这一政策的出台对拉拢前明汉族官吏起了很大的作用。不仅缓解了前明大批官吏对清政权的戒备心理,还促使为数不少的仕宦改变立场投入清统治者的怀抱,转而尽心为清廷效力。康熙在谕诏中多次表示要尽力保护汉族地主与富民的利益,认定此二者是国家重点保护之人,不允许佃户贫民有欠、拖租额的行为,否则将严加惩处,并坚决追勒给主。为取悦东南一带的富室、地主阶层,康熙数次南巡,下令免除不少地方的徭役赋税,屡屡召见汉族士子,鼓励他们为清廷效力,并亲祭孔庙,拜谒明太祖的陵墓。诸如此类的政治姿态与措施无疑为巩固清政权的长久稳定发挥了积极的作用。

其次,清政府及早迅速恢复了科举取士的用人制度,赢得了士子们的拥戴。清军入京的第二年,即顺治二年(1645)底,清政府就宣布举行"乡试",又在次年春开"会试",广取天下举子。清政府迅速恢复科举考试,在汉族知识分子中引起极大的震动,加速了入清后封建士子返归清廷的心理进程,使他们重新找到了传统读书人有望出仕的心理感觉,而不是面对鼎革时期而产生前途渺茫感。科举制度的实施减弱了广大汉族士人的反抗情绪,缓和了民族矛盾。康熙时期还出台了捐纳制度,凡汉族的士绅富室弟子,只要捐银即可得官。捐纳作为科举制的一项补充,为富裕的汉族地主阶层开辟了又一条通往政治舞台的可行之径。此外,清政府还设置"特科取士"网罗汉族地主阶级的人才。如,清康熙十七年(1678)朝廷宣布在京师设"博学鸿儒科"。结果全国有五十多位"名士"被录用并授予翰林院官职。当时著名学者如朱彝尊、施闰章、毛奇龄等都赴京应试。清朝统治者处心积虑地挥舞起功名利禄的大棒,驱赶着大批汉族知识分子站到自己的一边,死心塌地地为其服务。

其次,迎合汉族地主阶级传统心理的文化政策是清政府另一项怀柔手段。清军刚入主北京,即派员赴山东曲阜,将"遣官祭先师孔子"列为朝政要事,加封孔圣为"大成至圣文宣先师"。最高统治者不失时机地赴山东"先师孔子庙行礼"。与此同时,清统治者为标榜自身崇儒右文的用意,不惜动用财力、人力,由政府出面编纂大批"钦定"典籍。如顺治与康熙两朝的御注《孝经》、御纂《周易折中》《日讲四书解义》、钦定《书经传说汇纂》《春秋传说汇纂》等儒家经典先后问世。康熙对程朱理学竭力推崇,努力同宗汉文化,公开训谕:"惟宋儒朱子,注释群经,阐发道理,凡所著作及编纂之书,皆明白精确,归于大中至正。今经五百余年,学者无敢疵议。朕以为,孔孟之后,有裨斯文者,朱子之功最为宏钜。"诏示辑刊朱熹全集,并将朱熹列位于孔庙大成殿匹配十哲之次。除刊刻儒家典籍外,清政府还大力编纂各类文化图书,如《康熙字典》《佩文韵府》《全唐诗》等;康熙朝还调集力量撰修《明史》,着手编纂耗工巨大的《古今图书集成》。清政府的文化政策有效地消融了部分汉族知识分子的反清情绪,对入清后拉拢与收买士人起到了不可低估的作用,特别是进入康熙时期,由于清政府强力推行文化怀柔政策,不少明代遗民包括当年曾致力于"反清复明"武装活动的人士,在一定程度上改变了对清朝的敌对态度。

二、道学衰落及士人的反思

道学是以传统儒学为基础,融合佛、道二教的思想而形成的以心性论为主题的新儒学。道学在其演变过程中形成理学和心学两大派别。其中,理学由北宋周敦颐、邵雍、张载、程颢、程颐等开创,至南宋朱熹集大成,构建起完整庞大的理学体系。朱熹为区别佛、道二教的空无之学,曾称颂《中庸》所言之理为"实学",其实是在标榜他的以理为世界最高本体的理学为"实学"。但是不管朱熹及其后学如何自我吹嘘,理学毕竟存在离气求理、离器求道的避实就虚的倾向。随后,这一趋向又被朱子后学扩大,酿成空谈性理的流弊;加之元、明两代统治者的提倡,科举制度对《四书章句集注》的格式化,理学逐渐蜕变成束缚人们思想的教条、框框。理学末流倚门傍户,陈陈相因,僵化虚伪,毫无生气。时至明代中叶,王阳明心学应运而生,有替代程朱理学之势。阳明心学以"良知"为心之本体,教人"致吾心之良知于事事物物",强调人在道德上的自我觉悟,强调以封建伦理道德的自我修养规范行动。阳明心学将"吾心良知"作为判断善恶是非的标准,提高了主体意识的能动性和积极性,使不少以朱子语录为圭臬的读书人一时心身俱醒。然而,阳明心学毕竟是一种不求外物之理而专务心中良知的主观道德论,其理论上避实就虚的倾向实际更为明显,其后学空谈"明心见性",流于禅者不乏其人,实属必然。一言以概之,道学最后均趋于穷途末路,实不为过。

明末清初的进步思想家们亲身经历了明朝灭亡,满人入主中原这场"鼎革之变"。在挽救明王朝统治的危机,经历抗清斗争失败之后,他们开始反思明王朝灭亡的根源。思想家们充分认识到,正因为道学的空疏带来了国家、民族的灭顶之灾。因此,他们就以宋明道学为批判对象,以批判道学空谈性命脱离实际的空疏学风为反思的主题,重新阐释儒学经世致用的学术宗旨和学风。这是一场由"亡国"而引起的历史反思,是一次广泛而深刻的文化反思。通过这场反思和批判,进步思想家们从政治、哲学、科学、教育、文学、艺术、宗教及风俗等诸多领域,对明代文化乃至整个中国传统文化作了前所未有的深刻反省和总结。

三、西学东渐及实学兴起

生活在明末清初之际的士人都目睹并参与了从道学到实学的流变。他们当中的很多人都认识到道学的"空谈心性"既无助于个体的思想发展,亦无益于国计民生,甚至有可能给天下带来深重的祸患。因此,"经世致用"成为这一时期学术思想发展的最突出特征。当时西方科技成果经由各种渠道传入中国,"质测"之学在现实生活中开始发挥作用,广大士人对自然科学产生了浓厚的兴趣。"质测"之学成为实学兴起的催化剂,士人们的思想意识开始向崇尚实学的方向发展。

明末清初士人崇尚实学的倾向主要表现在三个方面:首先,实学的地位空前提高,并受到足够的重视。不少士人将"质测"之实学视为"通几"之哲学的有机组成部分,认为实学与哲学相互贯通。"质测即藏通几者"的科学哲学观,即实学中的具体知识必定包含着哲学需要探求的原理得到士人的高度认同;反过来,哲学应当以实学为基础才有可能从根本上避免脱离实际的弊端。其次,人们意识到实学只有得到哲学的指导,才能最大限度地减少其局限性和片面性,从而真正探寻到规律。再次,实学成果面广量多且影响很大。明末清初是我国古代创造发明的又一个黄金时期,涌现出的科学巨著涉及医学、天文、律历、地理、生产技术等各个领域。如,李时珍的《本草纲目》、宋应星的《天工开物》、徐光启的《农政全书》、徐宏祖的《徐霞客游记》、王征的《泰西奇器图说》、潘季驯的《河防一览》、王锡阐的《晓庵新法》、梅文鼎的《古今历法通考》以及徐光启与西方传教士合著的《几何原本》等等。可喜的是,士人们并不盲目跟从西方文化,主张学习西方的"质测"之学则多采取"宗其学而不奉其教"的立场与态度。这种冷静、清醒的精神状态,推动了这一历史时期崇尚实学之风的兴起,但又未因西学的介入而走向全面西化的歧途。

对于从顺治元年到康熙朝结束之中国学术概况,梁启超曾有一个重要判断,认为从顺治元年到康熙朝结束,哲学思潮起初为实学即经世致用的实学,然后一分为四,即乾嘉学派、科学派、程朱派、颜李学派,等等。因此,可以基本推断,万斯同哲学思想即从蕺山之学起步,中途向实学转化,最后与颜李学派交会。

第二节　万斯同哲学思想的家学渊源

宁波濠梁万氏家族在有明一代为甬上望族。自明初始迁祖万斌追随朱元璋,参加元末农民大起义,奠定大明王朝基业,到明末清初南明政权被推翻,万氏家族前后十一代,前仆后继,尽职尽责效忠于大明王朝。可谓代有人出,人才济济,经久不衰。万氏家族在明朝历史上留下了可歌可泣的光辉一页。

一、"忠孝"家族之定位

宁波濠梁万氏的祖籍原在安徽濠州定远县(今凤阳东)东城乡十五都三城村义门堡,与朱元璋系同乡。元末大乱。至正十二年(1352)二月,郭子兴在濠州起义。三月,朱元璋加入郭子兴部。次年(1353),万氏祖上万国珍(1322—1372)字文质,率部归附朱元璋。朱元璋为其改名为"斌"。洪武五年(1372),在征沙漠中,万国珍与蒙古兵大战于阿鲁浑河,力战阵亡,追赠明威将军,指挥佥事。万斌是濠梁万氏迁居宁波之始祖。万斌子万钟(1357—1399)字荣禄,洪武九年(1376)袭父爵,战功卓著。建文元年(1399),在靖难之役中与燕兵战于顺天府大兴县,战殁。自万钟始濠梁万氏定居宁波。万钟有二子。长子万武(1386—1408)字世忠,建文二年(1400)袭父职。永乐六年(1408),殉职于交趾檀舍江,死时年仅二十三岁,无后。弟万文(1397—1418)字世学,袭兄爵。永乐十六年六月（1418），在巡海中突遇飓风，舟覆溺死，传说为射龙而死，人称"射龙将军"。

濠梁万氏自万斌始，经子钟，孙万武、万文，三世四人都相继为国捐躯，时称"三世四忠"。明清时期在宁波地域可谓有口皆碑、家喻户晓。

万文死时年仅二十二岁，有遗腹子万全（1418—1464）字惟一，号竹窝。十五岁（1432）始袭父职。万全出世时，万家无男子主持门户，除万钟妻曹氏外，万武妻陈氏、文妻吴氏也不再嫁，特别是万文姊义颛（1382—1451），矢志不嫁，身着男装，以处子之身与诸嫂共治理家庭，甬上称为"三节一义"。

万氏一门"忠节双全"，彪炳史册。尤其可贵的是万钟妻曹氏通过《临终遗言》形式对濠梁万氏家族的光辉事迹作了一番简单的回顾，以家训的形式对子孙为官处世提出了具体的要求，为万氏家族的未来进程划定了基本轨迹，向世人揭示了万氏家族声誉兴盛的内在道德因素。

> 吾归万氏之门三十岁上，汝祖阵亡，守志如铁石。汝伯父、汝父皆妙年为国而死。遗腹有汝，吾辛勤成家实非容易。抚及汝大，承袭先业。汝今二十四岁，非无知也。吾今七十三岁遭此一恙，甚为危笃。见汝日夜彷徨、祈神祷圣，亏汝虔诚，吾必不济。吾今辞汝去也，吾所有平生愿者，不欲升侯封伯，只得汝守官持己，忠于君、孝于亲，安分相承祖业，不坠先声，实满我望也。其有使用之资，量家有无，不可妄为。吾守孤房四十三年，不会人前求索一文。区区纺绩度日以至于今。汝能俭用无贪酒色，乃为万家有后矣。吾不及训诫汝子，汝将书及武艺教其子，言说先代文武具备，使后不泯。吾死后冥冥之中为欣为慰矣。
>
> 《宁波濠梁万氏宗谱十三卷·和一恭人曹氏临终遗言》[①]

和一恭人曹氏在丈夫、两个儿子相继阵亡之后，成为万氏家族的实际当家人。临终前，她告诫子孙的训条主要有五款：

1. 不欲升侯封伯，只得汝守官持己
2. 忠于君、孝于亲
3. 安分相承祖业，不坠先声

---

① ［清］万斯大增修：《宁波濠梁万氏宗谱·内集》，清乾隆三十七年辨志堂刻本，第49页。

4.俭用无贪酒色

5.将书及武艺教其子

曹氏这份遗言厘清了个人人生与家、国之间的关联,在国家层面统一起"忠孝两全"的难题。曹氏对子孙寄予厚望,希望子孙能奉持职守,不眼睛死盯着升官封爵,要能把持住自己,不受不良风气的影响;希望子孙对明王朝绝对忠诚,对双亲、长辈极尽孝道;本本分分、平平安安地继承祖宗留下的基业,不辱没祖宗的美名;希望子孙勤俭持家,不浪费,量力而行,不贪酒色;文武兼备是祖宗留下的宝贵遗产,希望子孙习书、学武。

中国家训中的经典《颜氏家训》《朱子家训》《曾国藩家书》较有系统性。与之相比,曹氏这份临终遗言,作为濠梁万氏祖训的开篇,从完整性角度看,与它们有一定的距离。但是,这份带有"老乡情结"的祖训,为了表明濠梁万氏家族尽心尽力效忠于大明朱氏王朝,将"忠于君"三字写入祖训。这在家训中是比较罕见的。"忠于君"在家庭层面表现为孝于亲,因为亲而忠于君,故"孝于亲"最终表现为"忠于君"。在理清孝、忠关系之后,遗言围绕"忠孝"二字,从如何提升德、能两个方面作了具体展开。要求子孙恪尽职守,苦练武艺,加强《四书》《五经》学习,作为武官不能贪酒色,否则可能贪生怕死,进而临阵脱逃,有辱家声。

这里可以窥见,万斯同在国破家散的情境下"重在诗书礼乐,而不在于显达"的人生抉择的影子。具体可参阅第七章。

二、家传儒术之著世

万全是个文武双全的儒将,曾编著《万氏宗谱》以明世系,并有《竹窝稿》行世。万全之子万禧(1436—1490)字天祥,别号兰窗。万禧著有《兰窗稿》,另传万禧有《家训十则》,因时间仓促,文本尚未查到。他曾题《戒子诗》训示子孙,"不得鱼鲜收网归,何须惆怅立斜晖?来朝网得鱼成篓,换酒无劳典旧衣。"意思是人生在世有得有失。正如打鱼,今天你也许一条鱼也没有打到,但又何必惆怅难过呢?只要我们明天、后天坚持扬帆出海,辛勤的努力总会换来鱼鲜满舱。他以此教导子孙要心胸开阔,"不可以一时得失遂生休戚"①。

万禧之子万椿(1470—1514),字有年,号慎庵,弘治中袭任世职。存世诗作有《友葵吟》等。万椿即正一府君留有遗言,是万氏家族之新版家规。

---

① 宁波鄞州区政协文史资料委员会整理:《甬上耆旧诗》,宁波出版社2010年版,第807页。

事必谋于家长祭必统于宗子,毋听妇言毋伤手足,毋罔利以尅下毋兴讼以陷人,毋娶失节女毋再醮,宗族当厚毋论贫富,故旧当厚毋论显微,保坵垄毋伤植木,奉宗庙毋鬻祭田,宝手泽毋毁遗书,教子弟务择明师。

右吾子孙当敬守之,有一于此非良子弟。

　　　　　　　　　《宁波濠梁万氏宗谱十三卷·正一府君遗言》①

正一府君遗言单列一共十条。遗言强调谋事必与家中大人商量,祭祀要和其他旁支(查濠梁万氏家谱,旁支系指万祺一支,李氏所生;万禧为袁忠彻女袁氏所生)统一时间、步骤,不要听女人插嘴,不要手足相残,不要因利害关系欺负地位低贱的人,不要打官司结下仇怨,不要娶失节女人,家中女子不再嫁,对本族人厚道不论贫富,对朋友不论对方地位的显微,保护祖坟山不乱砍植被,定期祭祀宗庙,不卖祭田,保护好先人的手书及书籍,孩子读书学习要选择好的老师。万椿最后特别突出强调:我的后辈中,不管谁违背上述哪一条,都不是我万门之好子孙。

这份家规对万氏家族的发展影响很大。仔细分析,十条家规中"两必"强调了家族的核心地位以及男性在家族中的主导地位;同时,提出"十一毋",都是传承万氏家族祖业,维护万氏家族声誉的处世行为规范禁条;其中,"毋听妇言"一条,特别刺眼。随着世道的太平繁盛,毕竟像曹氏那样深明大义的女子罕见,"三节一义"也不再,当时大多女子与社会接触较少,显然眼光会受限。因此,正一府君万椿适时提出"毋听妇言"也不是没有道理。再一方面,关于习武的问题竟然没有特别提到,只讲到读书择明师(后来,万泰将几个儿子托付给黄宗羲自是后话),宝先辈手泽遗书。这是否昭示着万氏家族"以文代武"已拉开了序幕,儒术三世将不期而至!

万氏家族中兴于万椿子万表,万氏儒术三世自万表始。

万表(1498—1556),字民望,号鹿园,又号九沙山人,学者称鹿园先生,累官至都督同知。王阳明私塾弟子,浙中王门代表人物,军事家兼哲学家。著有《论语心义》《孟子摘义》《学庸志略》《道经赘言》《玩鹿亭稿》《灼艾集》《皇明经济文录》《海寇议》《海寇记》《万总戎集》等多种著作。后七种今存。万表发扬了濠梁

――――――――
① 《宁波濠梁万氏宗谱·内集》,第51页。

万氏的儒学传统。黄宗羲赞曰"以儒术显者又三世",就是从万表开始的。万表虽为武官,却以经济理学名臣著称。他于学无所不究,旁及佛老,常与明代著名学者罗洪先、王畿、唐顺之、钱德洪等讲求良知、躬行之学。居官所至,前来问学请教者摩肩接踵。黄宗羲《明儒学案》将他列入《浙中王门学案》。万表读书治学不喜哗众取宠和空谈,注重内省、良知和顿悟。

> 学不顿悟,才涉语言,虽勘到极精切处,总不离文字见解。圣学工夫,只在格物,所谓格物者,格其心之物也。凡不于自己心性上透彻得者,皆不可以言格。到得顿语见性,则彻底明净,不为一切情景所转,如镜照物,镜无留物;如鸟飞空,空无鸟迹。日用感应,纯乎诚一,莫非性天流行,无拟议,无将迎,融实归真,反情还性,全体皆仁矣。[①]

同时,万表之学又参以佛禅思想,主张儒、释、道三学归一,但以儒学为主。他在《九沙草堂杂言》中说,"世崇三教,儒与释、道也。释道二氏皆出世之学。唯儒教为大中至正,治天下国家之不可一日无也。然二氏教虽各异,而尽性、至命处则同。"[②]因此,万表晚年的诗作颇多禅机空灵、超凡脱俗之感。如《山寺杂怀十九首》之四、六有云:

> 何事劳趋走? 浮云信自由。眼前频景换,物外只兹求。
> 不作行程计,时为胜事留。此生非荇荡,天地亦虚舟。

> 投禅人不与,解脱且山逋。我爱云游侣,形无礼数拘。
> 规规方是病,荐荐未为粗。牛马随呼应,逢人莫说儒。[③]

万表子达甫(1531—1603),字仲章,号纯斋,历官广东督理海防参将,遵父命从罗洪先、王畿、钱德洪游,又向唐顺之学诗。按,万表曾与唐顺之交游,唐顺

---

① [清]黄宗羲:《都督万鹿园表》,吴光执行主编:《黄宗羲全集》,浙江古籍出版社2012年版,第333页。
② [明]万表:《玩鹿亭集》,张寿镛辑:《四明丛书》(第27册),广陵书社2006年版,第16879页。
③ [明]万表:《玩鹿亭集》,张寿镛辑:《四明丛书》(第27册),第16813页。

之为万达甫之师,此与万家不失"务择明师"之选相符,万斯同曾为唐氏立传。[1]
万达甫辞官后,居杭州西溪墓舍,与焦竑、冯梦祯、屠隆等组织诗社,被推为社
长,有诗集《皆非集》。达甫子万邦孚(1554—1628),字汝永,号瑞岩,历官福建
总兵、左军都督金事,参加过援朝抗倭之战。后称病归里,筑生圹于宁波西郊,
左面为祠院,即现在宁波西门外管江岸的白云庄,所著有诗集《一枝轩吟草》。
及至曾孙万泰,则"弃累代戈矛之传,以文史代驰驱"。[2]

　　濠梁万氏家族前几代,男主外为国捐躯,女主内维持家庭,留下了"忠义双
全"的令名。之后,万氏家族进入儒术著世的新时期,家庭以读书为依归,又文
又武,保持着家庭"红色"血脉赓续不断。

三、民族气节之坚守

　　万泰(1598—1657)字履安,晚号悔庵,万斯同之父。明末复社名士、南明抗
清志士、清初著名遗民。万泰著作有《续骚堂集》《寒松斋集》《粤草》等,后两种
已佚。

　　万氏宗谱中留有万泰一封家书,可视为在满人入主中原,欺压汉人的新形
势下,万氏家族家规的新进展、新要求:

　　　　闻汝等近日读书颇懒,吾心甚为戚然。如此家道、如此人情,今年
　　幸得亲近贤师友,稍有进步,从此精进,尚可比数于人。乃今又甘心暴
　　弃有始无终,是自绝于正人君子,岂有长进乎?! 大凡贫人贵自树立,
　　使其人读书亲近正人君子;即使布衣敝履自是不失门户。倘自安下
　　流,为正人所摈弃,终身沦落下贱,岂不可痛?! 吾今处此极苦境界,惟
　　望汝等自知振拔,故见汝等今年得贤友心,甚乐之。今乃不副吾望,能
　　无痛心,速宜改步,乃不负吾惓惓也。

　　　　儿辈在家自相师友最是好事。古书五经而外宜归本于八大家,至
　　于《通鉴》尤不可不看。读书人不知古今,与聋聩等耳。会考立社俱须
　　集同志十许人,以《四书》为面会,以《经》为窗会。闻汝等聚集多人如
　　同闹市,此无益有损,万万不宜。只杜门静坐时,取同心之言,以相资

---

　　① 万斯同:《书国史唐应德传后》,[清]万斯同著,方祖猷主编:《万斯同全集》(第8册),宁波出版社
2013年版,第252页。
　　② 《万季野先生行状》,方祖猷主编:《万斯同全集》(第8册),第512页。

益。读书在是,做人亦在是。以文会友、以友辅仁,所谓友者非徒以其文而已也。吾老而贫,以饥寒遗汝辈甚愧为人父。然古人有云:相谕以道,相开以颜。岂不贫乏忽忘饥寒?此言父子之间贫而相安者也。远在天末所望汝等刻苦勉励,不堕家声,慰我老怀耳。

　　六儿婚期果定否?倘已赘入陆门,还须归家读书。人生惟赘婿最难做,须加倍谨慎、谦和、无令人傲慢也。七儿在李家相安否?虽较之诸兄稍为得所然,天资不济学力宜勤,万万不可偷安自弃。八儿有志,吾亦甚怜之,在家读书,当与诸兄相互砥砺,但要虚心平气,方有长进。统孙仍在周家读书否?祖父远出,母氏早亡,孤贫已到万分极处,凡事须刻苦勉励,无为人所侮也。

　　　　　　　　　《宁波濠梁万氏宗谱十三卷·昌一府君训子家书》①

万泰的这份家书中包含的家规大致有五条:

1. 亲近正人君子

2. 读《四书》《五经》、读八大家著作

3. 读《通鉴》

4. 不堕家声

5. 愧为人父

万泰特别强调要和正人君子亲近,也许是因为亲家"谢三宾"事件,使得万泰对结交朋友提出了更高的要求和更切实的任务;万泰确认读书的内容包括《四书》《五经》,文风应向唐宋八大家学习看齐,研读《通鉴》以知人事兴废之理;万泰告诫其子孙后代切不可辱没先祖之令名。万氏家族在有明一朝立下汗马功劳,享有盛誉,今国破家亡之际,绝不变节求荣,坚持民族气节,绝不仕清,即使生活没有着落、饥寒交迫,也坦然面对。形势所迫,随之家道中落,万泰最后表述了作为父亲对子女的愧疚之情。

　　这五条论述了包括为人、读书、以史为鉴、维护家族声誉等几个方面,其中,最为感动人的就是最后一条"愧为人父"。前四条是"愧为人父"的底气,"愧为人父"则是前四条的归宿。不是万泰不学无术,没有治家的本领。缘由国破家亡,不为五斗米折腰,不愿意效忠新王朝,不愿意作贰臣,不愿意在新王朝统治

_____

① 《宁波濠梁万氏宗谱·内集》,第53—54页。

下,显达于人,致使个人家庭穷困潦倒,奔走在社会底层的边缘,希望子女能够谅解,能够深明大义。精神生活的富有与物质生活的匮乏形成强烈对比,这实际上是不屈不挠的民族气节!的确,这对"万氏八龙"影响极大,左右了他们之后的人生发展方向。

万泰共有八子一女。均按"斯"字辈排下。他们皆生长在明末清初。天崩地裂的时代巨变致使他们当中的任何一个都不能再世袭为官。更为严重的是,当清军占领宁波之后,他们突然从富家子弟变成无家可归,甚至成为无钱娶妻、缺衣少食的穷人。面对不可逆转的命运,万氏兄弟几乎作出一致的选择:苟全性命于乱世,不求闻达于新朝。他们并没有向厄运低头,而是通过自己的努力打拼,或立德而见称乡邦,或立言而著作等身。故时人号称"稷下八龙"或"万氏八龙"。

宁波濠梁万氏,从始祖万斌到万邦孚,再万泰共传十世。他们经历了明朝从洪武建国到崇祯登基,再到抗清南明鲁王政权的全部历史。世袭封爵,代有功勋。其中,万表著述颇丰,开启万氏以文著世的序幕。之后,万达甫、万邦孚、万泰祖孙三代,万泰诸子、三孙子、一曾孙又三代皆有文名。正如明初大预言家袁忠彻所预言"万氏虽世胄,子子孙孙优于文学,代有异人。"[1]

万斯同自述云:"读书承家学,躬行率古道。"[2]杨无咎《万季野先生墓志铭》记载:"季野学无不窥,而以山阴蕺山先生为宗主。履安先生出蕺山之门,而蕺山之高弟黄梨洲倡明蕺山之学,季野复从之游,因得尽闻蕺山秘旨。而躬行实践,非仅仅标榜为名高也。"[3]毫无疑问,万斯同幼承家学,不仅于此获得了蕺山之学之根基,且其良好的家庭环境对其品格、为人、精神风貌及学术思想的形成奠定了扎实的基础。

附录万氏家族著作录

三世万武:《适交趾口号》

四世万全:《竹窝稿》

五世万禧:《兰窗稿》

---

①　《宁波濠梁万氏宗谱·内集》,第36页。

②　《万斯同全集》(第8册),第208页。

③　《万斯同全集》(第8册),第506页。

六世万椿:《品詠杂稿》《友葵吟》《柳塘排节宫词》《感兰诗》

七世万表:《灼艾集》《玩鹿亭集》《皇明经济文录》《学庸志略》《论语心义》《孟子摘义》

曾祖万达甫:《皆非集》

祖父万邦孚:《一支轩吟草》《筮吉指南》《通书纂要》《日家指掌》《万氏家方抄》《蒙养篇》、《历书便览》

父亲万泰:《续骚堂集》《寒松斋集》《粤草》

三兄万斯祯:《周易义参》

六兄万斯大:《学礼质疑》《礼记偶笺》《仪礼商》《周官辨非》《学春秋随笔》《礼记集解》、《春秋三传明义》《丁灾甲阳二草》

七兄万斯备:《深省堂诗》《又庵诗草》《黄山纪游诗》《新安草》《水西唱和诗》《客燕草》

万斯同及晚辈著作略。

第三节　万斯同哲学思想之三变及交游考

万斯同一生哲学思想经历了三次重大变化[①],综述部分已经提到过。万斯同幼承家学,以蕺山哲学为宗;其父万泰去世之后,万斯同追随黄宗羲继续修学蕺山之学;之后,信奉潘平格哲学;再之后,又与颜李派哲学契合。这期间,万斯同到底经历了什么? 值得深究。

一、万斯同与黄宗羲

万斯同师事最为重要的导师即为一代宗师黄宗羲。

黄宗羲(1610—1695),字太冲,一字德冰,号南雷,别号梨洲老人、梨洲山人、古藏试史臣等,学者称"梨洲先生",浙江余姚人。黄宗羲曾提出"天下为主,君为客"的民主思想,猛烈抨击封建君主专制制度,被誉为"中国思想启蒙之父"。黄宗羲著作宏富,其中最为重要的有《明儒学案》《宋元学案》《明夷待访录》《孟子师说》《易学象数论》《葬制或问》《思旧录》《破邪论》《明文海》《行朝录》

①　参阅方祖猷:《万斯同评传》,南京大学出版社2010年版,第57页。

《今水经》《四明山志》《大统历推法》,等等。

万斯同与黄宗羲的交游大致可分为四个时期,即化安山(龙虎山)谒师、蓝溪受业、讲经之会和甬城两送。

(一)化安山谒师

顺治十一年,即公元1654年,黄宗羲嫁女到宁波城东朱家,住在万氏寒松斋。"先生(万泰)因使诸子尽事黄先生"①。万斯同时年17岁,在其父万泰的安排下,与其诸兄长一道拜黄宗羲为师(与"万氏家训"中"务择明师"条目契合)。这是万斯同师事黄宗羲的起点。

据王焕镳《万季野先生系年要录》载,

己亥年,公元1659年,万斯同22岁。

偕诸子侄赴黄竹浦问学于黄宗羲。②

辛丑年,公元1661年,万斯同24岁。

元夕,偕兄斯备、从子言,访师黄宗羲于龙虎山中。③

顺治十六年(1659)初春时节,万斯同第一次来到了龙虎山堂拜谒黄宗羲。万斯同与黄宗羲的最早会面是在顺治六年(1649)。此后10年,万斯同仅在黄宗羲拜访其父万泰时,偶尔见到这位大名鼎鼎的学者,尚未发现任何文献支持这期间万氏曾到访过黄宗羲的家。万斯同初次来化安山终于圆了自己10年来一直渴望亲谒师门的旧梦!(这段时间,关于万斯同的行迹,王焕镳所作《万季野先生系年要录》与朱端强教授的叙述略有差别,见《布衣史官万斯同传》。对错待考。)

顺治十八年(1661)元宵节。万斯同与三兄斯祯、侄子万言等踏着残雪,再一次来到化安山龙虎山堂,拜谒老师。据黄炳垕《黄梨洲先生年谱》记载,黄宗羲时年52岁,居龙虎山堂,正在撰写《易学象数论》并整理《明夷待访录》。

《明夷待访录》是黄宗羲一生最为重要的著作之一。因涉及忌讳,黄氏许多

① 陈训慈、方祖猷:《万斯同年谱》,香港中文大学出版社1991年版,第56页。
② 《万斯同全集》(第8册),第519页。
③ 《万斯同全集》(第8册),第519页。

篇章当时即未收入该书中,所幸这些篇目经万斯选留存,又经郑性、郑大节父子订定编入《留书》(手抄本),得以流传后世。

(二)蓝溪受业

据王焕镳《万季野先生系年要录》载,

康熙四年乙巳,公元 1665 年,万斯同 28 岁。

> 春,与甬上陈锡嘏怡庭、赤衷夔献、张汝翼旦复、冯政莀仲、陈紫芝非园、范光阳国雯、董允瑫在中、允珂二嘉、道权巽子、陈自舜同亮、董允玮侯真、郑梁禹梅、董允璘吴仲、仇云蛟石涛、兆鳌沧桂、王之坪文三、张士埙心友、九英梅先、李开锡璧、张九林璧荐、陈寅衷和仲、钱鲁恭汉臣及兄斯选公择、斯大充宗侄言管村等二十六人,至余姚黄竹浦,从黄宗羲受业,信宿南楼而归。自是非先生过姚江,即宗羲过甬,讲道论心,极一时师友之盛。因得尽闻蕺山刘宗周慎独之学,以躬行实践为事,以圣贤为必可及。①

康熙四年(1665)春天,万斯同与五兄斯选、六兄斯大、七兄斯备、侄万言以及同里 20 多个青年学子一起乘舟前往蓝溪,入黄宗羲门下正式受业。康熙五年(1666)春天,万斯同和陈夔献等同门再次访学蓝溪,这次他们还把郑梁推荐给了老师黄宗羲②。据全祖望《续甬上耆旧诗·证人讲社请弟子诗》考证③,此时入黄门受业者前后共计 31 人;但事实上这一时期追随黄宗羲学习的学人还不止此数。他们都是当年浙东地区比较知名的学者,以宁波府的鄞县和慈溪两地的学人为多。蓝溪受业是清初浙东学术发展史和万斯同成长过程中的一件大事。一大批浙东青年学子投在黄宗羲麾下,壮大了黄氏门墙,更为重要的是,这些学子在黄宗羲的教导下,分别从不同的学术研究方向继承和发扬了底蕴深厚的浙东学术宗旨,他们高举起“援经入史”和“经世致用”的大旗,成为扭转当时空疏学风的“实学”思潮的一支重要力量。万斯同后来回忆道:

---

① 《万斯同全集》(第 8 册),第 519—520 页。

② 陈训慈、方祖猷:《万斯同年谱》,第 76—78 页。

③ [清]全祖望:《耆旧诗·证人讲社请弟子诗》,《续修四库全书》(第 1683 册),上海古籍出版社 2002 年版,第 53 页。

仆生平学凡三变。弱冠时为古文词诗歌,欲与当世知名士角于翰墨之场。既乃薄其所为无益之言以惑世盗名,胜国之季可鉴矣。已乃攻经国有用之学,谓夫天未厌乱,有膺图者出,舍我其谁? 时与诸同人兄弟自有书契以至今日之制度,无弗考索遗意,论其可行不可行。①

明清之际的"实学"思潮缘于晚明以来"束书不观,游谈无根"的空疏学风之反拨。天崩地裂的历史巨变、国破家亡的现状,惊醒了当时整个学术思想界。万斯同所谓"天未厌乱,有膺图者出,舍我其谁?"正反映了"国变"之后一部分读书人对未来世事的美好期待和展望。他们并不甘心"故国"的灭亡,都在以"实学"做准备。一旦时机成熟,定将反清复明,光复旧物!

（三）讲经之会

据王焕镳《万季野先生系年要录》载,

康熙七年戊申,公元 1668 年,万斯同 31 岁。

与诸同学请师黄宗羲主鄞城讲席。三月,大会于广济桥,又会于延庆寺,会以证人名之,承蕺山之传也。②

清初"证人"讲会的恢复对整个浙东地区学术风气的影响很大。

据黄宗羲自述,"丁未(康熙六年),余与姜定庵复讲会,修遗书,括磨斯世之耳目。然越中类不悦学,所见不能出于训诂场屋。"③可见,当时绍兴一带的学人因为科考功名的需要并不完全喜欢黄宗羲的授课讲法。但是宁波情况不同。第二年,康熙七年戊申即公元 1668 年,黄宗羲应邀到宁波讲学,受到甬城广大学子的热烈欢迎。万氏叔侄不但为讲会提供了场所,而且成为讲会的中坚力量,遂成为蕺山之学的重要传人。李邺嗣对此有比较详细的记载:

万氏既传家学,而复俱事姚江黄梨洲先生,得读蕺山遗书。黄先生教人必先通经,使学者从六艺以闻道。尝曰"人不通经,则立身不能

① 《万斯同全集》(第 8 册),第 519 页。
② 《万斯同全集》(第 8 册),第 520 页。
③ [清]黄宗羲:《董吴仲墓志铭》,沈善洪主编,吴光执行主编:《黄宗羲全集》(第 10 册),浙江古籍出版社 2005 年版,第 466 页。

为君子；不通经，则立言不能为大家。"于是充宗兄弟与里中诸贤共立
为讲五经之集。先从黄先生所授说经诸书，各研其义，然后集讲。黄
先生时至甬上，则从执经而问焉。大《易》已毕业，方及《礼》经。诸贤
所讲，大略合之以三《礼》，广之以注疏，参之以黄东发、吴草庐、郝京山
诸先生书，而裁以己意，必使义通。中有汉儒语杂见经文，则毅然断
之，务合于圣人之道。至专经治举业家闻之，率其生平诵解所不及，茫
然不知所说为何经也。诸贤各诘难俱在言论，而充宗（万斯大）独尽载
之笔疏。凡诸家所说，各有所长，则分记之，吾党所说，有足补诸家所
不足，则附记之。细书卷中，一札每十余行，行数十字。①

从李邺嗣的记载看，这时的甬上讲会和以前的文会大不相同，以至于那些
专门以科举考试（专攻四书）为目的的人听起来颇觉茫然。这足以证明当时的
甬上讲会已经转向以经史为核心的学术研究了。在黄宗羲的引领下，以万氏兄
弟为杰出代表的甬上学人重新延续了自明末以来中断已久的浙东学术的血脉，
担负起进一步弘扬浙东学术的历史使命。

万斯同兄弟正是在这一时期奠定了学问的基础。万斯大从这时开始努力
研治经学，后来成为有清一代著名的经学专家。万斯同也同样对经学下过很大
的工夫。根据讲会的需要，他曾致力于《易》经的传、注研究，做过大量的笔札。
他希望将自己对《仪礼》一书的研究结果，辑成一书，以备家课之用。当时，他在
经史研究方面都取得了突出的成就。李邺嗣记称："……吾党之学二：一曰经
学；一曰史学……若吾季野，于经史之学，真吾党之畏友也。"②此后，他又著有
《石经考》、《庙制图考》等经学著作流传于世。

康熙十四年（1675）秋，浙江乡试榜发，甬上"证人讲会"的主要成员陈锡嘏、
范光阳、仇兆鳌、万言四人同中正、副榜。此前，张心友、陈非园、董在中业已中
举他去。其他"诸未第者，各以事去"③于是，这个坚持了七八年的讲会便渐渐停
止了。讲会的停止意味着万斯同学生生涯的基本结束，独闯天下的日子刚刚开

---

① ［清］李邺嗣：《送万充宗授经西陵序》，张道勤校点：《杲堂诗文集》，浙江古籍出版社2013年版，
第465页。
② 《杲堂诗文集》，第588—589页。
③ ［清］万言：《管村文抄内编·登高什序》，《丛书集成续编》（集部127册），上海书店出版社1994
年版，第434页。

始……

（四）甬城两送

据王焕镳《万季野先生系年要录》载，

康熙十八年己未，公元 1679 年，万斯同 42 岁。

　　三月，开明史馆，以翰林院学士徐元文为监修，以庶吉士叶方霭、右庶子张玉书为总裁，新取博学鸿儒五十人为编修，局设东华门外。元文聘先生入史局。秋七月，偕从子言北上，友人饯之黄过草堂，赠以诗文。师黄氏以《大事记》（忠端公所记）、《三史钞》授之。①

康熙二十八年己巳，公元 1689 年，万斯同 52 岁。

　　三月北上，黄宗羲时年八十，特至甬上送之。②

万斯同北上修史，黄宗羲曾有两次相送，前后相隔十年（1679 年、1689 年）。特别是后一次，因为万斯同已是独木而支了。黄宗羲有诗相赠：

　　三叠湖头入帝畿，十年鸟背日光飞。四方声价归明水，一代贤奸托布衣。
　　良夜剧谈红烛跋，名园晓色牡丹骄。不知后会期何日？老泪纵横未肯稀。③

　　"四方声价归明水，一代贤奸托布衣。"这寄予了黄宗羲对万斯同的厚望。现在宁波白云庄甬上证人书院门前就以这两句诗作为对联一直挂着。

　　"家学渊源"一节已经叙述过万斯同的学问根底。因为万泰是刘宗周的弟子，万斯同早年初学必然是蕺山之学。万泰去世之后，万斯同则追随黄宗羲继续专修蕺山之学。黄宗羲继承先师蕺山之学，恢复"证人"讲经之会，故其讲习

---

①　《万斯同全集》（第 8 册），第 522 页。
②　《万斯同全集》（第 8 册），第 523 页。
③　《送万季野北上》，《万斯同全集》（第 8 册），第 461—462 页。

的主要内容仍以"六经"为根本,兼及史学、政治、文化,乃至天文、地理、历算等等。黄氏学承蕺山之学,主张"义理"和"实学"并重。据黄炳垕《黄梨洲先生年谱》载,黄宗羲于"义理"方面发前人所未发者大端有四:一曰静存之外无动察;一曰意为心之所存,非所发;一曰已发未发以表里等待,言不以前后际言;一曰太极为万物之总名。直到后来,实际上万斯同的哲学思想已经发生了重大改变,但是他仍然对蕺山之学保持了敬畏之心、景仰之情,对蕺山之学记忆犹新。在给陈惕非(陈确之侄子)的题记中自勉以蕺山之学"淑吾身"、"励吾志"(题记作于 1697 年,黄宗羲 1695 年去世)。

> 他日一棹南还,尚当过盐官,追随杖屦,罄其家庭之所授受,以追考山阴之异同,未知惕非子其许我否也?
> 往山阴刘忠正公绍明绝学,四方士多从之游,其卓然可传于后者,大都以忠义表见。……念忠正公一代大儒,传其学者无几,幸陈先生守其坠绪,二子又克守先生之绪,此正余欲奉为师资者。今以漂泊之故,不得一叩其所学,以淑吾身,而励吾志,余更何所师资以穷山阴之绝诣耶? 此诚吾所深怅也。[①]

从万斯同现存的文献资料仍然可以找到"蕺山之学"的痕迹。万斯同的诗歌有很多关于"独"的意象的展示。如《山中乐》五首[②]中:

> 批月吟风独往,数声啼鸟来时。
> 岭畔独余鸟道,天边只有松声。
> 渔樵客子相访,诗酒情人独来。
> 把酒几人相对,抱琴有客孤弹。

另外,像《佛顶山庄》、《西皋移居》《永思堂即事》、《寒松斋即事》、《李郎潭》等诗中均不乏其例。还有一诗与蕺山之学更为契合。

---

① 《题松菊图为陈惕非八旬初度寿》,《万斯同全集》(第 8 册),第 293 页。
② 《万斯同全集》(第 8 册),第 214 页。

枫林茅屋旧江村,冉冉凉风共旦昏。白柄长镵生意足,黄冠短褐
古心存。关山何处容来往,交友谁能似弟昆？俯仰怀时多涕泪,藤萝
深处结柴门。①

在这里,"白柄长镵生意足"中的生意,与"黄冠短褐古心存"中的古心相对
照,显然是对应戴山之学中生意之"生生不息"的意思。刘宗周对理学"以生意
论仁"的传统作了创造性的诠释。生意是贯通主客观世界、主导事物变化的造
化力量,其在人身上最单纯明快的体现是四端之心;掌握这一造化力量优入圣
域,就是"以生意论仁"之要旨。②

二、万斯同与潘平格

据王焕镳《万季野先生系年要录》载,
康熙十二年癸丑,公元1673年,万斯同36岁。

以潘平格所著书示友人毛文强。平格字用微,慈溪县人,尝有朱
子道陆子禅之说,先生怪而往诘其说,有据。同学因袤言先生畔黄氏。
黄氏亦怒,致书先生驳之,凡数千言。先生谢曰,请以往不谈学,专穷
经史。③

公元1673年这一年,发生了一件意想不到的事情。潘平格到甬城证人书
院来宣讲他的哲学思想,引发了万斯同与黄宗羲之间的思想冲突。当潘平格在
甬上挑起争执时,万斯同正在绍兴。万斯同"闻四明有潘先生者曰:'朱子道,陆
子禅'怪之",于是亲自到慈溪,与潘平格辩论。结果,反而被潘氏说服。万斯同
回来对人说:"往诘其说,有据",还把潘氏著作带到宁波。黄宗羲另一学生毛勋
见潘氏著作后,也颇为赞同。黄宗羲对此颇为震怒,写下《与友人论学书》,严厉
批评潘氏"三灭"即灭气、灭心、灭体。随即,万斯同向黄宗羲表态"请以往不谈
学,专穷经史。"从此,万斯同既不谈潘氏之学,也不谈戴山之学,一头埋进经史
领域。直到李塨的出现⋯⋯

---

① 《万斯同全集》(第8册),第218页。
② 陈畅:《理学道统的思想世界》,上海书店出版社2017年版,第106页。
③ 《万斯同全集》(第8册),第521页。

岁辛巳,都宪及徐少宰秉义谋梓予《大学辨业》,予思季野负重名,
见不合,或诋诮。不如先事质之,袖往求正。逾数日,季野见,下拜曰:
"吾自误六十余年矣! 吾少从游黄梨洲,闻四明有潘先生者曰:'朱子
道,陆子禅。'怪之,往诘其说,有据。同学因轰言予畔黄先生,先生亦
怒。予谢曰:'请以往不谈学,专穷经史。'遂忽忽至今,不谓先生示我
正途也。"①

康熙四十年辛巳,即公元 1701 年,万斯同 64 岁。据李塨《万季野小传》载,
是年万斯同应李塨邀请为李塨《大学辨业》作序。有感于《大学辨业》思想与之
相契,故回忆起其早年和潘平格的一段交往。万斯同明确自己其时认为潘说有
据。此条可作为上文佐证。

除去上文提到的两条,目前尚未发现关于万、潘交游有关的文献资料。但
是已足以证明万斯同曾一度完全接受潘说。

潘平格(1610—1677),字用微,明清之际思想家,浙江慈溪县文溪(今镇海
区)人。潘氏强调在日用生活中探求真理,提出"浑然一体""见在真心"的理论。
对程朱陆王均颇有微词,认为"笃志""力行"尚合孔孟之旨。著有《求仁录》《著
道录》《四书发明》《孝经发明》《辨二氏之学》《契圣录》等等著作,除《求仁录》之
外,余均散佚。《求仁录》现有点校本《潘子求仁录辑要》行世。

万斯同家学为蕺山之学,之后追随黄宗羲学习的仍然是蕺山之学。蕺山之
学或黄宗羲版的蕺山之学可看作是万斯同哲学思想的起点。但是潘氏之学出
现之后,万斯同被潘氏说服,或者说暗契潘氏之学。黄宗羲知情后,著文批驳潘
氏哲学,万斯同被压服。表面上被黄宗羲压服,但是万斯同的哲学思想有其自
身的特点及演变历程,等到 20 余年后得识李塨,一番论学切磋下来,实际表明
万斯同这时和李塨的哲学思想是相契的。前后 20 余年,万斯同哲学思想从潘
氏之学开始,又经历了一变,而与黄宗羲之间拉开一定的距离,反映了这个时代
哲学思想潮流的变迁,即道学的衰落,实学的兴起。

潘平格哲学思想主要有三大要点:

其一,"求仁为宗"②的本体论。潘平格认为《大学》所谓之"明明德于天下"

---

① 《万斯同全集》(第 8 册),第 483 页。
② 刘小红:《潘平格思想研究》,上海师范大学 2012 年硕士学位论文,第 5 页。

是"求仁"之总纲。"仁"是每个人天生存在的人性。因此,每个人都应当并可能通过自己的爱心和良知去"求仁",从而恢复自己的本性,实现人与人、人与社会,乃至人与宇宙万物之间的和谐,达到人我之间的"浑然一体",天地万物之间的"浑然一体"。潘氏指出孟子之后的诸儒并没有真正传承孔孟之学,"圣学久绝,诸儒各以意为学,各以意发明《大学》,而《大学》之道贸乱而无所适从"。① 特别是程朱、陆王之学,杂糅佛、老之术,肆意歪曲儒家正统学术思想,正所谓"朱子道,陆子禅"。潘平格批评理学末流更是一群自私自利、良心尽丧的假儒! 为此,潘氏慨然以"径接孔孟,旁斥佛老"为己任,呼吁重新恢复周孔正学。

其二,"格通人我"②的格物论。潘平格认为"格物者,格通人我"③。"格物之物,谓身、家、国、天下也。"④在潘氏看来,朱学之"格物",今日格一物,明日格一物,其法支离破碎,不得要害;而王学之"格物",更有悖于孔孟和《大学》关于"明明德于天下"的宗旨,所谓"心外无物,心外无理"仅限于于自身的修炼。潘氏认为惟有"格通人我"将修、齐、治、平与身、家、国、天下统一起来,才是格物正训。"格致"的障碍是私心杂念,潘平格呼吁人们"克己即格物","强恕反求",希望每个人都用自己的实际行动去追求和谐,创建没有仇杀和离乱的社会,实现"浑然天地万物一体"。

其三,"笃志力行"⑤的实践论。潘平格认为"仁"既然是每个人天生存在的人性,那么人人都可以成为圣贤。前提条件是必须先立志,要"以天下生民为念"⑥,要以天下之事为己任。其次,必须"力行",积极投身社会实践,每个人都认真做好自己能做的每一件事情,"笃志力行之士,虽一针一草之事到前,无不尽心料理,无分于大事小事,无分于人事我事,凡我之所当为者,俱我之事,俱我所当自尽"⑦,那么天地万物之间的"浑然一体"就不远了。有鉴于此,潘氏抨击科举制,认为科举是朝廷诱惑读书人追求富贵。既然人人都去竭力追求荣华富贵,"安有修德行道,力学尽性之士"⑧? 另外,他又抨击独善其身、麻木不仁、远

---

① ［清］潘平格撰,锺哲点校:《潘子求仁录辑要》,中华书局 2009 年版,第 15 页。
② 刘小红:《潘平格思想研究》,第 17 页。
③ 《潘子求仁录辑要》,第 59 页。
④ 《潘子求仁录辑要》,第 59 页。
⑤ 刘小红:《潘平格思想研究》,第 22 页。
⑥ 《潘子求仁录辑要》,第 224 页。
⑦ 《潘子求仁录辑要》,第 50 页。
⑧ 《潘子求仁录辑要》,第 130 页。

离世事、坐而论道的隐居行为。指责有的读书人面对国破家亡、生灵涂炭的局面,不以天下生灵为念,却以"高尚为奇行……闭户于穷巷,独善于闾里"①。

潘平格立场鲜明、观点明确,将自己的见解凌驾于理学之上,尤其是王学之上。对此,黄宗羲极为不满。黄宗羲严厉批评潘平格"三灭",自不待言。黄宗羲先后致书姜希辙和万斯同,全面驳斥潘氏之学。

黄宗羲在致万斯同的信中,反驳潘氏之学是"无故而自为张皇""矫诬先儒之意"②,其弊端为"三灭"。首先是"灭气"。黄宗羲认为潘氏学说将"气"和"性"分开是错误的,坚持"大化之流行,只有一气充周无间"③,气之升降不失其序即为理,其在人则为恻隐、羞恶、恭敬、是非之心,从此秩然不变者为性。理是有形见之于事,性是无形之理。性即是理。它们的共同点是气,一阴一阳之谓道。潘氏自认为性就是性,气就是气。黄宗羲质问潘氏,若此,天地万物又以何为一体呢?潘氏以金、木、水、火、土为气。但是,自气至五行则为质,非气。质有始终,而气无始终。质不相通,而气无不通。再说,先儒并没有以质言性,以气质言性是指性之偏者。潘氏指认先儒说过"虚即是理,理生气"。黄宗羲反驳凡言气本于老子者称"虚即是理",而儒家先贤并未有此说。黄宗羲引用张载的观点"知虚空即气,则有无隐显,神化性命,通一无二"④反驳之。因此,虚能生气,则入老子有生于无之縠,这正是儒家所反对的。潘氏认为性与天道有分别,黄宗羲反驳认为在人为性,在天为天道,故曰天命之谓性,说的是二者是一贯的,统一的。黄宗羲认为潘氏的观点不仅不符合《中庸》,而且和潘氏自己的浑然天地万物一体的观点相悖。其二是"灭心"。黄宗羲认为"先儒以灵明知觉为心,盖本之乾知"⑤,不同于佛教的"识神";潘氏认为儒者心有所向之为欲即"识神",无欲即真心;黄宗羲当然反对潘氏的观点,对潘氏运用佛教术语解释儒学表示极端厌恶。其三是"灭体"。黄宗羲认为"心无分于内外,故无分于体用"⑥,即合外于内,"用"归于"体"。黄氏以此反对潘氏合内于外,"体"归于"用"。认为潘氏"功夫皆在心体,不在事为境地"⑦……

---

① 《潘子求仁录辑要》,第224页。
② 《万斯同全集》(第8册),第454页。
③ 《万斯同全集》(第8册),第453页。
④ 《万斯同全集》(第8册),第453页。
⑤ 《万斯同全集》(第8册),第454页。
⑥ 《万斯同全集》(第8册),第454页。
⑦ 《万斯同全集》(第8册),第454页。

　　从黄宗羲这封信中,我们大致可以识见黄宗羲版"蕺山之学"之原旨及黄宗羲解读之潘平格哲学之要旨。由此可以窥见,万斯同思想变化的剧烈震荡,两股"贞流"在其身体内涌动。

　　黄宗羲在信中特别提醒万斯同"诸儒之书,茧丝牛毛,自六经以外,不比史传之粗心易读"①,如果一不小心,钻进牛角尖就非常痛苦。希望万斯同不要为了省力,去相信那些动辄武断先贤为"邪说"的人。黄宗羲这里指潘平格,当然也指向一切武断判别先贤为"邪说"的人。黄宗羲一番良苦用心,规劝万斯同研读经史书,期待着万斯同能够从经史(万殊)磨砺中,最后回到蕺山之学(一本)。

　　黄宗羲文辞激烈的来信,在黄门学生中引起了不小的震荡。首先是黄门弟子毛文强干脆改换门庭,成为潘氏最坚定的学生,他和郑性后来积极为潘氏刊刻《求仁录》,并将其广泛赠送朋友,传播潘氏之学术思想。黄门高弟郑梁、郑性父子亦比较赞同潘平格的思想。郑梁称赞潘氏"其学甚贯穿"。郑性称"儒门之有潘子,犹释氏之有观音"②。另据全祖望记载说:"……南雷最斥潘氏用微之学,尝有书为万徵君季野驳之,凡数千言。而(郑性)先生于用微'求仁'宗旨,许为别具只眼",并明确指出黄宗羲"门户之见尚未尽化"。③ 万斯同当时或出于师道之尊,接受了老师的规劝。他表示出暂时的屈从,对师友们说:"请以往不谈学,专穷经史。"④

　　浙东学术阵营中黄、潘之争对万斯同一生影响很大。万斯同从潘平格的思想中吸取了某些健康的成分(可参阅第三章格物论第二节),是万斯同哲学思想转变的重要标志。富有戏剧性的是,在黄宗羲的指引下,万斯同之后重点研读经史,竟开始向颜李派哲学阵营迈进……

三、万斯同与李塨

　　据王焕镳《万季野先生系年要录》载,

　　康熙三十九年(1700)庚辰。万斯同时年63岁。

---

　　① 《万斯同全集》(第8册),第465页。
　　② 《求仁录》郑性序,《潘子求仁录辑要》,第3页。
　　③ [清]全祖望:《五岳游人穿中柱文》,朱铸禹校注:《全祖望集汇校集注》,上海古籍出版社2018年版,第379页。
　　④ [清]李塨:《万季野小传》,邓子平、陈山榜点校:《李塨文集》,河北人民出版社2011年版,第385页。

　　四月，余德纯招宴，得晤李塨、胡渭。先生谓塨所撰《毛西河全集序》称许太过。塨谢之。九月，复与塨晤。十月，邀之赴讲会，十一月，塨归。①

　　康熙四十年（1701）辛巳，万斯同64岁。

　　正月，赴孔尚任筵。李塨以《大学辨业》请正于先生。先生读而善之，为之《序》。四月，塨之讲会，先生因讲其学。十月，塨复来京，先生与之杂论经史。时《明史》纪传成，表志未竣，因荐塨于鸿绪，以助成之，未果，事寝。②

　　李塨（1659—1733）字刚主，号恕谷。直隶（今河北）蠡县曹家蓁人。清初哲学家，颜李学派的代表人物，颜元学说最得力的继承者、传播者和发展者，在教育方面颇有成就。著有《四书传注》《周易传注》等。

　　万斯同晚年得以交游李塨。李塨也记载了他们交游的情况一二。

　　在《在冯壅家共论学》中李氏有记载。

　　辛巳，李塨入都，君（冯壅）浮家都门。万子斯同亟称君学者，因相会。抵冬，君延万子、孔子尚任、王子源及塨论学。③

　　在冯壅家这次集会上，李塨讲解了《大学辨业》，万斯同、王源、温睿临等都极为赞同。此后，王源成为颜元的弟子。

　　在《邀李塨观其所修明史》中，李塨记载了万斯同邀请李塨观阅《明史》。

　　万季野修《明史》，倩予阅。明南北混一，乃载北人亦少，季野颇叹息。明宣宗曰："长材伟器多出北方。"而吾蠡三百年，反登一布政杨瓒举廉贤，奏议增附生员。……南好滔华，北习固陋，毋怪史传之南多而

---

① 《万斯同全集》（第8册），第525页。
② 《万斯同全集》（第8册），第525页。
③ 《万斯同全集》（第8册），第481页。

北少也。①

　　李塨与万斯同感情甚洽。在万斯同去世之后,他往哭并写下《万季野小传》,以纪念万斯同。

　　万斯同和李塨的首次见面并不愉快。万斯同此前已闻李塨之名,并得知李塨曾师从毛奇龄研习乐学。毛奇龄,学者称"河右先生",兼治经史,著述等身。但他又是清初一位个性极强的学人。据全祖望记载,奇龄好与人辩论,有时辩不过别人,就"狂号怒骂",甚至"奋拳殴之",大打出手!② 万斯同叔侄与毛奇龄同修《明史》,曾被"河右所折",相互之间不融洽。宴会开始后,酒过数巡。万斯同突然对李塨说道:"《河右全集序》为先生撰,称许太过,将累先生。"李塨也不示弱,辩道:"恕我直言。其实先生您并没有深入读过那篇《序》文。我主要讲的是躬行自励,说到跟随毛先生读书,的确感到有夸大之处,但并非故作阿谀奉承之词。况且圣道学术宽阔无边,这不过是一家之说而已。"胡渭也即席表示同意。万斯同一时语塞,大家不欢而散③。

　　但是,这次不愉快的见面不仅没有中断他们的关系,反而使他们之间的学术交往更加频繁,友谊也随之渐渐加深。

　　康熙四十年(1701)二月,当时在京的徐秉义、吴涵等官员愿意捐俸为李塨刊刻《大学辨业》《圣经学规纂》《论学》三种著作。其中《大学辨业》是李塨最为重要的代表作。李塨考虑到"季野负重名,必须一质,合则归一,不合则当面剖辨,以定是非"④。于是,就携带书稿请万斯同当面指正。数日之后,两人相会。万斯同折服其论,并把自己积压数十年的心里话告诉了李塨。万斯同回忆起当年黄宗羲和潘平格之间激烈的争论,他坦率地告诉李塨,自己经过二十年来的研经读史,他确认李塨之论是正确的。"今得见先生,乃知圣道自有正涂也。"⑤万斯同认为,李氏"格物"之观点深得古人不传之旨,而朱熹、王阳明、潘平格对格物的解释都是错误的。万斯同的哲学思想又现一变,显示和李塨暗契。旋即,万斯同欣然为《大学辨业》作序。

────────────

① 《万斯同全集》(第8册),第481页。
② 《萧山毛检讨别传》,《全祖望集汇校集注》,第988页。
③ 《万季野小传》,《李塨文集》,第385页。
④ 《李恕谷先生年谱》,《李塨文集》,第754页。
⑤ 《李恕谷先生年谱》,《李塨文集》,第754页。

万、李又曾就古代"学"与"业"的关系问题进行过反复的讨论,万斯同对李塨从实学角度解释古代"明德亲民,德行六艺"表示赞同。李塨有记:

> 鄞县万季野阅余《辨业》、《学规》,叹息起立曰:"以六德、六行、六艺为一物,学习为格,万世不刊之论也。先儒旧解固泛而无当矣。"予因告之曰:"昨有人诘予云,子谓农工商亦非士分业,然则《大学》尚有遗理乎?予云明德亲民,德行六艺,何理不具?然理虽无所不通,而事则各有其分。如冉有足民,岂不筹划农圃之务,而必不与老农、老圃并耒而耕,而安得兼习胼胝之业欤?且言此者以学乃实事,非托空言,空言易全,实事难备,故治赋为宰,圣门各不相间,况学外纷顼者乎?不然,心隐口度,万理毕具。试问,所历亦复有几?则亦徒归无用而已。"季野曰:"然。"①

是年四月的一天,李塨去听万斯同的讲会。大家拈得"郊社"之礼一题。万斯同先当众向李塨一揖,然后对听众说道:"这位就是李恕谷先生,他负圣学之正传,学问非我等所敢望。今天我们先不忙讲'郊社',请先讲李先生之学吧!"说完之后,万斯同向大家讲解了李塨《大学辨业》所论"格物"的主要观点,然后又高声说道:"此真圣学宗旨,诸君有志无自外!"并请李塨登座,和他一同讲"郊社"之题。李塨辞谢不敢。

同年十月,万斯同等人对李塨关于人性的解释表示赞同。《李塨年谱》记曰:

> 冯敬南请先生及诸名士论学。(李塨)先生曰:"人受天地之中以生,必有仁义礼知之性。见于行,则子臣弟友;行实以事,则礼乐兵农……"敬南及季野、昆绳、邻翼皆曰:"然,道诚在是矣。"②

经由李塨和王源的介绍,斯同晚年常常参加"颜李学派"的活动。据载,他们有两个经常聚会的地方。其一是吴涵家,其二是冯壅寓所。吴涵,字容大,浙

① 《论学》,《李塨文集》,第 83 页。
② 《李恕谷先生年谱》,《李塨文集》,第 757 页。

江石门(今浙江桐乡)人。康熙二十一年(1682)进士,授编修,历官副都御史、工部侍郎、吏部侍郎兼翰林院掌院学士、左都御史等职。李塨曾在他家为馆师。冯壅,字敬南,山西代县人也。冯壅的祖父曾为广东左布政使,以《春秋》名家,世称秋水先生。父亲冯云骕,官至翰林院讲官、礼科给事中。冯壅于康熙二十七年(1688)联捷进士。官至中书、广西梧州府同知、南宁同知、知府等。当时参加聚会的除了李塨、王源外,还有冉觐祖和窦克勤等人。冉觐祖,字永光,河南中牟人。康熙三十年(1691)成进士,选庶吉士,三十三年(1694),授检讨。窦克勤,字敏修,河南柘城人。康熙十七年(1678)进士,授检讨。他们连同主人吴涵和冯壅都是当时"颜李学派"的重要学者。也非常尊重斯同,引为师长。大家在一起谈经论史,讲道论学。吴涵把这些学术活动誉为"乾坤赖此柱础"[①]。事实证明,和李塨、王源的交往,使万斯同思想上进一步背离了"王学"传统,成为"颜李学派"的重要支持者和传播者之一。李塨写道:

> 自孔孟没而圣道邈然失传,陵夷汉唐,至宋明而歧途互出,佛老俗学,浸淫杂乱,(颜元)先生崛起,树周孔正学,躬行善诱,志意甚伟,而传闻不出里闬。王(源)子来学,渐播海内。如吴涵、万斯同、王复礼……以名宦、闻人传布其说,而道日益著。[②]

万斯同与李塨的交往揭示了万斯同哲学思想的四个观点或动向。

1.确定格物为学习"三物"的认识论观点。在此基础之上,万斯同将格物论运用到社会历史领域,即运用经典检验历史、运用经典指导实践、指导自己的人生并对未来社会作了美好的憧憬和设计。详见后文;

2.确定"明德亲民德行六艺"为正确处理"学"、"业"关系的准则。万斯同认为孔孟之道为性命之学兼顾经世之学,详见第四章道统论。大学之道在于彰显人之自身所具的光明德性,引导世人弃旧图新,去恶从善,其具体途径就在于学习"三物"。这表明孔孟之道和大学之道是一脉相承的。

3.确定人性善的人性论观点。关于人性论,有几个具有代表性的观点。比如,孔子有"性相近,习相远"。孔子认为人的本性是相近的,没有太大的差别。

---

① 《送都宪石门吴公请假归里序》,《李塨文集》,第315页。
② 《王子传》,《李塨文集》,第384页。

在后天的经历中,人的品德才逐渐拉开距离,即人的善恶本质主要是在出生以后形成的;至于人性先天有差别,但是极其微小。孟子持有"性善论"。孟子在与告子的辩论中阐明了他的性善论观点。告子认为水不分东西,人性没有善恶。孟子认为水分上下,人性有善恶,并提出"善之四端"学说,坚持"人皆可为尧舜"。荀子持有"性恶论"。荀子认为人的本性是恶的,但是又具有接受仁义教化和法律约束的潜质,因此"圣可积而致"、"涂之人可为禹。"孟荀二说对后世影响很大。像董仲舒论性、韩愈"性三品"论、张载的"天地之性与气质之性"……从古至今基本上都在善恶之间打转转。万斯同主张人性善。其转述如"一阴一阳之谓道,继之者善也,承之者性也"①,上文又有赞同"人受天地之中以生,必有仁义礼知之性"之观点,赫然在目,可见一斑。

4.支持、传播颜李学派学说。从李塨的记载看,万斯同晚年赞同颜李学派观点,并将格物论运用到社会历史领域,支持并传播颜李学派学说。

万斯同哲学思想与李塨哲学思想同为实学体系,相互支撑,但是仅凭二者格物论契合,就简单地认为万斯同最后成为颜李学派一员是不恰当的。(后文第三章第二节有更为具体的论述。)

以上记述了影响万斯同哲学思想三变的三位重量级人物,即黄宗羲、潘平格、李塨,以及万斯同哲学思想演变的基本轨迹。至于改变万斯同学术命运的徐乾学,还有戏剧家孔尚任、古文家方苞、天文学家兼数学家梅文鼎与之砥砺前行,文中均未涉及。另外,像李杲堂、郑梁等二十余人,与万斯同交往甚密,对于万斯同的人格及学术思想的形成亦有很大的促进作用,因限于篇幅,不一一罗列。

---

① 《易说》,《万斯同全集》(第 8 册),第 312 页。

第二章　天道论

众所周知,明末清初思想学术的发展,经历了由宋明理学到清考据学的转变,而经世致用之学(实学)是连接二者的重要发展阶段。万斯同哲学即属于实学系列,凸显主客二分的思维方式。与绝大多数中国哲学家不同的是,万斯同天道论呈现分离趋势,即包括宇宙论和道论两部分。

第一节　宇宙论

中国哲学中的道论、宇宙论长期是粘连在一起的。进入两汉时期,中国哲学中的宇宙论得到了高速发展,宇宙论的充分发展被后人视为两汉哲学天道论的重要特征。万斯同继承和发展了两汉以来关于宇宙论的理论成果,提炼出"太极判而两仪形,阴阳运而万物生"、"律吕天地自然之数"等重要命题,重申并肯定了宇宙论的四季五行框架。

一、阴阳运而万物生

万斯同坚持"气生万物"的观点。"太极判而两仪形,阴阳运而万物生。……其生成屈伸,莫不各有分限节度,所谓数也。……相应相生,气之和也,而数行乎其间矣。道生一,一生二,二生三,三而三之而极于九,乃复变于一,故一者数之宗也。"[①]"太极判而两仪形,阴阳运而万物生。"这是万斯同就世

界之生成而提炼出来的重要命题,说明"气生万物",整个世界的本原为气。太极、两仪、阴阳、万物、气、道、一、数等构成了宇宙生成和宇宙结构的诸多环节。化生万物的起始点是太极、道、一,气则贯穿始终,正所谓"大化流行,只有一气充周无间"①。在此,太极、道、一具有同等的意义。太极为万物之所向,道为万理之所指,一则为众数之所归,而气为万物的起源本体,阴阳的辩证统一构成万物生成的动力。"道"成为连接万氏宇宙论和本体论的节点。万斯同的观点综合了历史上诸家之观点,给人有似曾相识的感觉,却又令人耳目一新。

《易传·系辞上》:"是故易有太极,是生两仪,两仪生四象,四象生八卦。"

《老子》:"道生一,一生二,二生三,三生万物。万物负阴而抱阳,冲气以为和"。

《淮南子·氾论训》:"天地之气莫大于和。和者,阴阳调,日夜分,而生物。春分而生,秋分而成,生之与成,必得和之精……积阴则沉,积阳则飞,阴阳相接,乃能成和。"

《淮南子·天文训》:"以三参物,三三如九,故黄钟之律九寸而宫音调,因而九之,九九八十一,故黄钟之数立焉。"

综观上文,万斯同坚持了世界的气本原的观点。万氏认为气是世界的本原,与刘宗周、黄宗羲、李塨等气本论者保持了高度一致。刘宗周认为:"盈天地间一气而已矣,有气斯有数,有数斯有象,有象斯有名,有名斯有物,有物斯有性,有性斯有道,故道其后起也。"②在刘宗周看来,"气"作为最根本的存在,是道、性、物、名、象、数等的根基,没有"气",也就不可能有数、象、名、物、性、道等这些"有形"之物。同样,黄宗羲认为,"通宇宙一气也,气之实,阴阳是已。自其未成形者而言,絪缊揉错,相兼相制,欲一之而不能,虚也。自其成形者而言,天地法象,万物形色,刚柔男女,粲然有分,实也。实者虚之所为,形亦气也,是皆可名之象耳。又自其本而言,未尝有体,曰太虚,虚而妙应,曰神,神而有常,曰天,曰性,一物也。有天则有道,神天德,化天道,一于气而已。"③在黄宗羲看来,气是万物的源头。气即阴阳。从未形成的角度说,是虚;从成形的角度看,是实。实、虚、形等都可称作象。从其最基本的形态而言,没有体,故可称为太虚,虚而奇妙应物,叫作神,神即天、即性,都是一个东西。总之,天、道、性、神、德等

---

① 《万斯同全集》(第8册),第453页。

② [清]黄宗羲著,沈芝盈点校《明儒学案·蕺山学案·语录》,中华书局1985年版,第1520页。

③ 《明儒学案·诸儒学案中二·文庄汪石潭先生俊》,第1152—1153页。

都是气。李塨明确提出"气外无理""阴阳生万物"。李塨"气外无理"的观点见于李塨与学者王复礼的对话。"草堂曰：'颜先生言理气为一，理气亦似微分。'曰：'无分也。孔子曰：'一阴一阳之谓道'，以其有条理谓之理，非气外别有道理也。'"①颜元"理气为一"的观点是对程朱理学气外有理、理先气后观点的否定。王复礼并不完全赞同颜元的观点。李塨觉察后，以"非气外别有道理"对颜元的观点作了肯定。李塨在与学生的讨论中，提出了"阴阳生万物"的观点。敬庵问《中庸》朱注"五行化人物"之说，先生曰："'阴阳生万物'，《易》言也；'五行生人物'，则汉以后之误语也。五行乃流行于世，为人用者，如蠢然木，顽然金，且赖人培植之，销治之，焉能生人哉！"②李塨认为，阴阳二气是万物生成的根本。阴阳二气的运动，化生出具体事物。

万斯同坚持"气生万物"的观点，运用气论明确论述了人的形成。人是由气产生的。"盖人本阴阳之气而生，既生则听乎人，而不听乎天矣。"③万斯同"由气生人"之说显然继承了东汉王充以降，关于"气之生人"的观点。王充《论衡·论死篇》云："气之生人，犹水之为冰也。水凝为冰，气凝为人。"④三国时期吴国杨泉《物理论》云："人含气而生。"⑤挚虞《思游赋》云："散而为物，结而为人，阳降阴升，一替一兴，流而为川，滞而为陵。"⑥种种说辞表明，不仅人为阴阳之气结合而成，即便山川等非生物也是阴阳之气结合而成。换句话，万物的生灭，本质上都是气的聚散，这种论述与张载以降的气本论相合。这也是"太极判而两仪形，阴阳运而万物生"的真义所在。不限于此，万斯同还明确了人生成之后，不再受制于天、受制于自然、天然、生理，而是迈向人为、人事、社会。整个世界在万斯同的视野中被分成截然不同的、具有不同规律的自然界、社会两部分。人作为人，由于他的自然性自然要受到自然规律的制约，与之相对照，人作为人，由于他的社会性更重要地是要受到社会规律的制约。万斯同全面接受了《易传·序卦传》的观点。"有天地然后有万物，有万物然后有男女，有男女然后有夫妇，有夫妇然后有父子，有父子然后有君臣，有君臣然后有上下，有上下然后礼义有所

①　《李塨文集》，第738页。
②　《李塨文集》，第822页。
③　《万斯同全集》（第8册），第317页。
④　[汉]王充撰，杜泽逊审定：《宋本论衡》，国家图书馆出版社2017年版，第22页。
⑤　[晋]杨泉撰，[清]孙星衍辑，翟江月点校：《物理论》，王承略、聂济冬主编：《子海精华编》本，山东人民出版社2018年版，第99页。
⑥　马积高主编：《历代辞赋总汇》（第1册），湖南文艺出版社2014年版，第767页。

错。"将"气生万物"的观点同社会伦理道德密切联系起来,并将自然界与人类社会视为一个"天人合德"的整体。不仅如此,万斯同还对礼进行了深层次的阐发。万斯同《明史稿·礼志叙》中有"礼也者,天地之序也。"①认为礼、礼制是天地秩序的反映,这是对"天人合德"的整体论的重要补充。万斯同的论述揭示了在气的基础上,自宇宙诞生以降直至人类文明社会的进化过程以及人与自然、社会的关系。

持"气化说"的人认为,整个宇宙都是从气演化而来的。原始的气叫元气。元气是混沌状态的。长期分化以后,清的部分和浊的部分分开成为阴阳之气。清轻的阳气上升形成天,重浊的阴气下沉凝结成地。之后,天地又化生出万物。这种由元气化生天地万物的思想起源于战国时代的《庄子》《管子》,经过西汉时期的《黄帝内经》、纬书,到东汉中期,王符又作了系统论述。万斯同曾经谈到"元气","大礼之议,非但嘉靖一朝升降之会,实有明一代升降之会也。……故张璁、桂萼用而元气为之一丧,汪鋐、夏言用而元气为之再丧。迨严嵩父子用而元气为之丧尽矣。"②万斯同将国家之根本视为"元气",说明万斯同一定程度上赞同战国时期已经出现的"元气论"。

万斯同的气论既有元气论的痕迹,又有气论的成分。不过,细究起来,元气论和气论还是有一定的差别、距离,不能完全等同。而万斯同对此并无区分,说明万斯同本来认为二者是基本等同的。这是万斯同气本源论的不足之处。

二、五行之动迭相竭

黄宗羲认为,随着四季的更替,一年中气有升降。故曰:"夫大化之流行,只有一气充周无间。时而为和,谓之春;和升而温,谓之夏;温降而凉,谓之秋;凉升而寒,谓之冬。寒降而复为和,循环无端,所谓生生之谓易也。"③这种以四季及其循环更替为框架的宇宙结构论早在《吕氏春秋》中就有了④。万斯同承继黄宗羲的观点,提出"夫一岁之气有升有降者,天气上升,地气下降,闭塞而为阴,秋冬之事也……天气下降,地气上升,畅达而为阳,春夏之事也。氤氲两间,发

---

① 《明史稿》,《续修四库全书》(第 324 册),第 612 页。
② 《书杨文忠传后》,《万斯同全集》(第 8 册),第 246 页。
③ 《万斯同全集》(第 8 册),第 453 页。
④ 参阅周桂钿:《中国传统哲学》,福建教育出版社 2017 年版,第 67 页。

育万物……盖气无微而不入者也。"①正是对气支配四季变化并化生万物的另一种表达。气无所不在,气无所不能,气在四季交替的框架中周流变化,气的周流变化导致四季的更迭并孕育万物化生。换句话说,气是世界的本原,世界是变化的,变化是有规律的,世界的变化是气的变化,世界的变化是四季的现实的周期更替。天地构成了万物生长的空间维度,而四季构成了万物生长的时间维度。

万斯同认为,整个世界除了遵循四季规则之外,还遵循五行运行之理。"记曰:五行之动,迭相竭也。五行四时十二月还相为本也,五声六律十二管旋相为宫也。盖冬竭则春为主,为夏之本;春竭则夏为主,为秋之本;夏竭则秋为主,为冬之本。所谓播五行于四时而还,相为本也。子月应钟竭则黄钟为宫,为大吕之本;丑月黄钟竭则大吕为宫,为太簇之本;寅月大吕竭则太簇为宫,为夹钟之本;卯月太簇竭则夹钟为宫,为姑洗之本……以下皆然。已往者竭于上见在者为方来者之本,所谓五声六律十二管旋相为宫也。"②气以五行框架为宇宙的结构。五行的运转,依次互为终结。

万斯同巧妙地将五行与四季相结合,提出"相为本"理论。冬天结束,春为主、夏为本;春天结束,夏为主、秋为本;夏天结束,秋为主、冬为本;秋天结束,冬为主、春为本。五行四季十二月,依次交替为本始而不竭。除此之外,万斯同还将五声六律十二管纳入五行框架体系。五声六律十二管交替为宫生。"子月应钟竭则黄钟为宫,为大吕之本;丑月黄钟竭则大吕为宫,为太簇之本;寅月大吕竭则太簇为宫,为夹钟之本;卯月太簇竭则夹钟为宫,为姑洗之本……以下皆然。"气的周流五行框架早见于《淮南子·天文训》。较之四季框架更为复杂,却更为准确地揭示了宇宙的结构及其递进、周期性之变化。

不限于此,万斯同还列出"十二旋宫用五声之法"作为在五行框架规则运行下的典型例子。十二律有定名,五音为虚位。所谓"十二律有定名"具体是指十二律吕依次为黄钟、林钟、太簇、南吕、姑洗、应钟、蕤宾、大吕、夷则、夹钟、无射、仲吕;所谓"五音为虚位"具体是指五音为宫、商、角、徵、羽。五音按照五行规则排列,然后,十二律吕遵照五行相胜的规则依次更迭,形成十二律吕的周流变化:黄钟为宫,则林钟为徵,太簇为商,南吕为羽,姑洗为角;林钟为宫,则太簇为

---

①　《明史稿》,《续修四库全书》(第 325 册),第 179 页。
②　《明史稿》,《续修四库全书》(第 325 册),第 183 页。

徵，南吕为商，姑洗为羽，应钟为角；太簇为宫，则南吕为徵，姑洗为商，应钟为羽，蕤宾为角；南吕为宫，则姑洗为徵，应钟为商，蕤宾为羽，大吕为角；姑洗为宫，则应钟为徵，蕤宾为商，大吕为羽，夷则为角；应钟为宫，蕤宾为徵，大吕为商，夷则为羽，夹钟为角；蕤宾为宫，则大吕为徵，夷则为商，夹钟为羽，无射为角；大吕为宫，则夷则为徵，夹钟为商，无射为羽，仲吕为角；夷则为宫，则夹钟为徵，无射为商，仲吕为羽，黄钟为角；夹钟为宫，则无射为徵，仲吕为商，黄钟为羽，林钟为角；无射为宫，则仲吕为徵，黄钟为商，林钟为羽，太簇为角；仲吕为宫，则黄钟为徵，林钟为商，太簇为羽，南吕为角。在此，可见整个世界的结构及其变化。此结构、变化集中反映了中国古代对宇宙变化的基本见解。

"十二旋宫用五声之法"复杂多变但却有规律可循，预示着宇宙结构的深奥无穷，也昭示着人们对宇宙生成、宇宙结构认识不断深化的期待，充分体现了古人从经验出发、从特殊上升到一般的思维方式。

中国历史上与宇宙之四季五行结构相平行的还有八卦结构，显然万斯同没有采纳之。万斯同认为《易传》之"天地定位"，只是讲八卦卦位相错，不曾有东西南北之说（详见第四章）。万斯同在"气生万物"的基础上，继承了历史上关于宇宙结构的基本理论，四季五行框架是万氏宇宙结构论的重要组成部分。

三、律吕天地自然之数

万斯同认为，世界最初天地之间充满着气，天地之间是气的存在空间。"盖天地间之气其初至清至静。清以生浊，静以生动。清者数少，浊者数多；数少者贵，数多者贱。故太极一数也，阴阳二数也，二老二少四数也，水火木金土五数也，庶事出庶类兴百千为数也，所以纲维主宰之者一太极也。天子一数也，二伯二数也，三公三数也，六卿六数也，九牧九数也，百辟群侯千百数也，万国万民万数也，所以操握宰制之者一天子也。黄钟正宫气清；角为民，事数多于人数；徵为事，物数多于事，故羽为物，宫声清越微妙而众声宗之，犹人君至德渊微而天下应之，此黄钟之所以为尊也。阳性动，动者数三。三者数之始也，三而三之而究九，九者数之终也，故阳数其始也不离于三，其极也不离于九。"[①]气的清、静是气的原始状态。之后，整个世界就是气的大化之流行，其具体表现为清生浊、静

---

① 《明史稿》，《续修四库全书》（第 325 册），第 181—182 页。

生动。周敦颐《太极图说》中有"太极动而生阳,动极而静;静而生阴,静极复动。"①天道与人道保持着高度对应的关系,上天、人间均保持着有序运行的状态并与数呈现对应关系。自然界的主宰为太极,太极为一、阴阳为二,老阴老阳少阴少阳为四,水火木金土为五;于此相对照,世间的主宰为天子,天子数为一,二伯数二,三公数三,六卿数六,九牧数九,百辟群侯数千百,万国万民数万。正是"数少者贵,数多者贱"。就音乐而言,万斯同认为音乐之主宰为宫,三始九极,说明音乐亦是与天道、人道同一并相互对应,数是他们的共同基础。万斯同关于王朝的兴衰更替"数"的观点即"三始九极"的规律以及灾异观点即源于此(具体参阅第五章第二节)。

有鉴于对"数"的深刻认识,万斯同提出"律吕天地自然之数"的重要命题。"夫律吕者天地自然之数也。黄钟十七万七千一百四十七之数具在迁史。以朱熹穷经莫识其用,蔡元定之宿学竟谬其说,岂非知乐实难自古然耶。"②"律吕天地自然之数"的命题几乎可以相等于西方哲学中的质量互变规律。律吕代指音乐,天地自然之数是指河图之数。换句话说,律吕就是河图之数,音乐就是天地自然之数。"律吕天地自然之数"说明世界是由诸多的、无数的质体构成的,而质体又具有数的特征。特定的律吕对应特定的数,随着数的变化,质相应发生变化,也就是质量互变。因此,音乐揭示了世界的本然存在状态,反映了世界的过去、现在、将来。"律吕,天地自然之数"命题不仅揭示了世界的以质量作为存在的方式,揭示了质量互变规律,而且因为音乐的介入有了更深一层的美学意蕴,为人们追求美好的未来生活提供了思想资源,证明了构建理想"一代之规模"的可能性。换句话说,宇宙中本来就潜藏着美好的未来等待人们去探索、去挖掘、去开创……就像一首美妙的乐曲,等待天才钢琴家演奏出来。

四、一损一益阴阳进退之经

"一上一下,一损一益,阴阳进退之经,屈伸消长之正也。③ ……静极而动,动极复静。一动一静,互为其根;一阴一阳,其机不息。"④这是万斯同动静互根学说的主要内容。

---

①　[宋]周敦颐著,陈克明点校:《周敦颐集》,中华书局 2009 年版,第 4 页。
②　《明史稿》,《续修四库全书》(第 325 册),第 172 页。
③　《明史稿》,《续修四库全书》(第 325 册),第 176 页
④　《明史稿》,《续修四库全书》(第 325 册),第 185 页。

　　关于动静及其关系的学说由来已久。《老子》云"孰能浊以止？静之徐清；孰能安乃久？动之徐生"①，对动静即运动变化的表述非常传神。老子认为，宇宙万物的运动、变化、生成即生生不息、运化不殆。《易传·系辞下》云"尺蠖之屈以求伸也，龙蛇之蛰以存身也"，说明一切事物都在变化之中，屈伸消长是万古不易之理。《易传·系辞下》又云，"刚柔相推，变在其中矣；系辞焉而命之，动在其中矣"，说明运动、变化是永恒的。"《易》之为书也不可远，为道也屡迁，变动不居，周流六虚，上下无常，刚柔相易，不可为典要，唯变所适。"这里，所谓"变动不居"指运动变化永不停止；所谓"不可为典要"指运动变化没有固定格式。一句话，运动永不止步无格式。西汉董仲舒《春秋繁露·天容》指出"变而有常"，即认为变化之中存有常则，但是董仲舒的动静学说基本上持以静为主的观点。直到魏晋时期，王弼才以思辨的形式重新提出了动静这一范畴。王弼《周易略例·明象》云"动不能制动，制天下动者，贞夫一者也"②，认为"道"或"无"是虚静的东西，只有它才能制约事物的运动变化；"动之所以得咸运者，原必无二也"③。《周易注·复卦》："天地虽大，富有万物，雷动风行，运化万变……寂然至无，是其本矣。"④本体不动，万物才动。运动变化的根源在于不动的本体。据此，王弼进一步阐述了动静的关系，《老子·十六章注》云："凡有起于虚，动起于静，故万物虽并动作，卒复于虚静，是物之极笃也。"⑤宋明理学的动静观受玄学和佛学的思辨影响，又有了新的进展。周敦颐《太极图说》主张"太极动而生阳，动极而静，静而生阴，静极复动。一动一静，互为其根"。⑥张载反对周敦颐关于"阳动"的根源在于"阴静"，提出"动非自外"的理念，"太和所谓道，中涵浮沉、升降、动静、相感之性，是生细缊、相荡、胜负、屈伸之始"。⑦张载认为，太和自身便蕴含着动静的交感性，于是发生细缊、屈伸等运动形式。朱熹继承周敦颐并兼收张载的动静观，提出了"动静无端，阴阳无始"⑧的观点。"动静无端，阴阳无

　　① ［魏］王弼注，楼宇烈校释：《老子道德经注》，中华书局2011年版，第37页。
　　② ［魏］王弼注，［晋］韩康伯注，［唐］孔颖达疏，于天宝校：《宋本周易注疏》，中华书局2018年版，第561页。
　　③ 《宋本周易注疏》，第562页。
　　④ 《宋本周易注疏》，第173页。
　　⑤ 《老子道德经注》，第39页。
　　⑥ 《周敦颐集》，第4页。
　　⑦ ［宋］张载著，章锡琛点校：《张载集》，中华书局2012年版，第7页。
　　⑧ 《朱子语类》卷九十四，朱杰人、严佐之、刘永翔主编：《朱子全书（修订本）》（第17册），上海古籍出版社、安徽教育出版社2010年版，第3118页。

始。今以太极观之,虽曰动而生阳,毕竟未动之前须静,静之前又须是动。推而上之,何自而见其端与始。"①朱熹作出动静端始的判断,而否定运动和静止有端始,把运动和静止看成是一个无限连续序列。由此,宋明理学的动静观登上了新的学术高峰。

万斯同认为,静为世界的本来状态,也就是说,静为动静互根之端始。静极而动,动极复静,原因在于动中有静,静中有动。静中有动所以才能动,动中有静所以才能静。动以静为根,所以动极必静,静以动为根,所以静极复动。动静之间表现为辩证统一的关系。阴阳动静,永不止息。万斯同动静互根之说,实际来源于《老子》《易传》及董仲舒以降有关动静阴阳互根和动静阴阳交替的思想;同时,万氏又将动静观有意识地引入现实生活,归结为世间及其事物的"损益",揭示了世界发展的内在规律。万斯同在历史研究中对此多有展示《明史稿·神宗本纪》云:"盛极则衰,道在率作以持之而已。"②万斯同认为,由于道的作用,事物的发展呈现出从低潮到高潮,盛极而衰的波浪式发展趋势;《与从子贞一书》中又有"物极则必变"③说明事物的发展到达顶点之后就开始新的转变。《天下志地》中有"自黄帝画野分州,唐、虞建牧设服,沿及三代,讫于唐、宋,废兴因革,大概可考而知也。元起漠北,灭金亡宋,混一中外,其疆域之广,为亘古所未有。累传以降,君德不纲,群雄鼎沸。"④自黄帝而下,王朝更替不迭;纵观历朝历代都有一个治乱兴衰的现实过程。夏商周秦汉魏晋南北朝隋唐宋,好似循环,莫不如此。元朝版图亘古未有,盛况空前,可是君王不德,最终群雄崛起,王朝不再。之后,明王朝紧跟元朝登上历史舞台,但是也没有逃出"兴者何盛,败者何速"这个怪圈。序幕拉开,历经几变,又终归落幕……

第二节　道论

中国哲学道论在本原的追索中,采用的方法更多的是体悟,智的色彩不强。但是,中国哲学发展到明清交替之际有了新的景象,实学兴起,经世致用走向前

---

① 《朱子全书(修订本)》(第 17 册),第 3129 页。
② 《明史稿》,《续修四库全书》(第 324 册),第 235 页。
③ 《万斯同全集》(第 8 册),第 260 页。
④ 《万斯同全集》(第 5 册),第 393 页。

台,主客二分的思维方式形成,践履方式得到重视。

一、道塞上下贯古今

范畴"道"是中国哲学的奠基性概念之一。在中国哲学的发展过程中,"道"一直扮演着任何其他概念、范畴都无法替代的作用。一部中国哲学史几乎可以说就是一部道学发展史。万斯同吸收了诸多先贤道学说的有益成分,提出了自己对"道"的独到见解。

(一)斯道自在宇宙

万斯同指出世界的本原为道。"儒之为道也大矣,塞上下贯古今,无纤悉之遗,亦无须臾之间者也。然斯道自在宇宙。"①万斯同认为,"道"不依赖于人,自我存在于宇宙中,是外在的客观存在。何谓宇宙?《尸子》中有"天地四方曰宇,往古来今曰宙"②之说,即前文所述之"上下古今"是也。它不仅表明时空是道的存在维度,而且说明道又寄存在现实的社会历史当中。

中国古代哲学中范畴"道"至少四层涵义。第一,事物的存在同时是运动的过程。第二,事物运动的过程遵循一定的规律。第三,事物运动的规律有特殊规律,有普遍规律。普遍规律可称之为道,而有的哲学家则以事物运动的总过程称之为道。第四,有的哲学家把普遍规律抬高到宇宙之上,看作是宇宙的本原,最高的实体,这是观念对外部世界的虚构,以老庄、程朱为代表;与之相对的是将道视为天地万物的属性,则以《易传》、《管子》、张载、王夫之等为代表。概而言之,道所包含的过程与规律的揭示,是人们对宇宙及其运动的反映。

万斯同"道"范畴可以看作是上述道论发展的自然而然的结果,或者说对于上述道论的学习有助于加深对万斯同道论的理解。具体来讲,万氏所述之道分成两个层次。第一个层次将道视为客观存在,即将规律从物质世界分离出来并视为客观存在。第二个层次,道为六经所载之道(孔孟之道),说明道是可知的,即道是主观对客观的反映,形式是主观的,内容是客观的(详见后文)。至于道(理)和气的关系,万斯同语焉不详,没有明确的文字表述。

(二)措而施之存乎其人

西方自然科学的传入,引发了明清之际许多学者对"实验"方法的关注。这

---

① 《明史稿》,《续修四库全书》(第 331 册),第 86 页。
② [战国]尸佼著,黄曙辉点校:《尸子》,华东师范大学出版社 2009 年版,第 37 页。

是近代自然科学的萌芽,亦必然对万斯同在认识论领域的见解产生重大影响。万斯同记述道:"宋蔡西山注《律吕新书》,备述古今论乐之说,极言候气之善。然西山终未尝亲试,故知候气之法言之可听,而未必其实可行也。"①明代科学家朱载堉曾作《候气辨疑》,批评蔡元定等人崇拜候气之说为"道听途说,而未尝试验耳"。② 在这里,万斯同显然接受了朱载堉的观点。万氏提出"亲试",即实验的问题,指出蔡元定虽然表面上讲得很通透,但从未对候气法做过实验。万斯同批评他只是纸上谈乐"未必其实可行"。"实验"方法的重视,是万斯同认识论的重要组成部分,它为万斯同连接主、客体提供了现实的工具和示范。因此,万斯同在确定道为世界的本体之后,继而作出重要判断,即"体而任之,措而施之,存乎其人"③。这个判断一方面揭示了道可以被认识,也就是说世界是可知的;另一方面,说明人是思维的人,人是从事实践活动的人,而连接人(主体)与外在客体的手段是体任、措施。不同的人、不同时代的人对于"手段"的理解又有细微的差别。中国哲学史上的相关学说,如格物论(参阅第五章)、知行学说可资参照。万斯同认为,人们只有通过亲身经历,才能体认宇宙中的"道",这是人的认识过程,即知;相应采取措施,这是人的实践过程,即行。而认识、践行"道"的程度、深度、广度取决于主体的人。客体、主体之间的关系为认识与被认识、实践与被实践。道的内涵、意义通过主体人并借助"体任""措施"而逐步得到揭示。

(三)人有凡圣,即道有升降

中西方关于"人"的见解既有差别,又有相似点。"其人为继天立极之人而道以行,否则亦虚而无所寄矣。是故人有圣凡,即道有升降。举世运之,隆替治化之兴衰,学术事功之是非得失,罔弗系之,岂曰细故哉?"④

正如万斯同所言,在中国"人有圣凡"。万斯同认为,主体的人,参与认识活动的主体的人,参与实践活动的主体的人,既有"继天立极"之人即圣人,也就是尧、舜等著名的贤王⑤,亦有普通的凡人、芸芸众生。在圣人那里,"道"会充分显现出来并发挥作用。否则,"道"就寄存在虚中。虚表示不能用语言呈现它的存

---

① 《万季野先生四明讲义》,《万斯同全集》(第 5 册),第 344 页。
② [明]朱载堉著,冯文慈点校:《律吕精义》,人民音乐出版社 2006 年版,第 186—187 页。
③ 《明史稿》,《续修四库全书》(第 331 册),第 86 页。
④ 《明史稿》,《续修四库全书》(第 331 册),第 86 页。
⑤ 朱熹《大学章句序》:天必命之以为亿兆之君师,使之治而教之,以复其性。此伏羲、神农、黄帝、尧、舜所以继天立极。

在方式,和现实生活没有产生实际的关联。由此可见,万氏承继了对于本体的有、无的传统的认识方法。借助于道即"继天立极",凡人从属于圣人,圣人有主体能动性,凡人的主体能动性吞没于无。万斯同认为,道有孔孟之道、佛教之道、道教之道,大道与小道、正道与旁道之高下区别,等等,不一而足。整个世间都不同程度遵循着这些道。国家之治乱兴衰、学术事功之是非得失,无不和"道"相关联。国家之治乱兴衰即社会历史发展的走向(可参阅本书第五章"古今之道")、学术事功之是非得失的规律是"道"的重要体现。

在西方世界,将人视为"人"是中世纪以后的事。古希腊哲学把人置于本原或本体的阴影之下,把人定位为其下之派生物。中世纪哲学则把人理解为上帝的创造物。因此,在此之前,各个门派、时段的哲学均没有突出人独立存在的本质。进入近代,笛卡尔哲学对"我思故我在"思想的阐释表明人是自我存在的原因,人的思维决定人的存在本质,人是独立的自由存在。从这个意义上说,笛卡尔哲学"我思故我在"观点的提出表明近代人的自我意识的觉醒。笛卡尔在探讨人的时候,没有任何人之外的理论预设,一切都从人自身出发,探讨人的存在及其特性,这种情况与古希腊哲学脱离原始神话束缚的状况相似。泰勒斯从周围世界中寻求世界产生和变化的根源,将哲学与神话区别开来,表明人的理性思维开始萌芽并发展起来。笛卡尔从人自身寻求人存在的根基,使人不仅从上帝这个绝对存在的怀抱中解放出来,而且从一切自然存在物中解放出来。从这个时期开始,人认识到人是具有主体能动性的理性存在物,人开始从自身出发探讨自身的存在。这里若是和中国之"圣人之于凡人"作比较并不妥当。笛卡尔所谓之人应是指每个个体,每个个体都是有主体能动性的。中国的圣人和凡人都有主体能动性,但是在圣人的主体能动性笼罩之下,凡人的主体能动性等于无。但又不能将中国之"圣人之于凡人"与西方中世纪相比,因为在西方中世纪人是没有主体能动性的,或者说主体能动性被神学剥夺了。

以康德和黑格尔为代表的德国古典哲学把实践概念和辩证思维引进本体论哲学的研究领域,为本体论思维的发展作出了重大贡献。但是以康德和黑格尔为代表的德国古典哲学的本体论思维方式仍然存在缺陷。具体表现为康德和黑格尔对实践的理解都存在片面化倾向。康德哲学意义上的实践是单纯的道德实践,单纯的道德实践本身不足以保证对本体追求的实现,还必须依靠"灵魂不朽"和"上帝存在"等理论悬设。黑格尔的实践主要是指精神概念的实践,局限在精神领域,黑格尔不理解精神领域的概念实践本质上是对现实物质生产实践的理论表达。一言概之,康德和黑格尔哲学的本体论探讨都未能真正突破传统哲学旨在解释世界的理论之框架的限制,仅仅给人的现实生活提供了一个虚幻的彼岸世界,不是从物质生产实践出发,为人的理论思维和现实生活提供现实的根基和确定的出发点。因此,康德和黑格尔哲学都是以思辨哲学的方式实现对人的生存的抽象关怀。

马克思哲学的观点非常明确。以往的"哲学家们只是用不同的方式解释世界,而问题在于改变世界"。①马克思主义哲学生存本体论从人自身的生存特性出发理解本体论,着重揭示本体论承载的生存理念和人生意义。人的生存是有意识的理性活动,具有自由自觉的类特性。生存本体论关注的焦点不是自然世界的本质,也不是人化世界的本质,而是关注人的生存活动的意义和价值,并从意义和价值出发探讨人对现存世界的实践改造,解决人面临的生存矛盾,改善人的现实生存状况,发展符合人的类本性的生存方式。

在对佛教的批判中(参阅本书第四章第二节),万斯同认识到了生民信仰佛教深层的经济原因。因此,从这个意义上说,万斯同哲学的道也是对人的生存状态的关注和关怀。

二、六经者圣人载道之区

六经即《周易》《尚书》《诗经》《礼经》《乐经》《春秋》等著作的合称。该提法始见于《庄子·天运》篇,是指经孔子整理而传授的六部先秦古籍。六经保存了中国古代重要的哲学、政治、经济、历史、文学、文化、教育、科技等宝贵的资料文献,是古代中华民族的智慧结晶。

(一)圣人载道之区

六经是为圣人之道的载体。万斯同写道,"明兴二祖相继,首崇六经。六经者,圣人载道之区也。既又特取洛闽诸家羽翼之说,颁之学宫以式多士。"②大明王朝自驱元而兴起,太祖、成祖父子相承,都尊崇六经。六经因载"大道"而成为治国的指导思想,成为治国的重要途径。其原因在于"道"是外在的客观存在,自我存在,是自然界、人类社会领域的普遍规律,故应当效法。"道"是外在的客观存在,又是通过六经文本得到揭示并被记载下来的。文本形式是主观的,其

---

① [德]马克思、[德]恩格斯著,中共中央马克思恩格斯列宁斯大林著作编译局编译:《马克思恩格斯选集》(第1卷),人民出版社1995年版,第57页。

② 《玥史稿》,《续修四库全书》(第331册),第86页。

内容却是客观的。在这里可以清晰地看到,"道"与六经所载之道的体用关系。万斯同认为,六经文本所载之道包括性命之学、经世之学(可参阅本书第三章)。六经再加上洛学、闽学诸大家之学说作为羽翼,颁于学宫为国家培养了诸多后备人才——士阶层。在这里,万斯同充分肯定了六经以及洛学、闽学的"正统"历史地位。士是以"道"武装起来的国家的基石,是道的传承者、传布者、体现者。万斯同认为道—士阶层的结合体应当在国家政治生活中发挥重要的作用(参阅本书第八章"理想国")。

(二)士习民风彬彬秩秩

六经(道)的传播塑造了士习、民风。万斯同写道:"二百年间,佔俾钻研,确为遵禀。虽承司之余,或稍滞于章句,寡所变通,而士习民风,彬彬秩秩。质诸往圣,宁有悖谬哉?"①明朝自立国以降两百多年,通过诵读、钻研,六经所载之道的教化作用得到了广泛的认同。一方面,"道"通过六经文本形式在现实社会、生活中发挥着重大作用,时时规范着现实生活,在现实生活中得到检验;另一方面,六经文本所承载的道在现实生活得到更为丰富的展示。虽然人们在接受这些文本之时,难免拘泥章句、变通不够,对"道"的理解时有偏差。但是士大夫之学风、生民之民风则井然有序。于此,正反映了圣人与凡人的差别。圣人与道表现为同一关系,而凡人则沐浴在道的阳光普照之下……

万斯同关于"六经道之载体"的观点即客观世界可以被认识、被改造的见解,深刻揭示了道—六经—教化之间的内在关系,揭示了千百年来"六经"塑造中华民族精神风貌的重大作用。

三、天地间道自若

道是天地间的普遍规律。世间又存在着各式各样的学说来解释道,但是不管怎样的学说都不能改变"道",只有遵循"道",顺应"道",才能保证在现实中立于不败之地。否则,将会给国家、天下带来极大的危害。

(一)天地间道自若

天地间道自若。万斯同写道:"天地间道自若也,岂真有改易哉?人于其中,憧憧往来,自消自长于於穆流行之际,亦犹乾坤六子迭嬗侦胜而矣。若太极

----

① 《明史稿》,《续修四库全书》(第331册),第86页。

浑然其中,曾何增减绝续之有哉?"①"道"在天地间自存自在,不会改变。人处于其中,随着世界的周流变化,自我消长。由此可见,世界处于不断的变化之中,变化的原因在于其自身。人可以认识世界、改造世界,但是不能改变"道"自身。这里,万斯同将"道"与"太极"之于"乾坤生六子之象"作了衔接。太极是为宇宙生发的本原,这个本原与世间万物之间的关系呈现出乾坤生六子之象。太极、乾坤生六子展示了宇宙的生成过程和结构(参阅本书第四章第二节),是与前文"太极判而两仪形,阴阳运而万物生"的平行表述。宇宙的演变,运动变化均遵循"道","道"是化生天地万物的规律。宇宙变化起伏,奇谲变幻,波澜壮阔;道却自存自在,不曾有增减,更没有续绝,直指向未来延伸。万斯同虽然对理、气关系没有明确的文字表述,但是他的宇宙论、本体论经此链接,呈现出一而二、二而一的关系。

(二)诐淫邪遁之辞日趋波靡

新学泛起,斯文扫地。"嘉隆而后,新说烦兴,诐淫邪遁之辞,日趋波靡,是则世道之寝微,斯文之胥丧,而二三耽奇好异者之狡焉作俑也。"②万斯同指出嘉靖、隆庆之后,新的学说即阳明后学泛起。充斥了佛家、道教话语体系的片语,一波波流行。世风衰落,直至不可收拾……给国家、社会带来了极大的危害。但是阳明后学之学说并不能改变客观的道。此表明万斯同认识到了客观的道与文本的道的差距,从侧面揭示了万斯同哲学道论其反映时代性、现实性的特点,实践性的特点,道需要在实践中得到检验。简单一句话,阳明后学之学说偏离了社会发展的正常轨道,而万斯同哲学正确反映并解释了现实社会发展过程中的重大事件,具有现实的指导意义。

四、《易》理至精

关于"理",万斯同并没有专门的论述。在《万斯同全集》中主要出现三处,并且与道有所牵扯。

"夫《易》理至精,故孔子学易,至韦编三绝。……以四圣人开天明道之书,而止谓其道阴阳、尚卜筮,何小视圣人而轻视《易》道也!"③万斯同认为《周易》中包含的理非常精致、精密。因此,孔子学《易》,串竹简的编绳都断了三次。四位

---

①　《明史稿》,《续修四库全书》(第331册),第86页。
②　《明史稿》,《续修四库全书》(第331册),第86页。
③　《万斯同全集》(第8册),第313页。

圣人所编著的《易》为讲述开天明道之著作,而朱熹却将她看作是仅仅讲述阴阳问题、专门卜筮之书,未免小看圣人而轻视了《易》道。《易》形式为文本,其内容则是对外在客观世界的反映。上文中出现"道"、"理",其中,"理"是存在于万事万物之个体物中的个别的特殊的规律,而"《易》道"的道则是个别事物中的理的共同指向,是一般、共相、普遍规律。道和理之间表现为一本万殊的关系。

"夫言学习三物,则穷理在其中,但言穷理,则学习三物之事或未实矣。"①(万斯同、李墍)"格物"论认为格物即学习三物。万斯同认为学习三物,穷理则包含在其中。但仅仅讲穷理即主观的人与外在的客观世界接触即分析、类推、贯通,而抛开前人的知识积累成果,则学习三物没有落到实处。这里"理"是指万事万物各自的特相、个别、特殊规律。

"今释氏经具在,试问其所言者何理? 所行者何事耶?"②万斯同写道,佛教的经书都在,可以翻开看看。里边到底讲了哪些理,又能做什么实际的事情。这里"理"亦指万事万物各自的规律。

结合万斯同对"道"、"理"的论述,归结为一句话,"道"是指一般规律,普遍规律,而"理"是特殊规律。"道"为一本,"理"为万殊,"道"和"理"表现为一本万殊的关系。将范畴道、理分开的思路,可窥视《管子》—韩非子—万斯同之间的关联,值得深入研究。

在中国哲学史上,范畴道、理自有各自的发展路径。从范畴"道"来看,先秦时期主要有三种观点。第一种观点以孔子为代表,将道视为规则、规律,认为道是天或人的属性;第二种观点以老子为代表,同样认为道是规律,但是将道视为先于天地的实体;第三种观点以《易传》为代表,将道视为对立统一。之后,道论的发展徘徊、交织在这三种观点之间;稍晚,范畴"理"也开始了自己的演化过程。从一开始的形式、模式,到最后的"所以然""必然"。"理"范畴出现之后,"道""理"就缠绕在一起。其中,范畴"道、理"有重要两个交集点。一个是《管子》—韩非子,以理释道,道为普遍、一般,理为特殊、个别;一个是程朱理学,道、理合一。普遍与特殊、一般与个别的关系则由理一分殊来指代。万斯同哲学天道论的论述揭示了明末清初哲学史上发生的"实学"大转折。他的哲学天道论既保留了宋明理学本体论包括思维方式的一些特点,又有自己新的特征。

---

① 《万斯同全集》(第 8 册),第 262 页。
② 《释氏论》,《万斯同全集》(第 8 册),第 285 页。

第一,万斯同道论、宇宙论是分离的,泾渭分明。万斯同道论是道本论者,宇宙论是气本论者。而与他相关联的几位大哲学家如黄宗羲、颜元、李塨道论、宇宙论是合一的,都是气本论者。因此,单从格物论上的相同(见本书第三章"格物论")而将万斯同成熟时期定格为颜李学派哲学家是不妥的。

第二,万斯同解构了程朱理学的范畴体系。道学体系的诸多范畴有的在万斯同在文献中已经无影无踪,如道器、理一分殊、未发已发;有的虽然仍然出现,但是并不是按照道学的逻辑联系在一起,基本涵义都发生了改变,如道、理。

第三,万斯同道论揭示了道与主体的关系。在万斯同的哲学思想中,主客二分的思维方式凸显,同时,体用、理一分殊的思维方式、道论无、有两条路径继续得到保存和贯彻。主体人被定格为思维的人,从事实践活动的人,主体、客体之间的关系定位为体认、措施即认识、实践的关系,圣人、道的作用合二为一。

第四,万斯同宇宙论、道论虽然分离泾渭分明但又紧密关联,这是中国哲学天道论起源本体、道本体不分之主流在万斯同天道论中的残留。万斯同认为整个世界遵循从太极出发,然后乾坤生六子,再生万物的顺序;太极为众物之共同指向。道亦是如此,与千千万万的理构成一本万殊的关系,次序秩然。太极以下构成客观世界,道一方面标志客观世界,一方面自道以降构成文本世界。文本的形式是主观的,内容是客观的。因此,万斯同的宇宙论、道论既是分离的,又是二而一的。

综合起来,万斯同哲学之天道论、格物论、道统论、古今之道、治道、人生哲学、理想国构成完整的哲学思想体系。

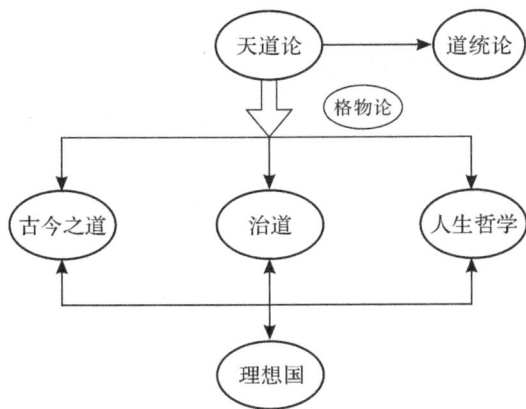

图一 万斯同哲学思想框架图

第三章　格物论

　　"格物"见于《大学》，是宋明理学的一个重要哲学范畴。"格物"在《大学》文本中语义比较简略，真实涵义难辨，故千百年来众说纷纭，莫衷一是。诸多儒家学者的解释是否符合《大学》之原意尚待考究，而由《大学》及其引申所引发的各类诠释，推动了中国哲学的发展。不同观点的哲学家将自己对"格物"的注解作为逻辑起点，并向纵深演绎，构建起不同的哲学体系。

第一节　格物论概述

　　万斯同对中国哲学发展史上各种具有代表性的"格物"论予以了细致的考察，并在其基础上阐明了自己的观点。万斯同论"格物"主要见于《大学辨业序》。《大学辨业序》是万斯同晚年即公元 1701 年为李塨著作《大学辨业》所作的一篇序。在这篇序中，万斯同完全赞同李塨对于"格物"的见解。万斯同早年师学蕺山之学，之后信奉潘平格哲学，再后来又发生转向（具体时间尚不可确定），与李塨"格物"论不期而遇。万斯同哲学思想中的"格物"论通过《大学辨业序》文本完整地展现了出来。

一、"格物"即习"六艺"

　　万斯同在《大学辨业序》中清晰地界定了"格物"。

　　蠡吾恕谷李子，示余《大学辨业》一编，其言物，谓即大司徒之三

物；言格物，谓即学习礼、乐、射、御、书、数六艺之物。予读之击节称
是，叹其得古人不传之旨，而其卓识深诣不可及也。①

李塨请万斯同为其著作《大学辨业》作序。书中所言"物"即为"大司徒之三
物"，"格物"就是学习"礼、乐、射、御、书、数"。万斯同认为，这种见解深得"古人
不传之旨"，已湮没了千百年。换言之，"学习六艺"符合孔孟之道，是古人留下
的"正统"的格物方法。

在《万季野四明讲义》第七会《讲选举》中，万斯同引用《周礼·大司徒》原文
及郑玄注对"三物"作了具体解释。

　　《周礼·大司徒》："以乡三物教万民，而宾兴之，一曰六德：知、仁、
圣、义、忠、和；二曰六行：孝、友、睦、姻、任、恤；三曰六艺：礼、乐、射、
御、书、数。"教之于平日，而比之于三年。
　　郑康成注：睦亲于九族，姻亲于外亲，任信于友道，恤赈忧贫者。
礼，五礼：吉、凶、军、宾、嘉也。乐，六乐：《云门》《咸池》《大夏》《大
濩》《大武》也。射，五射：白矢、参连、剡注、襄尺、井仪也。御，五御：鸣
和鸾、逐水曲、过君表、舞交衢、逐禽左也。书，六书：象形、会意、转注、
指事、假借、谐声也。数，九数：方田、粟米、差分、少广、商功、均输、方
程、赢不足、旁要，此九章之术也。盖直取《保氏》经以释之。②

《周礼·大司徒》原文本中说，（三代）之际，以"三物"作为教化百姓的内容、
方法。于此基础之上，荐举贤能。正所谓大学教人之法、造士之法，宾兴。"三
物"，一是指"六德"，知、仁、圣、义、忠、和；一是指"六行"，孝、友、睦、姻、任、恤；
一是指"六艺"，礼、乐、射、御、书、数。

郑玄注对《周礼·大司徒》"三物"原文作了展开。睦亲于九族，姻亲于外
亲，任信于友道，恤赈忧贫者。"睦亲于九族"是指和睦亲族，《书·尧典》中有
"克明俊德，以亲九族，九族既睦，平章百姓"；"姻亲"是由于婚姻而产生的亲属
关系，即因为结婚使男女一方与对方亲属所形成的亲属关系。因此，"姻亲于外

---

① 《大学辨业序》，《万斯同全集》（第 8 册），第 267 页。
② 《讲选举》，《万斯同全集》（第 5 册），第 310 页。

亲"也就是亲外亲,亲因为婚姻而结成的亲属。"任信于友道"是指朋友有道德则任信之,任的内涵即彼此信任且有共同的三观、是非观。恤,体恤、同情;赈,救济、帮助。"恤赈忧贫者"也就是从物质上、精神上帮助弱势群体。礼,指五礼,包括吉、凶、军、宾、嘉也。乐,指六乐,包括《云门》《咸池》《大夏》《大濩》《大武》也。射,指五射,包括白矢、参连、剡注、襄尺、井仪也。御,指五御,包括鸣和鸾、逐水曲、过君表、舞交衢、逐禽左也。书,指六书,包括象形、会意、转注、指事、假借、谐声也。数,指九数,包括方田、粟米、差分、少广、商功、均输、方程、赢不足、旁要。

万斯同觉得《周礼·大司徒》及郑注解释得还不够清楚,又作"引证"以廓清三物之教的内涵。

> 后世自两汉以迄元、明,虽不复敦三物之教,然未尝不以六经造士。六经皆圣人之言,诚由其言以措诸躬行,则先王三物之教,亦不外是。[①]

自两汉以下至元明时期,三物之学不再采用,代之而起的是以"六经"培养士、造就士阶层。六经因其为圣人所述,按照其所述而身体力行,则三物之教亦在其中。由此可推测,六经结合行、实践,先知后行是万斯同格物论的应有之义。学习三物、学习六经并予以践行,面对的是修身、齐家、治国、平天下的目标,因此,以四书五经为标准的狭隘的举业行为,万斯同不太待见,侧目视之。

关于"六艺",前文中有"盖直取《保氏》经以释之"句。这里万斯同实指出其另一出处,即《周礼·保氏》"养国子以道,乃教之六艺:一曰五礼,二曰六乐,三曰五射,四曰五驭,五曰六书,六曰九数"。

万斯同"格物"之关于学习"六艺"的学说,充分显示了万斯同对于知识具有实用性的观照,显示了万斯同对理论知识的重视,凸显了理论知识对现实践行的指导作用;揭示了万斯同主张孔孟之学囊括性命之学、经世之学的特征;向世人昭示了万斯同以全面传承中华优秀文化为担当的精神。

二、历来纷纷之论不得要旨

万斯同认为,自春秋以降,《大学》流传于世呈衰败之势。对于"格物"问题,

---

① 《讲选举》,《万斯同全集》(第8册),第307页。

所谓物？诸多儒家学者并不知晓物即为《大学》之"三物"。有人认为格物就是穷理，有人认为就是正事，有人认为就是扞格外诱，有人认为就是格通人我。各式各样的说法、见解，各种分析均很精到。但是万斯同认为这些学说表面上看多为另立炉灶、颇有新意，实质上却悖离了《大学》原旨，都不是对《大学》的正训，偏离了"三物"轨道。

> 后之儒者，不知物为《大学》之三物，或以为穷理，或以为正事，或以为扞格外诱，或以为格通人我，纷纷之论，虽析之极精，终无当乎《大学》之正训。[1]

万斯同明确指认"物"乃为《周礼·大司徒》中所提到的"三物"。上述各派别之观点天然地构成了万斯同格物论的边界，集中反映了作为历史学家的万斯同的视野和高度。

（一）郑玄"格物"论

关于格物论，万斯同现存文献中并未提到郑玄。考虑到郑玄曾为《礼记》作注，是最早对"格物"作出解释的人。故将其论述放在讨论之首。其原文如下：

> 古之欲明明德于天下者，先治其国。欲治其国者，先齐其家。欲齐其家者，先脩其身。欲脩其身者，先正其心。欲正其心者，先诚其意。欲诚其意者，先致其知。（知，谓知善恶吉凶之所终始也。）致知在格物。（格，来也。物，犹事也。其知于善深则来善物，其知于恶深则来恶物，言事缘人所好来也。此"致"或为"至"。）

郑玄将"格"训为"来"，招致、引来之意；把"物"训为"事"。格物即招致、引来事物。郑玄认为，人喜爱善则招来善物，嗜好恶则招来恶物；人的认识趋向于善就会引来善事，认识趋向于恶就会引来恶事。事是人的主观追索所引发的。正如郑玄自己所注，知的对象为善恶。郑玄所理解的知，不是指人们认识外界客观对象的知，而是指与人事有关的社会伦理等方面的知。这种知循之于耳目见闻，还必须通过人的准确的判断才可获得。

---

[1] 《大学辨业序》，《万斯同全集》（第 8 册），第 262 页。

郑玄的注解有其不足之处。首先，郑说缩小了"知"的范围，把"知"局限在"知善恶吉凶之所终始"层面。其次，《大学》原文本次序是"物格而后致知"，而郑玄注则为"知于善则来善物，知于恶则来恶物"，将"致知"置于"格物"之前，颠倒了《大学》文本本来的顺序。即便如此，郑玄对《礼记》的训诂注解，融古文、今文和谶纬于一体，其颠倒了《大学》文本"格物""致知"的因果关系的注解，却符合其所处时代之风气。

（二）司马光"扞格外诱"论

司马光是北宋一位极有思想高度的哲学家。他的"格物"论很有创见。万斯同前面提到的"扞格外诱"就是指司马光的观点。

司马光在其许多著作中阐明了自己对认识事物、学问修养等等方面的看法。其所撰写的《致知在格物论》，对儒家经典《大学》"致知在格物，物格而后知至"作出了新解释。

> 人之情莫不好善而恶恶，慕是而羞非。然善且是者盖寡。恶且非者实多。何哉？皆物诱之也，物迫之也。桀、纣亦知禹、汤之为圣也，而所为与之反者，不能胜其欲心之故也。盗跖亦知颜、闵之为贤也，而所为与之反者，不能胜其利心故也。不轨之民非不知穿窬探囊之可羞也，而行而冒之，驱于饥寒故也。失节之臣，亦非不知反君事雠之可愧也，而忍处之，逼于刑祸故也。①

司马光认为，按人之常情，没有不好善而厌恶恶的，没有不羡慕对而对错误感到羞耻的。但为什么桀、纣、盗、跖他们的行为却与之相反呢？这是因为不能胜其"欲心""利心"。"不轨之民"的"穿窬探囊"，"失节之臣"的"反君事雠"，也并非他们不知"可羞""可愧"，而是饥寒所驱，刑祸所逼。这说明外物的引诱或外加的威胁，对人们的行为偏离、是非、善恶有重大影响。

> 譬如逐兽者不见秦山，弹雀者不觉露之沾衣也。所以然者，物蔽之也。故水诚清矣，泥沙汩之，则俯而不见其影；灼诚明矣，举掌击之，

---

① ［宋］司马光撰，李文泽、霞绍辉点校：《司马光集》（第3册），四川大学出版社2010年版，第1449页。

则咫尺不辨人眉目。况富贵之汩其智,贫贱之臋其心哉?①

由于诱惑,人们的认识会被表面现象所遮蔽、蒙蔽。这是就一般情况而言,大多数情况而言。唯独"好学君子"特立独行,不是这样。"好学君子"能坚持己道之善,不为金钱、权位、美色等所诱惑,是非、黑白辨别分明,对世情洞若观火。此处司马光关于"好学君子能坚持己道之善"亦说明人有自觉抵制诱惑的可能性,例证了君子自觉抵制诱惑的现实性。

惟好学君子为不然。己之道诚善也,是也,虽茹之以藜藿如粱肉;临之以鼎镬如茵席。诚恶也,非也,虽位之以公相如涂泥;略之以万金如粪壤。如此,则视天下之事,善恶是非,如数一二,如辨黑白,如日之出,无所不照;如风之入,无所不通。洞然四达,安有不知者哉? 所以然者,物莫之蔽故也。②

正是因为如此,司马光写道,

《大学》曰:"致知在格物。"格,犹扞也,御也。能扞御外物,然后能知至道矣。郑氏以"格"为来,或者犹未尽古人之意乎!③

司马光"格物"犹"扞物",即抵制外来物欲的诱惑,然后人才能"致知",达到"能知至道"。司马光的这个提法,是对格物论新的解释。这种解释不同于汉代学者郑玄以"格"为来的观点。这也是司马光批评郑玄之解"格物""未尽古人之意"的缘由。

(三)朱熹"穷理"论

将格物视为"穷理"或"即物穷理"是指朱熹的观点。

朱熹认为,"格,至也。物,犹事也。穷至事物之理,欲其极处无不到也。"④又说:"格物者,格,尽也。须是穷尽事物之理。若是穷得三两分,便未是格物。

① 《司马光集》(第3册),第1450页。
② 《司马光集》(第3册),第1450页。
③ 《司马光集》(第3册),第1450页。
④ 《大学章句》,《朱子全书(修订本)》(第6册),第17页。

须是穷得十分,方是格物。"①由此可见,朱熹所谓"格",即"至""尽";物在朱熹的认知中既包括一切"事"和"物",即一切自然现象和社会现象,也包括"理",即一切心理现象、思想意识。《朱子语类》中,朱熹进一步解释,"天下之事,皆为之物"②。"上而无极、太极,下而至于一草、一木、一昆虫之微,亦各有理。一书不读,则阙了一书道理;一事不穷,则阙了一事道理;一物不格,则阙了一物道理。须着逐一件与他理会过。"③在朱熹看来,物是外在于人的客观存在,不论事还是物,客观自然现象还是主体意识,概莫如此。

朱熹明确提出格物的三个步骤,即分析、类推、贯通。

由于事物之理内涵十分丰富,因此,朱熹认为"理会了一重,里面又见一重;一重了,又见一重"。④ 朱氏要求人们采用分析的方法,由外及内、由表及里、由末至本、由现象到本质,全面深刻地对进入认识活动的对象进行"分析"。

但是,天下事物无穷无尽,人世百态迭出纷呈。在格物的过程中,即使"理会一件又一件",也有理会不到的事物。因此,朱熹认为穷理时还应采取"类推"的方法,即把具有同质的事物进行类比,从已知推导未知,继而触类旁通,举一反三,达到认识事物的目的。

"贯通"则是在长期积累基础上的顿悟。朱熹认为通过积累可以达到贯通。朱氏特别强调渐进的功夫,"零零碎碎凑合将来,不知不觉,自然醒悟"⑤。通过一件件的格物达到事物之理,勤久积深,"而一旦豁然贯通焉,则众物之表里精粗无不到,而吾心之全体大用无不明矣。此谓物格,此谓知之至也"。⑥

综上所述,按照朱熹的观点,"格物"的过程就是认识不断深入,不断提升的过程。"格物须是到处求,博学之,审问之,慎思之,明辩之,皆格物之谓也。若只求诸己,亦恐有见错处,不可执一。"⑦朱熹充分肯定通过上述三个步骤的格物过程,可以达到探究事物之理的目的。

王阳明站在心学角度,反对朱熹格物"穷理"之说。王阳明批评朱熹之说有悖于孔孟之道,认为朱熹的博外以求益内之学,于内无益,于外则费尽精力,从

① 《朱子语类》《朱子全书(修订本)》,(第14册),第463页。
② 《朱子语类》,《朱子全书(修订本)》(第14册),第477页。
③ 《朱子语类》,《朱子全书(修订本)》(第14册),第477页。
④ 《大学章句》,《朱子全书(修订本)》(第14册),第465页。
⑤ 《朱子语类》,《朱子全书(修订本)》(第14册),第601页。
⑥ 《大学章句》,《朱子全书(修订本)》(第6册),第20页。
⑦ 《朱子语类》,《朱子全书(修订本)》(第14册),第634页。

册子上钻研,名物上考察,知识越多而人欲却越发滋长,人心越发险恶。归结到一点,朱王学说的格物最后都指向社会伦理。

（四）王阳明"正事"论

正事是王阳明"格物"论的观点。

王阳明早年尊崇朱熹"穷理"说,并留下"格竹"的故事。龙场悟道是王阳明格物思想的转折点。王阳明青年时代对格物的困惑在龙场"大悟"中得到解决,标志着他与朱熹"格物"说的彻底决裂。龙场悟道否定了向外物求理。王阳明认为外物本无可格,应将格物穷理由外在事物引向主体自身。为此,王阳明提出了"心外无理、心外无物"说。

> 格物如孟子"大人格君心"之格,是去其心之不正以全其本体之正。但意念所在,即要去其不正以全其正,即无时无处不是存天理,即是穷理。天理即是明德,穷理即是明明德。①
>
> 问格物,先生曰:格者,正也。正其不正以归于正也。②

王阳明把"格"解释为"正",即把不正纠正为正;"物"则定义为"意之所在"。因此,"格物"就是纠正意之所在。心之本体无所不正,但常人之心已不是心之本体,已成为不正。故格物即"去其心之不正",就是正人心的不正,以恢复本体的正。根据这个解释,格物就是格心。王阳明强调意之所在便是物,"但意念所在,就要去其不正以归于正"。这里的意念所在,从上下文来看,就是具有含有某种内容的意念。由此可以看出,王阳明的格物论有两点缺陷,一是把格物说成正念头,这与《大学》本有的"正心"条目重复,二是把学问完全转向内心,则把儒学传统中的"学""问"的一面完全抹杀了。

在王阳明格物论的框架下,朱子学中格物的认识功能与意义被完全消解、解构,代之将格物转化为纠正克服非道德意识,否定了对经典的研究和自然事物的考察,转向了一种内向性的立场。有其得亦有其失。

王阳明对朱熹的批判并不能在思想领域、学术领域驱逐朱熹的学说,二家学说一直并行,影响着学术的流变……这是否预示着一场学术风暴即将拉开帷幕?!

---

①　《传习录》（上）,[明]王守仁撰,吴光、钱明、董平等编校:《王阳明全集》,上海古籍出版社 2014 年版,第 7 页。

②　《传习录》（上）,《王阳明全集》,第 28 页。

（五）潘平格"格通人我"论

潘平格严厉指斥"朱子道、陆子禅"，故其格物论与朱、王二家发生决裂自是情理之中。潘氏明确提出"格物者，格通人我"①的命题，其注解可谓别有新意。潘氏此"格物之认识"缘于当时之时势乱而不通。潘平格有记述道，当时世道人心皆求一己之私。上至家国天下，下至父子兄弟，无不因私而计较利害、争胜斗负。基于此，很多人的言行与人之本性相悖。潘平格提出通过格通人我，治理家、国、天下，欲实现浑然万物一体。

1. 格物即格通身家国天下

潘平格认为所谓"物"，为"物有本末"之物，即"身、家、国、天下"。依据是《尚书·商书·说命下》所载之"佑我烈祖，格于皇天"，潘氏以"通"解"格"，故其句中"格"为感通义。

> 夫格物之物即"物有本末"之物，易知也；"物有本末"之本末即"本乱末治"之本末，亦易知也。本乱之本，谓身也，末治之末，谓家、国、天下也。则"物有本末"之本末，必指身、家、国、天下，无容异释矣。"物有本末"之本末既指身、家、国、天下，则物是兼身、家、国、天下，亦无容异释矣。故格物之物，谓身、家、国、天下也。格者，通也，经所云"格于皇天"是也。格物，谓格通身、家、国、天下也。②

"本乱末治"，故身为本则乱，需格通；家、国、天下为末则"治"，需治理。潘平格对"格""物"之解释虽并非其首先提出，但是将"通"连接"身、家、国、天下"并统一于格物论之下，则是其首创。凡物相通则无碍，无碍则一体。身、家、国、天下相通，则浑然天地万物一体。

综上分析，潘平格"格物"论实际上包括宏观与微观两个层面。如果说格通身、家、国、天下从宏观层面锁定了格通的客观对象，那么格通人我则从微观层面找到了格通的契入点。潘氏提出"格物者，格通人我"的命题即建立在此基础之上。

（二）格物者格通人我

经上文分析，潘平格"格物"论，其格物指向格通人我。既然格物就是格通

---

① 《潘子求仁录辑要》，第59页。
② 《潘子求仁录辑要》，第54页。

人我,那么又如何实现格通人我呢?

1.修身为齐家治国平天下之本

> 身微有所偏,即是本乱,本乱而末治者,否矣。……故修身为齐家、治国、平天下之本。①

潘平格认为,在修身、齐家、治国、平天下的序列中,修身为本。身有偏差便生乱。这里的身,是指一个个的个人,也就是一个个生活在现实社会中的个人或主体。对于不同的个人或主体及其之间关系的关注,并将其视为齐家、治国、平天下的根本,透视出潘平格不寻常的哲学思维深度。

2.格通人我即在于人我交涉之事

> 格通人我,即在于人我交涉之事。②

潘平格认为,格通人我就是从他人和我之间的交涉之事上入手,使人与我、你与他、此与彼贯通无碍,实现主体与主体之间的贯通。在潘平格看来,人我一体,被格通,则家齐、国治、天下平,就会达至万物一体。

潘平格的见解素朴、简约,甚至天真。他只关注到了社会中的局部的个人层面,而社会是一个整体,各部分之间又有所差异,须从制度上加以建设,个人或主体之间的交涉是远远不够的。就此而言,潘平格与同时代之黄宗羲的政治思想(规矩方圆论③)不可相提并论。另一方面,潘平格所强调的仅仅是人伦日用之行为,人伦之外的士农工商一概不谈,其理论无意中阉割了人之本有的社会属性,从而削弱了其理论力度,暴露出潘氏思想理论的贫乏及局限性。潘氏学说极言力行,这一点必须加以肯定,但其方法单一,直线思维,理论简单,难以与其治国平天下的政治夙愿相匹配。

(三)格通人我者恕

在证明格物者格通人我之后,潘平格明确主张格通人我者,恕、强恕,即格通人我的方法为恕,乃至强恕。

---

① 《潘子求仁录辑要》,第61页。
② 《潘子求仁录辑要》,第77页。
③ 《与友人论学书》,《万斯同全集》(第8册),第452页。

1.格通人我者强恕

潘平格认为,由格通人我可通达万物一体,可恢复万物一体之性,其具体工夫就是"恕"。

> 格通人我者,恕也。人能己所不欲勿施于人,当下人我浑然一体,此所以求仁必在于恕。①

"恕"即己所不欲勿施于人。求仁是潘氏学说的归旨,"恕"则是求仁的根本方法。为此,潘平格还从以下几个层面进一步论述了"恕"。

> 恕贯诚意、正心、修身、齐家、治国、平天下,而无他道,故可以终身行之。②

在这里,"恕"贯通诚意、正心、修身、齐家、治国、平天下,而并非一种待人接物的方式。"恕"是上升到求仁复性的层面和高度的途径。仁、性即人性本有的原则。顺而行之,即可使家国天下得以齐治平,即可复万物一体之性。潘平格认为,他所言之"恕"与宋明儒但言之立家法、讲经济不同。

> 恕须强,反求又所以强恕。或夺于利害胜负之私,或夺于人我低昂之见,有明知己所不欲而施于人者。自我出之易,自人受之难;人加于我难堪,我加于人甚便,岂得不强? 或任执拗之识,只见己是;或动胜负之见,坚护己非,有因行之不得而愈求人者。大人正己物正,人之过皆己之过,己实有未尽,安得不反求?③

行"恕"之法简易,但行"恕"落实到"事"则艰难。潘平格认为,如只言恕,那么容易导致人们只见其易,不见其难。因此,潘氏提出"恕须强"。"强"即尽力、勉强之义。人性本善,但是恢复到本来的善则不容易,故复性就是一个自我矻矻终日的用功过程。总之,不论是"恕"还是"强恕",只要能真正落实,均可达至

---

① 《潘子求仁录辑要》,第 8 页。
② 《潘子求仁录辑要》,第 81 页。
③ 《潘子求仁录辑要》,第 88 页。

万物一体的境域。

2.克己即是恕

潘平格转述孔子教导颜子的话说"克己复礼为仁"。潘平格明确克己是为"己所不欲勿施于人",故克己就是恕。具体展开,就是"非礼勿视、非礼勿听、非礼勿言、非礼勿动"。

> 夫子于颜子曰"克己复礼为仁",克己即是恕。……克己乃"己所不欲勿施于人"。……非礼而勿视、听、言、动者,己也。……故四勿为求仁之目。①

潘平格还提到孔子教导曾子之"一以贯之",这也是对"恕"的补充。总而言之,格通人我的最终办法、根本方法是"恕"。

3.不忍于心

潘平格对"强恕"的依据作了论证。鉴于人与人之间的利害之争、高下之见,潘平格认为应该把它归结为强恕反求即人性本然之理性反思。

> 盖利害相干,人己相轧,凡情俗态相缠,非用勉强之全力不能恕。强之之久,则情渐平,不忍之心渐熟。虽不无利害之干,然据利而贻害于人则不忍;虽不无人我之见,然矜己而求胜于人则不忍;虽不能脱然于凡情俗态,然真心为习心所压则又不忍。如是,则不忍不勉强,亦不知其为勉强矣。求如吹毛求疵然,其过始出,质之古人,觉己甚薄;絜之彼此之间,觉情多有未平;推之事理之内,觉精微多有未尽。在我有不至,则人之应我为宜。然彼自无过,皆我之过;从前所执以为是者,无一非过。能如此强恕反求,则人我微细习见销融殆尽,其于浑然天地万物一体也庶几矣。②

潘平格以人性自我反思之"不忍于心"作为其"强恕"效验的依据。虽然有利害冲突,但是不凭借有利形势贻害他人,因为"不忍于心";虽然有人我之己

---

① 《潘子求仁录辑要》,第85—86页。
② 《潘子求仁录辑要》,第88—89页。

见,但是不压服他人,因为"不忍于心"……凡此等等,若能做到强恕反求,去除习见则浑然万物一体。

分析至此,潘平格思想体系的弊陋暴露出来了。从理论层面看,潘氏在制度理论方面毫无创新突破,仅从个体身上寻求途径,又限于无约束他人之法,故只能在其自身予以施用。潘平格在理论上并没有突破宋明理学的心性藩篱,则不可避免落入心性范围。其关于自反、平情等的论述,可作为凭证;从潘平格强调的实践层面看,其理论亦难以在现实中兑现,其最终的结果是,潘氏只能以悲天悯人的苦行僧角色四处奔走呼号,于世道可补之处不多。

追寻格物论的整个发展过程,穷理也好,正事也好,扞格外诱也好,格通人我也好,很难说谁的观点一定对,也很难说谁的观点一定错,都有其合理的成分,一定的观点在一定的时期都曾经发挥过重要的作用。万斯同对这些先贤的观点熟稔在胸。无疑,她们成为万氏思想的重要资源,成为万氏"格物"论的天然界限。

三、六艺以致其用

前文正面阐述了万斯同格物论,又历数历代经典之格物论及其得失。本节继续从"体用论"的角度深入探讨万斯同格物论的内涵。

> 夫古人之立教,未有不该体用、合内外而为言者。有六德六行以立其体,有六艺以致其用,则内之可以治己,外之可以治人,斯之谓大人之学。而先王以之造士者,即以之取士,其详见于《周礼》,其法实可推行乎万世,惜乎后之儒者不知也。①

万斯同认为,古人神道设教,体用完备、内外合作。所谓体是指六德六行,所谓用是指六艺;所谓内是指加强自我修养,所谓外是指管理他人。这正是大学、成人之学。先王以这种方式培养人才,具体办法可参阅《周礼》。《周礼》的方法行之有效,可推行万代。在这里,万斯同说明了三物内部之间的体用关系,"六德、六行"为体,"六艺"为用。另,万斯同在《重修商河县儒学记》也提到六德六行六艺的体用关系,并且与"修身、齐家、治国、平天下"连接了起来。"有德行

---

① 《万斯同全集》(第 8 册),第 262 页。

以植其体,有道艺以致其用,则身自修、家自齐,推之可以治国平天下。"①

在前文万斯同已经将格物论的内容表述得很清楚,在此,又采用体用关系意欲深层论述格物论,到底什么意思? 意欲何为?

中国古代人的思维大致分成三种,法象思维、体用论、理一分殊。这三种思维方式既是思维方式,又是哲学思想。法象思维即意义丛或意义链之间的对应关系。法象思维在《易经》中表现最为明显,或者说《易经》本来就是直接地以法象思维建构起来的。万斯同易象观亦遵从法象思维。

从三种思维方式中发展出来的、比较特殊的情况为理一分殊与体用论结合的第四种思维方式。其代表是朱熹的"心—性—情"结构。

在朱熹的"心—性—情"结构中,性为心之体,情为心之用,心为实体中介。万斯同上文"六德、六行"为体,"六艺"为用;心所指的位置就是"身、家、国、天下"。李塨用"条目"串联起"身、家、国、天下"与"三物"之间的关系,万斯同则从理一分殊与体用论结合的角度作了更深层的思考。于此可见,万斯同与朱熹思维深层特质的相同。这种相同正是万斯同的思维深度,也自有其渊源,即从王阳明与黄宗羲,再到万斯同,一脉相承。

回顾黄宗羲对潘平格哲学思想的批判,黄宗羲驳斥潘平格"合内于外,归体于用",由于它是对心学体系"合外于内,归用于体"的颠倒。细察王阳明的思维方式不仅包含朱熹"性为心之体,情为心之用"的"心—性—体"结构,而且在这个结构中纳入了"格物致知"的精义,构成"知—意—物"类似结构,归结为一句话即"知是意之体,物是意之用"。可见,黄宗羲把握住了王阳明思维的精髓,此亦证明朱熹、王阳明与黄宗羲深层思维方式的相同。在"知是意之体,物是意之用"问题上,潘平格的思路刚好直接颠倒过来,对于潘平格来说"知是意之用,物是意之体"。"大约以灵明知觉为内心,以灵明知觉之所照为外境,立我缘物而与物对待,故内外体用之说起焉。"②关键点正在此,万斯同也经历这场颠倒。只不过,再下一步万斯同与潘平格又有所区别了。万斯同经历与潘平格的学术交锋,借助"理一分殊与体用论结合"的思维方式看清了客观、客体、主观、主体及其各自之间的关系并找到了自己不同于王阳明、黄宗羲的立场。潘平格哲学是万斯同经历蕺山之学到颜李学派的桥梁。

① 《万斯同全集》(第 8 册),第 307 页。
② 《潘子求仁录辑要》,第 56 页。

四、学习三物则穷理在其中

万斯同称赞程颐已得《大学》教人之旨。

> 独程子谓《大学》之道,古之《大学》所以教人之法,而朱子引之。
> 夫既知为《大学》教人之法,何不即以三物之教释之,而乃指之为穷理?
> 夫言学习三物,则穷理在其中,但言穷理,则学习三物之事或未实矣。①

万斯同声称《大学》自流传以来,唯独程颐论述过《大学》之道是古代《大学》培养人才的方法。朱熹曾引用程颐这一观点。

万氏批评朱熹没有将"物"解释为"三物",却直指穷理。简单地说,朱熹的穷理,其"理"是指万事万物各自的规律。因此,穷理即主观与客观相接触,去认识规律、把握规律。如果简单地指认此规律为自然规律,显然是不准确的。从朱熹的思想体系看,这里的规律归结到一点即封建社会伦理、"三纲五常"等,因此,在朱熹的体系中,穷理最后归结为是否和封建统治社会意识形态相符合。与之形成对照,《周礼》中所主张之"格物"认为,格物即学习三物,即掌握既有的知识体系。借助理性知识介入认识过程、实践过程。因此,万氏的学习三物,穷理则都包含在其中,朱熹的"穷理"仅为"学习三物"的一个片段;若仅停留在穷理,抛开前人的知识积累成果,学习三物则得不到落实。在这里,万斯同一再强调的是理论知识在认识万事万物各自规律方面的重要性。

根据马克思主义的观点,感性认识是认识的初级阶段和初级形式,是人在实践中通过眼、耳、鼻、舌、身等感官直接同外界事物接触获得的认识。有感觉、知觉、表象三种基本形式。事物的现象是感性认识的对象和内容,直接感受性则是它的主要特征。感性认识是认识的基础,但仅仅能认识事物的现象,不能认识事物的本质,有待于上升到理性认识。理性认识是认识的高级阶段和高级形式,是对客观事物的本质和规律性的认识。有概念、判断、推理三种基本形式。在实践的基础上,把感性认识所获得的丰富材料加以去粗取精、去伪存真、由此及彼、由表及里的改造,从而获得比感性认识更深刻、更正确、更全面的认识。理性认识又分为知性思维和理性思维两个小区段。由知性思维上升到理

---

① 《大学辨业序》,《万斯同全集》(第 8 册),第 262 页。

性思维是人的认识从抽象上升到具体的过程。

感性认识、理性认识的区分,揭示了人们获得对事物的认识的发展的基本过程,但这并不等于认识过程的全部。不是每一个个体在认识过程中都获得感性认识,并由感性认识上升到理性认识。实际的过程是,我们这些并不处在人类初期的人,我们进入认识事物的过程,并不是从原始的感性认识开始,而是一定程度上借助既有的理性认识去认识客观世界。

王阳明"格竹"的故事就是一个非常好的例子。因为不具备相关的知识,如竹子生物学、竹器制造学等相关知识,"格竹"之前没有方向,"格竹"之后不得结果。王阳明因此病倒。由此可见,人类社会理论成果之于认识的重大作用。如果没有理论知识的指导,则认识又会重复前人或他人的过程,甚至走弯路,不得其法。列宁曾提出"没有革命的理论,就没有革命的行动"的命题,提出"人的实践活动必须亿万次地使人的意识去重复不同的逻辑的式,以便这些式能够获得公理的意义"①的重要判断。正是在这个意义上,万氏格物论是为更接近真理的认识。

第二节　"格物"论上的重大转变

明末清初,实学潮流兴起,潘平格哲学作为实学的一个分支,以"格通人我为核心,以对朱、王二家的批判为两翼",敏锐地抓住了朱王二家的失误,适应了时代学术发展方向的要求,从而得到了青年万斯同的青睐。万斯同哲学思想的起点为蕺山之学,之后受到潘平格哲学思想的影响,再之后与颜李之学契合,反映了明末清初实学思潮的流变。与之相应,万斯同格物论也发生了重大转变。鉴于材料的限制,我们主要参考潘、李二者之相关文献进行对比分析。此节亦可作为前文万斯同哲学三变的补充。

一、潘平格对朱王二家"格物"论的批判

纵览宋明儒学术发展史,宋明儒对"格物致知"论是非常重视的。诸家依据

---

① ［俄］列宁著,中共中央马克思恩格斯列宁斯大林著作编译局编译:《列宁全集》(第 55 卷),人民出版社 1990 年版,第 160 页。

自己的理论立场对格致作了不同的解释,构建起各自不同的理论体系。一时繁冗众多,聚讼纷纭。"顾格物之说多端,学者所信从,则穷至事物之理与正事之不正以归于正两说而已。"①但是为人们普遍接受认可并正在发挥作用的却只有朱熹"穷理"说和王阳明"正事"说两家。

显然,二家之说与潘平格之"格物论"背道而驰。潘平格严厉指斥"朱子道、陆子禅"。将朱、王二家的"格致"说深入展开并进行了批判。

1. 不明乎知之所以为知

潘平格声称,知为良知乃为孟子真传。"夫知者,吾性之良知也,孟子所谓'不虑而知者'是也。"②以此为基点,潘氏驳斥宋明诸儒对"知"的错误观点。

> 后世之学不明乎知之所以为知,或曰:"知即是识",或曰:"知体本空"。知即是识,是俗学也;知体本空,是佛学也。③

潘平格指认"以知为识"即程、朱格物穷理之说,"知体本空"即王阳明无善无恶之良知说。潘氏指出,二家学说皆不合孔孟之真旨,各偏向一边。为说明事实,潘氏进而论证了"知即是识"与"知体本空"的缺陷。

> 昭昭灵灵之识,不待学而后知,虽引市井之夫而诘之,未有不以昭昭灵灵为知者,故曰俗学。大约以灵明知觉为内心,以灵明知觉之所照为外境,立我缘物而与物对待,故内外体用之说起焉。然昭昭灵灵之识,其粗者也。……若以知为识,则必以致知为推极知识。以致知为推极知识,则舍穷至事物之理为格物无由矣。④

潘平格认为,朱熹"穷理"说将世界划成两部分,即人的主观世界和外在的客观世界。所谓穷理就是人的主观世界不断地映照外在客观世界。这没有什么错。但是朱熹的"穷理"停留在此,将"知"替代"识",忽略了由知上升到识的问题,涉及由感性认识上升到理性认识以及发挥理性认识的指导作用等问题。

---

① 《潘子求仁录辑要》,第54页。
② 《潘子求仁录辑要》,第55页。
③ 《潘子求仁录辑要》,第56页。
④ 《潘子求仁录辑要》,第56—57页。

因此,潘氏认为朱熹的观点未免失之粗矣。

> 佛氏之道,"空有不二"而已。于凡境遇事物之当前未尝起识心,曰"真空";恰恰当机妙应,曰"妙有"。若未尝起识心而不能妙应,则断见枯空,非"真空"也,当机妙应而有识心,则识神作用,非"妙有"也。未尝起识心而恰恰当机妙应,空即不空,有原非有,故谓之"空有不二"。后世之言良知者,曰:"良知,无知而无不知。"曰:"无知而知,知而无知。"曰:"知是知非,而未尝有是非。"曰:"良知本体,原来无有本体。"曰:"目无体,以万物之色为体;耳无体,以万物之声为体;心无体,以万物感应之是非为体。"为其学者有悟于此,曰:"无心之心则藏密,无意之意则应圆,无知之知则体寂,无物之物则用神。"岂非空有不二,佛氏之学乎?①

关于王阳明及其后学之心学,潘平格作了深入的探讨。

潘平格明确指出,孟子所言良知就是仁义,它的根在于性善;王阳明及其后学所言良知,则为"无有本体",为"当体虚空",它的根在于无善无恶。孟子良知即是仁义,其根则性善。后世之言良知者,曰"无有本体",曰"当体虚空",而其根则无善无恶。②

不仅限于此,潘氏针对佛学命题"知体本空""空有不二"等展开论述,将心学与佛学的逻辑演绎线路进行了深层次比较,发现二者的相似之处,或者说王阳明及其后学之心学逻辑结构来源于佛教。

先看佛教:空即不空,有原非有,即空有不二。从结构上讲,它有个特点即对立的二极彼此变换不穷,简单地说,就是"以对立面的存在而不存在"。再看王学:良知,无知而无不知;无知而知,知而不知;知是知非,未尝有是非;良知本体原来无有本体;目无体,万物之色为体;耳无体,万物之声为体;心无体,万物感性是非为体;王学之"良知""良知本体"对应佛教之空有不二,余则对应空即不空,有原非有。王学后学:无心之心藏密、无意之意应圆、无知之知体寂、无物之物用神;藏密、应圆、体寂、用神对应佛教之空有不二,无心之心、无意之意、无

① 《潘子求仁录辑要》,第57页。
② 《潘子求仁录辑要》,第72页。

知之知、无物之物对应空即不空,有原非有。

经过以上分解,再比较,最后潘平格判定心学等同于空有不二之佛学。王阳明"良知说"实际上和孟子"良知说"只是字面相同而内容迥异。

鉴于上述分析及论述,潘平格得出结论:后世格物学说,如果有所失误,那失误必在"知"字上。"后世格物之说多端,而究无与于《大学》之旨者,非特惧在格物也,惧在知,故惧在格物也。"①由于对"知"理解错误,导致格物论有失。

2.不明物之为物

潘平格在明确"知"的前提下,又围绕"物有本末,事有始终",厘清了人们对物、事、本末的错误见解。

(1)"物有本末"与"事有终始"

潘平格援引《大学》原文,对事、物进行了区分,明确事即是事、物即是物。

> 盖身、家、国、天下,只一物而为本末,故须通之。通之则身、家、国、天下浑然一物,而为本为末,条理秩然;身、家、国、天下浑然一物,则修、齐、治、平浑然一事,而修身为齐、治、平之本,头绪灼然。不通则不成其为一物,不成其为一物则本不成其为本,末不成其为末。身、家、国、天下既漠不相关,则修、齐、治、平自无可言,而"事有终始",亦为虚语。……格物之物,明即"物有本末"之物,与"事有终始"两列……②

潘平格主张事物分成事和物两类。身、家、国、天下这类客观存在的存在是物,而修、齐、治、平这类主体指向客体的关系、行为、动作则是事。于此,潘氏认为朱、王二家各执一端。朱氏偏向客观存在的存在,王氏偏向主体指向客体的关系。潘平格对此洞若观火,主张应该将二者通盘考虑。显然,二家于此关注不够。潘平格认识到身、家、国、天下是普遍关联、相互起作用的一个整体,修、齐、治、平又是相互衔接的"治理"递进阶段,修、齐、治、平分别针对身、家、国、天下产生作用。潘氏这些观点有其合理性。但是必须注意的是,潘平格在这里将修身与格通人我画上了等号。然而修身是主观作用于客观,而格通人我既有主

---

① 《潘子求仁录辑要》,第 58 页。
② 《潘子求仁录辑要》,第 74 页。

观作用于客观,亦有主观作用于主观。对此,潘平格的认识模糊不清,这是潘平格的理论缺陷。

(2)性而物之,事而物之

潘平格认为,物有本末指向身、家、国、天下,而不能解释为明德、亲民。若坚持为之,则是将性、事看作物,充分暴露了不知物之为物的事实,可见其荒谬之至!

> "物有本末"之本末,明即"本乱末治"之本末,指身、家、国、天下,而释为"明德"、"亲民"。"明德"性也,不可指为物;"亲民"事也,不可指为物。以不知物之所以为物,遂至性而为物之,事而物之。[1]

3.穷理之说泛滥而无所归

潘平格声称,朱熹"穷理"说荒谬可笑,却很有市场,至今四处泛滥。

> 穷至事物之理,无事不要理会,无书不要读,不读这一件书,便缺这一件道理;不理会这一件事,便缺这一事道理。逐件讲明,逐事研究,久久贯通,而后治人治己始能尽道,此正所谓学养子而后嫁者也。知识增而不虑之良知不出头,事理审而仁恕之学脉不归宗,复性之途路有日趋而日远矣。[2]

朱熹将"格物致知"解释为:"致,推极也。知,犹识也。推极吾之知识,欲其所知无不尽也。格,至也。物犹事也。穷至事物之理,欲其极处无不到也。"[3]朱熹将眼前所应接的一切都称之为"物"。上至天理,下至人理、物理无所不包:大至无极、太极、小至一草、一木皆都含摄。朱氏强调要格尽众理,如少格一物,则少一物之理。如此而往,用力之久,则必豁然贯通。一边逐件理解、领会自然界的物理,一边逐件理解、领会社会的人理,最后必然贯通,因而天理凸显在出来并广泛被接受,"治人治己始能尽道"。这是朱熹的理解或者个人经验生活的提炼,也是很多成功人士普遍认可的。

---

① 《潘子求仁录辑要》,第74—75页。
② 《潘子求仁录辑要》,第62页。
③ 《大学章句》,《朱子全书(修订本)》(第6册),第17页。

潘平格不能接受朱熹的这种观点。潘氏认为,朱熹逐件格物,然后贯通的做法,不可理喻,"此正所谓学养子而后嫁者也"。① 潘平格指出,事物的发展过程有其自然性的一面,还有一个价值选择问题。不可否认,朱熹这个物理、人理等知识具体到人确实有所增加,但是有的人知识增加了,良知却湮没不显;物理、人理等知识确实有所深入,圣贤留下的仁恕之学却被抛弃一边。因此,潘平格认为如果继续按照朱子的思路,复性之路则越来越遥远。朱熹欲通过知识理性的提升来实现伦理道德的建设,其缺失处确实很明显。"推极知识,则知识得其推极而已。未有种稗而得谷,煮砂而求粥者也。"② 潘平格明确指出知识与道德范畴本属两个不同层面,二者有所关联,但没有必然的因果联系。

总而言之,在潘平格看来,朱熹"穷理"论有多处错误。一是以知为识;一是事物不分;一是为学脉络即仁恕之学丢失;一是道理没有从根源处穷究,即没有将世界看作浑然天地万物一体。

> 吾非为事物之理毫不经心也,盖穷至事物之理已具于格通人我中也。……格通人我愈久,事物条理愈明,强恕反求愈入细,事物条理亦愈入细,何待更有穷至工夫?③

诚然,潘平格反对朱熹将格物解为穷理,但他并不反对朱熹之穷至事物之理,认为穷至事物之理有它的合理性,知得事理更有助于格通人我。因此,在格通人我的工夫之中,穷至事物之理自然包含在其中,或者说穷至事物之理是格通人我之应有之义,并不需要另立一番穷理工夫。

4. 一物一事之间盖有攸分

对于王阳明的格物说,潘平格也作了有针对性的批判。

王阳明将格物定义为正事。

> 物者,事也。凡意之所发必有其事,意所在之事谓之物。格者,正也。正其不正以归于正之谓也。正其不正者,去恶之谓也;归之于正

---

① 《潘子求仁录辑要》,第62页。
② 《潘子求仁录辑要》,第65页。
③ 《潘子求仁录辑要》,第70页。

者,为善之谓也。夫是之谓格。①

王阳明认为,意之所发有善有恶,因此,格物之功就是要"正意"即"正事",以去其恶而归之于正,从而达至至善的境界。回到前面,潘平格曾区分事、物。显然,王阳明偏重于事,而对物关注不够。故王阳明的格物论因格物的缺失刚起步就有很大的不足。

> 格通人我者,不忍人之心贯注伦物间,遇物接事唯恐或伤之,事自得其正矣。是格通人我,则事自正,非但就事正事也。正事者,但就事而正之,事虽正而不关于格通人我,一物一事之间,盖有攸分矣。格通人我者,其本在欲明明德于天下;正事者,欲在修身,是志之所发不同也。格通人我者,浑然一体之仁;正事则灵明耳,是当体之所运不同也。②

潘平格进一步对照了格通人我与正事的不同之处,揭示王阳明格物论之正事有其缺陷。王阳明之正事仅是一人一事上见效验,而真正的格物,即格通人我则是着眼于家、国、天下。人我既格通,则事自正,反之则不然。格通人我与正事二者所发处不同,所至之地亦大相径庭。格通人我是于人事中力行以求一体之仁,而正事仅为心性上用功,前者浑然天地万物一体,后者则以心为体。

> 若鄙人所谓致知格物者,致吾心之良知于事事物物也。吾心之良知即所谓天理也。致吾心良知之天理于事事物物,则事事物物皆得其理矣。致吾心之良知者,致知也;事事物物皆得其理者,格物也。③
>
> 孟子良知即是仁义,其根则性善。后世之言良知者,曰"无有本体",曰"当体本虚空,而其根则无善无恶,一为吾儒之道,一为佛氏真性,相去不啻天渊。④

① ［明］王守仁著,吴光等编校:《王阳明全集》,上海古籍出版社1992年版,第972页。
② 《潘子求仁录辑要》,第71—72页。
③ 《王阳明全集》,第45页。
④ 《潘子求仁录辑要》,第72页。

潘平格认为，孟子言良知是至善之谓，而王阳明所言之良知虽"纵横万有"却"当体本空"，已失去了儒家真面目，入于佛氏之途了。因此，最终王阳明的致良知之法只能被引入空慧，而不是达到家、国、天下，万物一体的境域。

综上所述，潘平格自认为他的"格通人我"论汲取了朱、王二家格物论之长、精华，又扬弃了其所短、糟粕。1673年，面对改造朱、王二说的弊端及其不良影响的形势，潘、万一番争辩，万氏认识到潘之学说的优点、胜处，从而折服。潘平格哲学对青年万斯同的影响是非常大的，其对周孔之学的提出，对清廷科举制度的抨击，对朱、王二家的批判，对"事、物"的分类，对朱熹穷理在其中的观点均为万斯同所认可、赞同、接受。从之后万斯同哲学思想演变的轨迹看，潘平格格物论或者说潘平格哲学思想是万斯同通向颜李学派的桥梁。

二、潘万二氏"格物"论的比较

潘平格"格物"论与万斯同（李塨）"格物"论的比较，首先是实学体系内部的比较。

李塨所言之物分成两个层次。第一个层次物是指身、心、家、国、天下；第二个层次即《周礼》所谓"三物"。由"有名目条件者曰物"贯通两个层次。万斯同所言之物同样分成二层次，并采用体用论嫁接起两个层次之间的关系，前面已经论述过。（万李此处的差异值得注意）

> 盖物即身心、家国、天下之物也。格，至也，学习其事也。诚正、修齐治平，行其事也。……然学，学其所行；行，行其所学。只此身、心、家、国、天下之物也，固无泛滥于草木万汇以为穷理者，至曰"有名目条件者曰物"，此语更精。盖名目、条件，固无外仁义礼知、子臣弟友、礼乐兵农，如《周礼》所谓"三物"者矣。①

从第一层次看，李塨（万斯同）将物视为身、心、家、国、天下，这同潘平格的观点是相同的，大家都把视线指向了身、心、家、国、天下的客观存在。这是两者的相同点。

二者的不同点在于如何"格"？潘平格所谓的"格"正如前文所述，"从人我

---

① 《李塨文集》，第372页。

交涉之事上入手，使人与我、此与彼贯通无碍。"也就是通过主体和主体之间彼此相互沟通，达到和谐一致，这是潘平格"知是意之用，物是意之体"思维方式的恰当表达。他似乎没有勇气借"知"去认识、改造"物"；而李塨训"格"为"至"。李塨从《尔雅》《周书》《孔丛子》等古代典籍中，得出"格"有"至""通""搏""举""到""极"等意义。"格"就是人面对对象，搞通它、搏弄它、追究它。"物即身心家国天下之物也。格，至也，学习其事也。"①李塨在"格物"论上修正了师说（颜元）。他在《大学辨业序》（李塨自序）中说：

> 丁丑重如浙，戊寅端月至杭州。旅次晨兴，忽解"物"即《大学》中之"物"，"格"即可如程朱训为"至"，即学也。……返证之《六经》《语》《孟》，历历可据，而向未之见及也。②

我们站在万斯同、李塨的角度看潘平格，也许认为潘氏没有越过"道"等于"六经载道"之槛，没有越过"身、心、家、国、天下"等于《周礼》"三物"之槛，即外部客观存在与理论知识内在关系的节点。但问题实际上没那么简单，因为二者最关键最根本的区别还是在于思维方式的差别。潘平格将物"身、家、国、天下"看作"物有本末"之物，本乱末治，故其着重点放在"身"上，强调修身、"格通人我"原因所在。万斯同（李塨）、潘平格同样面对外在客观世界，至于如何认识它、改造它，所用方法不同。潘平格对于"身"本来视为是客观的，可实际上又视为主观、主体，这说明他对于"身、家、国、天下"与理论知识关系是困惑的，对于生理上的人和人的主观意识的关系是困惑的。

对于外部客观世界与主体主观之间关系的认识，朱熹和万斯同、李塨有所不同。朱熹《易》学中有两处"主体的参与"等于外在的客观世界。一个是数，也就是《河图》《洛书》之数等于外部客观世界之象，另一个揲蓍所得结果等于外部客观世界。而对于万斯同来说，文本所载之道不断趋近甚至等于外部客观世界之道，但不能直接划等号，万斯同认为六经自身的学术史发展对于认识外部客观世界具有重大的价值和指导意义。

本节重点从格物论角度并结合思维方式的研究论证了万斯同从潘平格立

---

① 《李塨文集》，第 372 页。
② 《李塨文集》，第 4 页。

场到李塨立场的转变,即于此万斯同实现了主体与客体的分离到学习"经典"的转变(主体—客体),即完成了对主客关系思维路径的倒转的转变,万斯同坚持借助"经典"更好地去认识世界,将"经典"作为行动的指南。这个转变可以看到万斯同对理论知识的重视。值得注意的是,尽管成熟时期,万斯同与李塨在格物论领域观点契合,但是明显地可以看到二者思维方式的差别。朱熹、王阳明、黄宗羲、万斯同具体观点各异,但是体用论与理一分殊结合的思维方式却高度一致。从前文"有名目条件者曰物"贯通两个层次看,李塨是否具有此特质尚需进一步的文献支持。思维方式的微妙差异亦是不能简单地将万斯同归类为颜李学派成员的重要原因。

第四章　道统论

纵观儒学历史,不仅有子学、经学之分,亦有汉学、宋学的对立,而每一学术形态之下又有不同的派系。源头同一,观点各异,甚至水火不容。魏晋以降,儒学衰微,释、道崛起,广为流布,形成儒、释、道鼎足之势。为此,有儒者出,以天下为己任,提出"道统"之说,其道统意识对之后千余年儒家学术发展的语境影响深远。

第一节　道统论概述

最早提出"道统"说的是古文运动的领导者唐代思想家韩愈。韩愈直接上承孟子的"道统"论的观点及其对"道统"失传原因的分析,包括对整个汉儒的基本"判断",为宋儒全盘接受,而其自封为"道统"正宗嫡传的做派更为唐、宋诸儒所争相效仿。因此,历史上出现过诸多的"道统"论。明清易代之际,万斯同站在捍卫并传承中华文化传统的角度,反思明朝灭亡的原因,按照道统论(立道统、辟佛老)的框架,提出他的"新道统"论,重新对其所理解的中华传统文化的脉络进行了梳理、提炼。

一、孔子而下之文脉

儒家的道统观念由来已久。孔子见夏、商、周三代礼之相因,确信"其或继周者,虽百世可知也"。孟子主张"五百年必有王者出,其间必有名世者",并详列由尧、舜经商汤、文王而至孔子的序列,皆体现了承前启后、继往开来的道统意识。万斯同承继先贤观点,对孔子而下的学术脉络进行了完整的梳理。

(一)孔子而下之完整的学术脉络

根据刘坊《万季野行状》,万斯同著《儒林宗派》为八卷,而万邠初藏本即《四库全书》本为十二卷,周永年本即《四明丛书》本为十六卷。大致推断该作始动笔于 1673 年之前,几番修改,直至万氏逝世前仍在修改,故有不同卷本书稿流传于世。

《儒林宗派》是万斯同的一部史表类著作,或者说是一部未完成之作,仅列人物名字。然上自孔子,下至刘宗周,每一朝代都列有学派或学者,前后不间断,一贯而下,梳理出自孔子而下的完整的学术脉络。《四库全书总目提要》云:"是编纪孔子以下迄于明末诸儒,授受源流,各以时代为次,其上无师承,后无弟子者,则别附著之。自《伊洛渊源录》出,《宋史》遂以《道学》《儒林》分为二传,非惟文章之士,记诵之才,不得列之于儒,即自汉以来,传先圣之遗经者,亦几几乎不得列于儒。讲学者递相标榜,务自尊大。明以来谈道统者,扬己凌人,互相排轧,卒酿门户之祸,流毒无穷。斯同目击其弊,因著此书。所载断自孔子以下,杜僭王之失,以正纲常。凡汉后唐前传经之儒,一一具列。除排挤之私,以消朋党,其持论独为平允。"①《提要》充分肯定了万斯同道统论的学术价值。《伊洛渊源录》《圣学宗传》《理学宗传》和《尊道录》等,或独尊程朱理学,或独尊陆王心学,皆持门户之偏见,是片面和不完整的。《儒林宗派》兼综百家,不分儒林、道学,且广收为前人所轻视的汉后唐前的儒者,备其不备。较之同时期的著作《宋元学案》和《明儒学案》,其所收宋、元儒者数目不及《宋元学案》之多,所立表内容亦不如全祖望详尽。然其所收明儒共四百七十一人,多于《明儒学案》(仅收二百一十人左右)。其中章氏学派、蔡氏学派三十三人,王艮师承表中李东明、陈履祥等十四人,《明儒学案》皆未收录。湛若水师承表则多出了三十一人。王门卢可久师承表中七人,《明儒学案》也全无。此外,胡居仁、邹守益、刘文敏、钱德洪、罗洪先等师承表中亦有很多人不见于《明儒学案》中,因此,《儒林宗派》是一部较为完整的儒学史学术参考文献。

当然,《儒林宗派》一著其缺点也不可忽视。万斯同在魏晋玄学一派中既收录王弼,却未收录何晏、郭象,不知理由何在?将永嘉、永康学派放入附录是否又有贬低之嫌?(与万斯同自述少仰慕永嘉、永康经世之学观点有别。),又有邓

---

① 《万斯同全集》(第 5 册),第 78 页。

豁渠、李贽、林三教、何心隐、管志道等人阙如，是否说明万斯同尚存有门户之见？

（二）对永嘉、永康学派正统地位之肯定

万斯同充分肯定了永嘉、永康学派之正统血脉。

> 余少时慕永嘉、永康经世之学。……余窃怪今之儒者，非驰骛乎词章，则高谈乎性命，问以古今经世之学，则懵然而莫知，若此者，果可谓之儒者乎？①

永嘉学派是南宋时期在浙东永嘉（今温州）地区形成的，提倡事功之学的一个儒家学派，是南宋浙东学派的先导。因其代表人物多为浙江永嘉籍，故名。北宋庆历年间王开祖、丁昌期等人开创其学术思想，到南宋郑伯熊、薛季宣、陈傅良等形成学派，再之后叶适则集前辈学术理念之大成。在哲学思想上，该派认为充盈宇宙者是"物"，而道存在于事物本身；提倡功利之学，反对虚谈性命。永康学派是以南宋陈亮为代表的学派。因陈亮为婺州永康（今温州）人而得名。又因学者称陈亮为龙川先生，故亦称"龙川学派"。永康学派与永嘉学派并称为事功学派，与朱熹为代表的性命之学相对立，主张义利双行，王霸并用。陈傅良指出其学术思想的特点是"功到成处，便是有德；事到济处，便是有理"。② 力图使儒家学说切于实用，"开物成务"。

万斯同自谓年少时即仰慕永嘉、永康经世之学。万氏认为当代的儒者只知道词章之学，或者高谈性命之学，而对经世之学则懵然不知。实际上，孔孟之道是性命之学兼备经世之学（后文详述）。因此，缺一执一都不是真正的儒者。毫无疑问，在万斯同看来，在经世之学被世人忽略的情况下，永嘉、永康学派因倡导经世之主张理应排在"道统"之列，而这种观点与朱熹的观点直接相悖。

（三）孔孟之道师承授受的不间断考察

万斯同《儒林宗派》一著中，元代一共列出四大门派，即金氏学派、吴氏学派、许氏学派、刘氏学派，并另立诸儒博考门作为补充。其中何基—王柏—金履祥—许谦一系，万斯同有较为详细的考察（不经意保留在《宋元忠义录》中），说

① 《别会稽杨可师序》，《万斯同全集》（第8册），第288页。
② ［宋］陈傅良：《致陈同甫书》，［宋］陈亮著：《陈亮集》，中华书局1974年版，第331页。

明在异族统治下(按照万斯同的理解,元、清均为异族统治),中华传统文化并没有被外力人为地割裂,而是被完整地保留下来并得到发扬光大。

> (金履祥)及壮,知向濂、洛之学,事同郡王柏,从登何基之门。基则学于黄幹,而幹亲承朱熹之传者也。……初,履祥既见王柏,首问为学之方,柏告以必先立志,且举先儒之言:居敬以持其志,立志以定其本,志立乎事物之表,敬行乎事物之内,此为学之大方也。及见何基,基谓之曰:"会之屡言贤者之贤,理欲之分,便当自今始。"①

金履祥师从王柏,王柏师事何基,何基师事黄幹,黄幹亲承朱熹,故金履祥是朱熹的四传弟子。起初,金履祥拜王柏为师,问为学的方法。王柏告之必先立志定本,云"居敬以持其志,立志以定其本,志立乎事物之表,敬行乎事物之内"。及金履祥见到师祖何基,金再予以讨教。何基告诉金氏,从现在开始可以领悟王柏经常论及之贤者之贤和理欲的分辨。据万斯同记述,金履祥先后得到何基、王柏师徒在为学方面的指点,证明朱熹学说的学习与传播绵延进入元朝。

> (许谦)受业金履祥之门。……独不以科举之文授人,曰:"此义、利之所由分也。"②

许谦是金履祥的学生。许氏出师之后便开科授业,时门下从学者超千人。许氏因材施教,教导有方,学生亦是随其材分,各有所得。但是许先生并不就学生如何考取功名方面做文章,他认为这是义利区分之所在。许谦坚持传授知识并不是为了科举。及许谦以下,许之学生辈已经进入明朝。关于学术脉络不断的实例尚有很多,不一一赘述。由此可见,自朱熹而下之文脉,再拓而广之,自孔子而下之文脉并没有因为异族元朝的统治而中断。

二、孔孟之道的应有之义

关于孔孟之道的内涵,自古以来众说纷纭。韩愈认为是仁义,朱熹认为是

---

① 《万斯同全集》(第1册),第434—435页。
② 《万斯同全集》(第1册),第436—437页。

"十六字心传",而万斯同则认为孔孟之道应包括两个方面的内容。一个是身心性命之学、一个是经世之学。

> 其上者如身心性命之学,此犹饥渴之于饮食,固不俟言矣。至若经世之学,实儒者之要务,而不可不宿为讲求者也。①

何谓身心性命之学?"性"与"命"不论是在中国人的传统生活中,还是在儒家文化中,都是非常重要的概念。"性"指生命的内在部分,是对自己而言的;"命"指生命的外在部分,是对天地、自然、历史而言的。没有人可以挑选自己的父母、出生地、长相、性别,这就是"命"。而"性"则不同,它虽然也是自然的禀赋,但是人们却能够认知它、改善它,甚至发扬它。在此基础之上,儒家确立的人文修养的原则就是尽性、知命。尽性就是要充分发挥人自身的本性良能,让它经历成长的磨砺,通过向圣的教化,恢复人天然的善良本性。知命就是要知晓外在,也就是自然、历史、时代赋予的使命。尽性、知命将生命视为一种动态的发展过程。一方面,它认为人的本性具有无穷的可能性,另一方面,它也承认自然、历史对人的具体限制,而这些限制又成为体现人之为人的生命价值之所在。《中庸》开篇即曰"天命之谓性,率性之谓道"给人们提出求道的方向,因此,儒家被称为"性命之学"。

何谓经世之学?"经世之学在知识的来源上溯到秦汉时代,但经世知识成为一个独立的学术门类,则开始于晚明至清初。"②后人或谓经世致用思潮,或谓实学思潮等等。"清初的人一般认为经济就是经世,但也有的人不同意,比如万斯同,他认为经世不是经济。他认为离开伦理的经世可以成为经济,而伦理与经济的相结合就是经世。"③在万斯同看来,经世之学是为了人伦关系的稳定和谐,封建社会等级关系的稳定合理。因此,伦理应与经济结合起来,为国家的发展保驾护航。

概而言之,性命之学为维持生命之必需。对于儒者来讲,犹如人饥渴了就要吃饭、喝水;而经世之学就是要解决吃饭、喝水的问题,为生命、生活提供基本保障。万斯同明确了性命之学和经世之学各自的功能、作用及其彼此之间的紧

---

① 《与从子贞一书》,《万斯同全集》(第 8 册),第 260 页。
② 鱼宏亮:《知识与救世——明清之际经世之学研究》,北京大学出版社 2008 年版,第 2 页。
③ 鱼宏亮:《知识与救世——明清之际经世之学研究》,第 74 页。

密关联。在万斯同的视域中,作为真正的儒者必须修行性命之学,又要懂得经世之学。是否可以这样理解,如果性命之学是对人生意义的终极追问,那么经世之学则是对实现人类生存理想状态的追寻。二者互为补充、相辅相成、相得益彰。

三、与《明儒学案》之比较

黄宗羲《明儒学案》全书分十九个学案,重在叙述明代一朝哲学思想的发展历程,大致分成前、中、晚三期。前期列崇仁、白沙、河东、三原四个学案,共九卷,旨在说明程朱理学在明初的前后承袭及其占优势的状况,但又以白沙学案预示心学的开端。中期列姚江学案及其流变暨浙中王门、江右王门、南中王门、楚中王门、北方王门、粤闽王门及止修、泰州、甘泉等十个学案,共三十三卷,评述王阳明心学的主旨及其创立、发展、演变的过程。末期列东林、蕺山二个学案,共五卷,标识蕺山之学对心学的修正、发展。另外,又列诸儒学案,分上、中、下共十五卷,插叙于中末期之间。

黄宗羲《明儒学案》全书的编排体现了黄宗羲以心学为正宗的思想观点。正如其在《明儒学案》中所述:

> 有明之学,至白沙始入精微,……至阳明而后大。①

其在《移史馆论不宜立理学传书》中称:

> 有明学术,白沙开其端,至姚江而始大明。……逮及先师蕺山,学术流弊,救正殆尽。②

另根据同济大学陈畅教授的研究,《明儒学案》是以总结明代儒学为途径、以表彰刘宗周之学为目标的道统论著作。黄宗羲用"一本万殊"来表述《明儒学案》的价值整体与差异元素的关系。以"一本万殊"命题提挈刘宗周慎独哲学。总而言之,《明儒学案》以心学为归旨。

---

① 黄宗羲:《明儒学案·白沙学案》,《黄宗羲全集》(第 7 册),第 78 页。
② [清]黄宗羲:《移史馆论不宜立理学传书》,《黄宗羲全集》(第 10 册),第 221 页。

万斯同曾代贾若水为《明儒学案》作序一篇,其中有评论云:

> 盖明儒之为学多途,有河东之派,有崇仁之派,有新会之派,有余
> 姚之派,虽同师孔孟,同谈性命,而途辙既分,其末流益歧以异。……
> 学者诚究心此书,一披览间,即有以得诸家之精蕴,而所由以入德之
> 方,亦不外是。其间或纯或杂,则在学者精择之而已。①

万斯同留下的这篇《序》恰好可以与黄宗羲的观点进行对比。认真比较分析之后,可以发现有几点不同。第一,万斯同按照自己的理解,将黄氏学案的顺序作了微调。河东之派是以薛瑄为代表的学派,薛瑄因年长调前,次以崇仁之派以吴与弼为代表,新会之派以陈白沙为代表,余姚之派以王阳明为代表。万斯同的微调使得黄宗羲突出心学的意图被遮蔽。由此可见万斯同以孔孟为宗黄宗羲以心学为归旨之间的微妙差异。第二,与黄宗羲相比,显然万斯同没有门户之见,他认为学术源头均为孔孟,不论理学还是心学都师承于孔孟之道。

综上所述,在万斯同的视野中,孔孟之道囊括性命之学、经世之学。涵盖性命之学、经世之学的孔孟之学从来没有中断过,即使在异族统治的元代也得到了完整的保存和流传。孔孟之道是理学、心学的共同源头。另一方面,文化、学术的未中断并不是简单的形式未中断,而是文化、学术的精髓得以完整的保留和传承。万斯同在梳理学术流脉之时,从先贤处获得了精神上的支持,因此"立身在于诗书礼乐,而不在于显达"成为万斯同身处异族统治之下却终身不懈的追求"道"的座右铭。

第二节　对朱熹易学道教成分的剥离

朱熹在易学领域建树颇多,在易学和哲学史上都占据着极其重要的位置。朱熹追本溯源,认定《周易》本为卜筮之书,进而考察了三圣作《易》的区别与联系。在此认识基础之上,重新梳理了易学的象数系统,并整合北宋五子的易学思想,集诸儒之大成,构建了以太极为最高范畴的易学思想体系。对此,万斯同

---

① 《明儒学案序代》,《万斯同全集》(第8册),第289页。

不以为然。万氏认为朱熹易学遍布道教成分,故将朱熹易学之道教成分一一剥离。这是万斯同道统论之"辟佛老"的重要举措

一、《易》本人事而作

对于《易》文本旨归的理解,万斯同与朱熹之间即拉开了距离。万斯同认为《易》本人事而作,朱子则认为"《易》本卜筮之书"。万斯同认为朱子的易学理论很多方面都僭越了孔子学说之原旨。

(一)本人事而作与本卜筮之书的对立

"《易》本卜筮之书"是朱熹最鲜明、最重要的易学观点。"《易》为卜筮之书"的命题并非朱熹首先提出。汉班固《汉书·儒林传》云"及秦禁学,《易》为筮卜之书,独不禁,故传受者不绝也"①,这可能是关于《易》为"卜筮之书"的最早文献记载。之后,北宋欧阳修认为六十四卦的功用本为卜筮。其著《易或问三首》云:"六十四卦,自古用焉。夏、商之世,筮占之说略见于书。"②苏轼《易论》亦明确赞同他们的观点,云:"《易》者,卜筮之书也。"③

朱熹之前关于"《易》为卜筮之书"的经典论述大致仅上述班、欧阳、苏三家。至南宋时,持"卜筮论"者已寥寥无几。朱熹因观点与班、欧阳、苏一致,作《周易本义》,力图以卜筮为基点来注释卦爻象和卦爻辞,对后世产生了重大的影响。

万斯同提出"《易》本为人事而作"的命题与朱熹"《易》本为卜筮之书"的命题针锋相对。

> 夫《易》本为人事而作,故孔子《彖》《象传》,止言刚柔,不言阴阳。盖刚柔乃属乎人身,而阴阳属乎气化也。④

万斯同认为,《易》本为人事而作。万斯同指出,孔子的《彖》《象传》,只讲刚柔而不讲阴阳。刚柔就人而言,阴阳讲气化。《周易》六十四卦都讲人事,都讲刚柔。刚柔中间或谈到阴阳,仅只有乾、坤、否、泰四卦。乾、坤、否、泰四卦为整

① [汉]班固撰,[唐]颜师古注:《汉书》,中华书局2012年版,第3095页。
② [宋]欧阳修著,李逸安点校:《欧阳修全集》,中华书局2009年版,第301页。
③ [宋]苏轼:《易论》,张志烈、马德富、周裕锴主编:《苏轼全集校注》,河北人民出版社2010年版,第208页。
④ 《易说》,《万斯同全集》(第8册),第312页。

个《周易》之枢纽,所以谈到阴阳,亦并非舍人事而专言气化。站在万斯同的认识角度,孔子之《彖》《象传》显然是这样的。《易》以六十四卦为框架,将整个世界分成有区别的两部分。其中,乾、坤、否、泰四卦为枢纽,这四卦是讲人事兼及阴阳、气化,另六十卦则都讲人事。因此,《易》本为人事而作。

万斯同认为,朱熹有意背离《周易》本意,专讲阴阳,是过于相信庄周之学说,将庄子的学说等同于圣人之说(由此可见,万氏将老庄学说与道教学说画上了等号。其实,老庄道家和道教有本质上的不同,但这并不影响万氏对老庄的判断)。万氏认为,孔子、庄子各自的"道"其实是不同的。虽然说刚就是阳、柔就是阴,说阴阳就是说刚柔,但是人事和气化,终究是不能混为一谈。气化属于天(自然),人事指社会(人)。万斯同指出《系辞》言"一阴一阳之谓道",马上接着说"继之者善也,成之者性也",仍以人事而言。人本阴阳之气而生,既生则听乎人,而不听乎天,实际上指出了人的自然属性和社会属性。这与前文万氏所述乾、坤、否、泰四卦"枢纽"说是一致的。

在万斯同之前,王弼、孔颖达、程颐等先贤均主张"《易》主义理"之说,是万斯同"《易》本人事而作"命题的重要依据。

王弼注《系辞》"夫《易》,开物成务,冒天下之道,如斯而已者也"时说:"冒,覆也。言易通万物之志,成天下之务,其道可以覆冒天下也。"[1]解"是以明于天之道,而察于民之故,是兴神物以前民用",认为是"定吉凶于始也"。[2] 孔颖达的《周易正义》遵照"疏不破注"的原则,沿袭了王弼《周易注》的思想。孔颖达认为《易》是上古时圣人所制定的治理天下的宝典。其核心内容是"断天地,理人伦,而明王道"[3]。因此,孔氏否认圣人作《周易》之本意与《易》为卜筮之书二者之间有某种关联。程颐《易序》云:"圣人之忧天下来世,其至矣;先天下而开其务,后天下而成其物。是故极其数以定天下之象,著其象以定天下之吉凶。六十四卦,三百八十四爻,皆所以顺性命之理,尽变化之道也。"[4]程氏认为,圣人的本意是要教化天下之民,学会顺万物性命之理,尽万物变化之道,进而发明了《易》,圣人之道理散在易中的每一卦每一爻,正是"散之在理,则有万殊;统之在道,则

① 李学勤主编:《十三经注疏·周易正义》,北京大学出版社1999年版,第286页。
② 《十三经注疏·周易正义》,第288页。
③ 《十三经注疏·周易正义》,第6页。
④ [宋]程颐撰,王孝鱼点校:《周易程氏传》,中华书局2011年版,第2页。

无二致"①。

(二)"三圣易"同与"三圣易"不同的对立

朱熹提出"《易》本为卜筮之书"的命题,强调卦画、《易经》和《易传》之不等同,旨在用发展变化的眼光看待《周易》文本系统。朱熹认为,伏羲画卦时并无文字说明,伏羲氏观八卦之象占断吉凶。文王重卦,周公作卦爻辞,仍以卜筮为中心,占断卦、爻辞之吉凶,同样未讲述道理,但已与伏羲不同。至孔子作《十翼》,就卜筮阐发义理,与文王、周公之易学有所不同。按照朱熹的观点,伏羲之《易》非文王之《易》,文王之《易》非孔子之《易》,现在所见之《周易》文本是经历伏羲、文王周公父子、孔子逐步完善起来的。

朱熹持守"三圣易"不同的观点。在《书伊川先生易传板本后》云:"《易》之为书,更历三圣而制作不同。若庖羲氏之象,文王之辞,皆依卜筮以为教,而其法则异。至于孔子之赞,则又一以义理为教,而不专于卜筮也。是岂其故相反哉?俗之淳漓既异,故其所以为教为法者不得不异,而道则未尝不同也。"②

不过,朱熹认为"三圣易"虽不同,但伏羲、文王、周公及孔子"神道设教"的初衷是一致的,即所谓"四圣一心"。朱熹《周易五赞·述旨》云:"恭惟三古,四圣一心,垂象炳明,千载是临。"③

"三圣易"的提法源自班固。《汉书·艺文志》云:"《易》曰:'宓戏氏仰观象于天,俯观法于地,观鸟兽之文,与地之宜,近取诸身,远取诸物,于是始作八卦,以通神明之德,以类万物之情。'至于殷、周之际,纣在上位,逆天暴物,文王以诸侯顺命而行道,天人之占可得而效,于是重《易》六爻,作上下篇。孔氏为之《彖》《象》《系辞》《文言》《序卦》之属十篇。故曰《易》道深矣。人更三圣,世历三古。及秦燔书,而《易》为筮卜之事,传者不绝。"④班氏认为,伏羲画卦,文王重《易》六爻、作卦爻辞上下篇,孔子作《十翼》。之后,汉马融、吴陆绩等改文王重卦并作卦辞,谓爻辞乃周公所作;魏王弼则认为伏羲不单画卦又重卦。唐孔颖达兼取诸家之说,把《易》的成书史整合成伏羲制卦,文王作卦辞、周公作爻辞,孔子作《十翼》。孔颖达解释了古人只言"三圣"的缘故:"所以只言三圣,不数周公者,以父统子业故也。案《礼稽命征》曰:'文王见礼坏乐崩,道孤无主,故设礼经三

---

① 《周易程氏传》,第2页。
② 《书伊川先生易传板本后》,《朱子全书(修订本)》(第24册),第3824页。
③ 《周易本义》,《朱子全书(修订本)》(第1册),第164页。
④ 《汉书》,第1517页。

百,威仪三千。'其三百、三千,即周公所制《周官》《仪礼》。明文王本有此意,周公述而成之,故系之文王。然则《易》之爻辞,盖亦是文王本意,故《易纬》但言'文王'也。"①朱子对孔颖达的"三圣说"略加以修改,指定伏羲画八卦,文王重卦,周公作卦爻辞,孔子作《十翼》。这就是"三圣易"说形成的大致过程。

朱熹注《易》有两个特点:一是《周易本义》采用"古《周易》"经传分离的结构形式;朱熹认为吕祖谦《古周易》在形式上最符合古代经、传各自独文成篇的本来面貌。故朱氏《周易本义》即以吕祖谦本为底本,以突现"三圣易"之区别。二是分文王、孔子两个历史阶段解释"元亨利贞",并借题发挥形成朱子新"四德"说。这正体现了朱熹"《易》更三圣,制作不同"的历史观。

显然,万斯同反对朱熹"三圣易"之说,认为孔子之易即伏羲、文王、周公之易,三者没有任何不同。

孔子之易,即伏羲、文王、周公三圣之易。②

但是从万斯同指认《彖》《象传》为孔子所作③来看,所谓"三圣易"同,万斯同的意思实际是在讲三圣易的精神实质是一样的。显然,又回到了朱熹的"四圣一心"说。因此,与其说万斯同反对朱熹区分"三圣易"之不同,不如说万斯同还是反对朱熹"《易》之卜筮说"。

(三)四德说与"新四德说"的对立

朱熹分文王之义、孔子之义两个层次解释"元亨利贞"四德,这是易学史上的重大创新。朱熹认为文王的"元亨利贞"义为"大亨而利于守正"④。其中"元,大也;亨,通也;利,宜也;贞,正而固也。"⑤文王的"元亨利贞"只是占筮之辞。而孔子之义则旨在发挥义理,即《周易·文言传》所云,"元者善之长也,亨者嘉之会也,利者义之和也,贞者事之干也。"朱子注:"元者,生物之始,天地之德莫先于此,故于时为春,于人则为仁,而众善之长也。亨者,生物之通,物至于此莫不嘉美,故于时为夏,于人则为礼,而众美之会也。利者,生物之遂,物各得宜,不

① 〔唐〕孔颖达:《周易正义》卷第一,北京图书馆出版社 2003 年版。
② 《万斯同全集》(第 8 册),第 312 页。
③ 〈万斯同全集》(第 8 册),第 312 页。
④ 《朱子语类》,《朱子全书(修订本)》(第 16 册),第 2210 页。
⑤ 《周易本义》,《朱子全书(修订本)》(第 1 册),第 30 页。

相妨害,故于时为秋,于人则为义,而得其分之和。贞者,生物之成,实理具备,随在各足,故于时为冬,于人则为知,而为众事之干。干,木之身,枝叶所依以立者也。"①因此,站在孔子的角度看,朱熹的"元亨利贞"并非《文言》"四德"之原义。朱子以前人论述为起点,以仁礼义知、春夏秋冬配"元亨利贞",将"元亨利贞"重新构造成一个贯通天人的哲学范畴,发展了传统的《文言》"四德"说。

万斯同秉持孔子的"元亨利贞"四德说的观点,即《文言传》"元者善之长也,亨者嘉之会也,利者义之和也,贞者事之干也。君子体仁足以长人,嘉会足以合礼,利物足以和义,贞固足以干事。君子行此四德者,故曰'乾,元亨利贞'。"显然,万斯同并不赞成朱子的发挥即"新四德说"。万氏针对朱子将"元亨利贞"解释为卜筮占辞,提出了严厉的批评。

> 然朱子之异乎孔子,非止此一端。如元亨利贞,孔子以为四德,而朱子曰:"非也,乃大亨利于正也。"②

一言以概之,万斯同坚决维护孔子"元亨利贞"四德说,反对朱子"新四德说"。从万斯同的行文看,他不是没有全面抓住朱熹的"新四德"说的要点,而是万斯同不认可朱熹易学先天、后天之说(源于邵雍),坚决反对朱熹《易》为卜筮而作的观点。这与他的"《易》本人事而作"命题相合。

二、《周易本义》卷首九图可永作废

《周易本义》卷首列有《河图》《洛书》《伏羲先天八卦次序》《伏羲先天八卦方位》《伏羲先天六十四卦次序》《伏羲先天六十四卦方位》《文王八卦次序》《文王八卦方位》《卦变图》等九种易图。万斯同对此九图进行了详细的考证,并予以辩驳,认为可以废除。

(一)《河图》《洛书》真伪之辨

朱熹推定《易》出自《河图》,《洪范》出自《洛书》。

《易·系辞》载:"天一,地二;天三,地四;天五,地六;天七,地八;天九,地十。天数五,地数五,五位相得而各有合。天数二十有五,地数三十。凡天地之

---

① 《周易本义》,《朱子全书(修订本)》(第1册),第146页。
② 《易说》,《万斯同全集》(第8册),第312页。

数五十有五,此所以成变化而行鬼神也。"《系辞》此处所言为天地之数的组成及其变化功用。天地之数由天一至地十共十个数组成,其中天数主奇数,地数主偶数,合之共计五十有五。考之《河图》,其黑白点小圆圈中,一、三、五、七、九为白色小圆圈,代表天数,为奇数;二、四、六、八、十为黑色小圆圈,代表地数,为偶数,合之亦共计五十有五。故朱熹认为《河图》天地五十有五之数与《易·系辞》中天一至地十的记载相合。因此,《易》中所指天地之数实际上是孔子申发《河图》之数。根据《尚书·洪范》记载,天乃赐禹洪范九畴,其内容包含治理国家的九种大法,"初一曰五行,次二曰敬用五事,次三曰农用八政,次四曰协用五纪,次五曰建用皇极,次六曰乂用三德,次七曰明用稽疑,次八曰念用庶征,次九曰向用五福,威用六极"。因此,朱熹又认为《洪范》之"初一"至"次九"与《洛书》九数相合,故《洪范》实出《洛书》。

朱熹推断,圣人作《易》,仰观俯察,远求近取,其作《易》的根据远远不是一种,但是其中起决定作用的乃是"则《河图》而画八卦"。

朱熹纠正刘牧"河九洛十"之说,主张"河十洛九",又分析了《河图》《洛书》相异之处;通过比较,认为《河图》《洛书》可以相通。《河图》《洛书》两个图式在朱熹易学中占有极其重要的地位,是朱熹象数之学体系赖以成立的理论基石。朱熹将《河图》《洛书》《易》《洪范》置于一个更为广阔的背景中去审视,即《河图》《洛书》合于天地自然之理。其目的即在于以此论证《河图》《洛书》是《周易》象数的本原,是天地自然之象。

朱子的解释可谓用心良苦。但是万斯同丝毫不留情面,一概予以否定。在万斯同看来,《河图》《洛书》之合于天地自然之理、天地自然之象与否同《周易》无关。

> 夫《河图》见于《顾命》《系辞》《论语》,古固有之,而后世亡之矣。今之自一至十之图,本出陈希夷,古人未尝语及,非真《河图》也。戴九、履一之图,今之所谓《洛书》者,见于《汉书·张衡传》及纬书《乾凿度》,乃《太乙下行九宫图》,非《洛书》也。后世术家配以一白二黑之数,至今遵用不变,岂果真《洛书》乎?①

----

① 《易图明辨序》,《万斯同全集》(第8册),第284页。

万斯同考证,《河图》一词见于多处,如《顾命》《系辞》《论语》等,很早就有,只是后世慢慢丢掉了。万斯同证实,现在的自一至十之图,本出自于陈希夷之手,之前古人并没有讲到过,非真版《河图》。由此可知,前文朱子旨在证明之先圣"则《河图》而作八卦",并不可靠。根据万斯同的考证,实际上应为"则陈抟(道教)而画八卦";无独有偶,万斯同又证实,戴九、履一之图即现在所说的《洛书》,见于《汉书·张衡传》及纬书《乾凿度》,实为《太乙下行九宫图》,后世方士以一白二黑之数相配,至今沿用,亦并非真版《洛书》。因此,根据万斯同的考证,则《洛书》则必将与方士同流。

(二)先天图后天图之质疑

先天易学是邵雍易学的特色。朱子承继了邵雍易学关于先天后天之学的观点,认为先天后天学说构成完整的体系,先天之学是心之体,后天之学为迹之用,二者之间为一种体用关系。对此,万斯同提出质疑,断然否定了先天之学。

1. 先天图

朱熹所说的先天图,指的是列于《周易本义》卷首的《伏羲先天八卦次序》《伏羲先天八卦方位》《伏羲六十四卦次序》和《伏羲六十四卦方位》四图。总体看,有八卦、六十四卦、次序、方位等等的分别。将先天图命名于伏羲名下是因为拟认为伏羲氏仰观俯察,远求近取,超然于自然万物之上而默契于其心,深切体悟到太极阴阳之妙。

(1)《伏羲八卦次序》和《伏羲六十四卦次序》

朱熹认为《系辞》"易有太极,是生两仪,两仪生四象,四象生八卦"是伏羲画卦的自然次第,其所蕴含的哲理与《河图》《洛书》的内在哲理是完全一致的。其中,"易有太极",朱熹认为,太极者,象数未形而其理已具之称,形器已具而其理

图二　伏羲八卦次序图

无朕之目,在《河图》《洛书》皆虚中之象。"是生两仪",朱熹认为,这是太极之判,始生一奇一偶,是为两仪,其数则阳一而阴二,在《河图》《洛书》则为奇偶。"两仪生四象",朱熹认为,"两仪"之上,各生一奇一偶,而为二画者四,是谓"四象",其位则太阳一,少阴二,少阳三,太阴四,其数则太阳九,少阴八,少阳七,太阴六。以《河图》言之,则六者一而得于五者也,七者二而得于五者也,八者三而得于五者也,九者四而得于五者也;以《洛书》言之,则九者十分一之余也,八者十分二之余也,七者十分三之余也,六者十分四之余也;周子所谓"水火木金",邵子所谓"二分为四",皆于此而言。"四象生八卦",朱熹认为,这是说"四象"之上,各生一奇一偶,而为三画者八,于是三才具而有八卦之名,其位则乾一、兑二、离三、震四、巽五、坎六、艮七、坤八。在《河图》,则乾、坤、离、坎分居四实,兑、震、巽、艮分居四虚。在《洛书》,则乾、坤、离、坎分居四方,兑、震、巽、艮分居四隅。

之后,仍按照"一倍二"的原则继而推之,以至于无穷……

朱熹在此规则之下指认《伏羲八卦次序图》《伏羲六十四卦次序》横图,显示伏羲八卦之次序和伏羲六十四卦之次序。

朱熹主张《河图》《洛书》是已成的天地阴阳自然之象,伏羲八卦和六十四卦图则是伏羲画出的反映天地阴阳自然法象的卦象。在朱子的视域中,"易有太极,是生两仪,两仪生四象,四象生八卦"是为象数之精微本原,由此而产生的伏羲八卦和六十四卦及其次序充分体现了宇宙之生生不息,易道之广大。

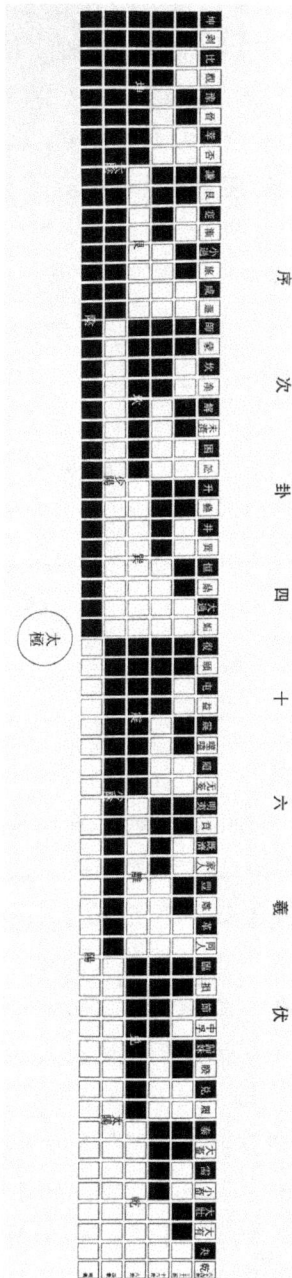

图三　伏羲六十四卦次序

（2）《伏羲八卦方位》和《伏羲六十四卦方位》

《说卦》记载，"天地定位，山泽通气，雷风相薄，水火不相射，八卦相错，数往者顺，知来者逆，是故《易》逆数也。雷以动之，风以散之，雨以润之，日以晅之，艮以止之，兑以说之，乾以君之，坤以藏之"。朱熹承继邵雍之观点，认为这是《说卦》用来描述伏羲所画的八卦方位图。

图四　伏羲八卦方位

右图式即为《伏羲八卦方位图》。其中，震卦始交阴而阳生，以震接坤而言，至兑卦二阳生，则为阳之长。巽始消阳而阴生，以巽接乾而言，至艮卦二阴生则为阴之长。震、兑在天之阴者，震为天之少阴，兑为天之太阴，惟其为阴。因此，阴爻皆在上，而阳爻皆在下。天以生物为主，始生之初，非交泰不能。因此，阴上阳下，而取交泰之义。巽、艮在地之阳者，巽为地之少阳，艮为地之太阳，惟其为阳。因此，阳爻皆在上，而阴爻皆在下。地以成物为主，既成之后，则尊卑定。因此，阴下阳上，而取尊卑之位。又兑居东南，艮居西北，是为山泽通气；震居东北，巽居西南，是为雷风相薄，此四维。乾南坤北，定上下之位；坎西离东，列左右之门，此四正。乾、坤定上下之位，天地之所阖辟，坎、离列左右之门，日月之所出入。岁有春夏秋冬，月有晦朔弦望，日有昼夜行度，莫不源于此，这是阴阳之对待和流行。

与《伏羲八卦方位图》相比较，《伏羲六十四卦方位图》融入了《易》六十四卦，组成的宇宙模式则更加具体，其所表达的义理，仍然是阴阳对待与流行之

伏　六　四　方
羲　十　卦　位

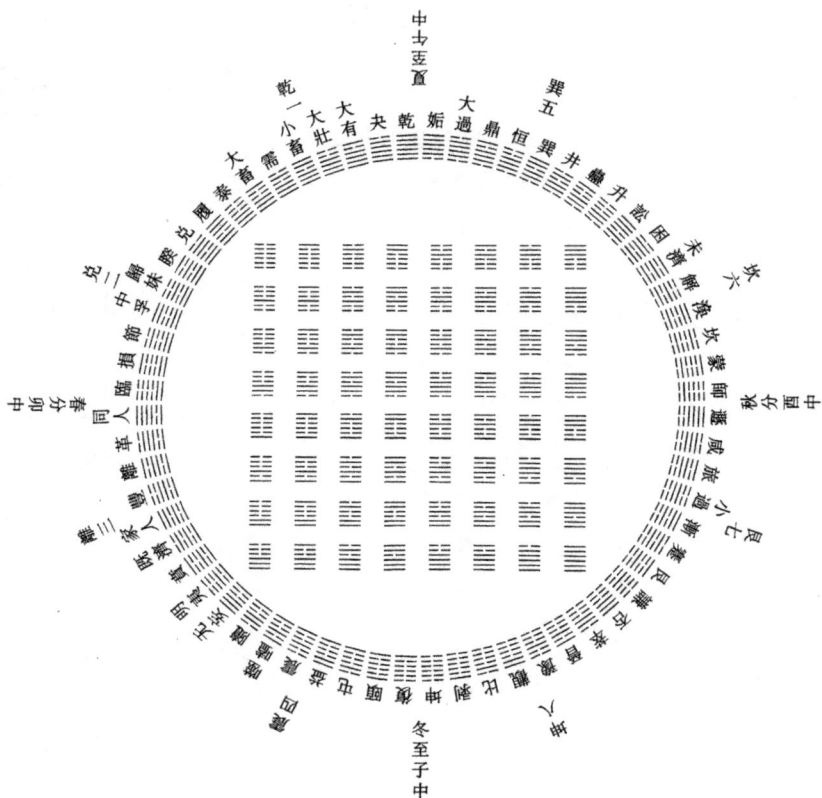

图五　伏羲六十四卦方位图

义,与前者相同。

　　综上所述,《伏羲八卦方位》和《伏羲六十四卦方位》两个图式给世人呈现出一个较为完整的宇宙模型,可以表示天地之阖辟,日月之出入,春夏秋冬,晦朔弦望,昼夜长短,行度盈缩,等等,揭示了宇宙的阴阳对待和流行的基本面貌。朱熹承邵子之说,认为"先天学,心法也,故图皆自中起。万化万事生于心也","图虽无文,吾终日言而未尝离乎是,盖天地万物之理尽在其中矣"。①

————————

① 《易学启蒙》,《朱子全书(修订本)》(第1册),第240页。

2. 后天图

《周易本义》卷首列有《文王八卦次序》和《文王八卦方位》二图。朱熹认为这两个图式在《说卦》中均有记载。其中，《说卦》"乾坤父母生三子三女"是对《文王八卦次序》图的文字解释，而"帝出乎震"一章则是对《文王八卦方位》的文字解释。这两个图式是文王根据伏羲已成之卦类推而作，邵雍称之为后天之学，指的是人用之位。

文王八卦亦即后天八卦，"乾、坤交而为泰，坎、离交而为既济"，即是解释"先天"变为"后天"之旨。先天之位，乾南坤北，今变为乾北坤南，因此"交而为泰"。离东坎西，今颠倒相交而成既济。泰而既济，则天道流行之用畅通而完备。于是乾退西北，坤退西南，中女离得乾位，中男坎得坤位，长子震用事于东，长女巽长养于东南，少男艮得震位，少女兑得坎位，后天八卦之位由此而成。

朱熹关于后天八卦的解读是从阴阳进退与长少为用的意义上立说。由此可见，朱熹力图融合《文王八卦方位》图和《文王八卦次序》图，即结合《说卦》的乾坤父母生三子三女说，解释文王后天八卦方位图。注：朱熹《易学启蒙·原卦图》仅收入《文王八卦方位》图，而不见《文王八卦次序》图①。

由上观之，朱熹基本上是从先天而推导出后天。从朱熹的其他一些言论来看，他并未把这种解释视为定论，而是坦率地承认，"文王八卦不可晓处多"②，

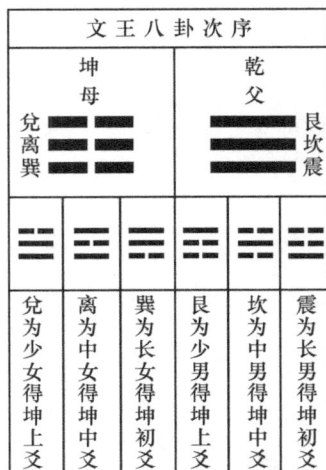

文 王 八 卦 次 序					
坤 母			乾 父		
兑 离 巽			艮 坎 震		
兑为少女得坤上爻	离为中女得坤中爻	巽为长女得坤初爻	艮为少男得坤上爻	坎为中男得坤中爻	震为长男得坤初爻

图六　文王八卦次序

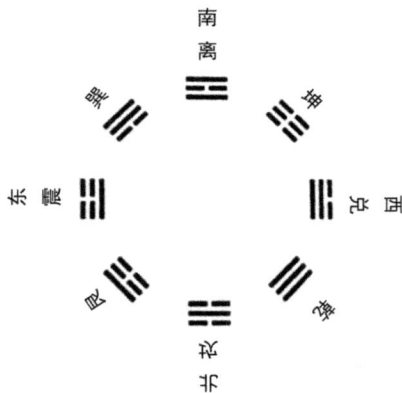

图七　文王八卦方位

---

① 《易学启蒙》，《朱子全书（修订本）》（第 1 册），第 243 页。
② 《朱子语类》，《朱子全书（修订本）》（第 16 册），第 2618 页。

"纵横反覆,竟不能得其所以安排之意"①。朱熹终其一生,始终对先天后天说感到困惑不解,留下了许多疑窦。朱熹在与学生的交谈中指出:"文王八卦不可晓处多。如离南、坎北,离、坎却不应在南北,且做水火居南北。兑也不属金。如今只是见他底惯了,一似合当恁地相似。"②"'帝出乎震',万物发生,便是他主宰,从这里出。'齐乎巽'晓不得。离中虚明,可以为南方之卦。坤安在西南,不成西北方无地。西方肃杀之地,如何云'万物之所说'?乾西北,也不可晓,如何阴阳只来这里相薄?"③

尽管"帝出乎震"一章难以解析,但是朱熹深信后天八卦乃文王所定,《说卦》为孔子所作,其中必然蕴含着深刻的哲学思想。因此,朱熹一直秉持严谨审慎的态度,着力于加深对《易》的理解,并一直在进行不懈的探索。从朱熹对后天八卦的解释可以看出,他力图沟通先天、后天,并不认为二者之间有不可逾越的间隔。

毋庸置疑,朱熹之先天后天学说体系之解说确实非常精妙。但是,万斯同明确反对先天、后天八卦之分。

> 八卦之序,自当以父母六子为次,孔子《系辞》屡言之,乃舍此不遵,以乾、兑、离、震、巽、坎、艮、坤为次,此何理乎?④

万斯同坚持八卦顺序为乾坤生六子之顺序,并指认此为孔子《系辞》中的观点。万斯同批评朱熹执意提出乾、兑、离、震、巽、坎、艮、坤之先后次序,与《系辞》之说相悖,是错误的。万斯同认为,"太极生两仪,两仪生四象,四象生八卦"本出自《系辞》,但并非讲述八卦相生的顺序。乾坤生六子才是八卦相生的顺序,即乾、坤二卦为质点,为母体,之后生出六子,其中道理不可推翻。朱熹将坤卦置于末位,六子三男三女错乱无序。万斯同指出《易》中有三画之卦,重则六画之卦;没有二画、四画、五画之卦;只有八卦、六十四卦,没听说过八卦重为十六卦、十六卦重为三十二卦、三十二卦重为六十四卦,"一倍二"的方法。根据陈抟—种放—穆修—李之方—邵雍的传承谱系,"一倍二"是邵雍的方法,也就是

---

① 《朱子语类》,《朱子全书(修订本)》(第16册),第1676页。
② 《朱子语类》,《朱子全书(修订本)》(第16册),第2618页。
③ 《朱子语类》,《朱子全书(修订本)》(第16册),第2617页。
④ 《易图明辨序》,《万斯同全集》(第8册),第279页。

道教学说的典型方法。

> 卦止有出震齐巽之位，乃孔子所系，而文王、周公之遗法也，安得
> 有先天之位？此谁言之，而谁传之？"天地定位"一节，不过言八卦之
> 相错耳，何曾有东西南北之说，而欲以是为先天卦位乎？此不特"先
> 天"二字可去，即"后天"二字亦必不可存。盖卦位止一而无二，不得妄
> 为穿凿也。①

万斯同认为八卦只有"出震齐巽"之位，为孔子所定，是唯一的。孔子继承
了文王、周公之遗法，根本否定先天八卦方位之说。万斯同明确《说卦》中"天地
定位"一章，只是讲八卦卦位相错，既没有东南西北之说法，也没有先天、后天之
说法。

至此，万斯同针对朱熹"九图"的考证及批评告一段落（《卦变图》详见下
文），万氏在《易图明辨序》中明确提出《周易本义》卷首九图可永作废。

> 予尝谓《河图》《洛书》，先天、后天，羲、文八卦，六十四卦、方圆诸
> 图，乃邵子一家之学，以此为邵子之《易》则可，直以此为羲、文之《易》
> 则大不可。乃朱子恪遵之，反若羲、文作《易》，本此诸图，不亦异乎！②

万斯同认为《河图》《洛书》，先天八卦、后天八卦，伏羲、文王八卦、六十四
卦，方圆各图等等，包括下文卦变图，均归属于邵雍易学，道学（教）范围。将此
视为邵雍易学可行，但是看作是伏羲、文王《易》则不可。万斯同批评朱子恪守
邵子之说不变，以为伏羲、文王《易》本于各图，显然大错特错。

（三）乾坤生六子与卦中互易之对立

至于"卦变"象数体例问题，朱熹和万斯同分歧太大，甚至对于卦变含义的
理解都不同。如果说万斯同继承了程颐之乾坤生六子的观点，那么朱熹完全解
构了这种传统观点，在先天后天学的视域下重新建构了朱氏"卦变说"。

---

① 《易图明辨序》，《万斯同全集》（第8册），第279页。
② 《易图明辨序》，《万斯同全集》（第8册），第279页。

1. 朱熹卦变说

何谓卦变？朱熹云"今所谓卦变者，亦是有卦之后，圣人见得有此象，故发于象辞。"①可见，朱熹是在先天后天学的视域下解读卦变的。

朱熹认为卦变说始于文王和孔子，文王"易体系"的卦辞中就有卦变之意，但是文王没有明确讲出来；至孔子，则在《象传》中明确运用卦变解释卦名和卦辞。故而，朱熹批评程颐《伊川易传》没有采用卦变体例。（实际上，程朱对卦变的理解不同，见后论述）

朱熹易学体系中有两种生卦之法，一是从两仪、四象加倍而生；一是卦中互换，自生一卦。前者指先天《易》，后者指后天《易》。先天《易》是圣人画卦的自然次第，后天《易》是卦已成之后再论升降往来，此卦中互易即为朱熹之"卦变"。朱熹认为先天《易》更加本原精微，后天《易》也不可废弃。不可废弃的原因有二。其一后天《易》本为孔子之《易》《象传》反复明之；其二通过运用卦变之法，《周易》的卦辞才能解释得自然流畅。

朱熹《周易本义》运用卦变（卦中互易）集中于两个地方。一个地方是解释《周易》上下经卦辞，共 16 处；另一个地方是解释《象传》，亦是 16 处。删去重复，《周易本义》共有二十个卦运用了卦变。

2. 朱熹卦变说存在的问题：

从朱熹现存文献文本有关卦变的具体情况看，只要合于卦名义，变或不变，怎么变，变一爻，还是变两爻，一种卦变法还是多种卦变法，在朱熹这里是没有定准的。但是在朱熹看来，这正是他独得之秘，"有自然气象"。② 这遭到后世很多名家，如黄宗羲、胡渭、毛奇龄、王懋竑、白寿彝等的批评，纷纷指出《本义》注文与卷首《卦变图》不合。

显然，万斯同亦反对朱熹的卦变说，支持乾坤生六子说（程颐、苏轼）。

万斯同认为朱熹的卦变说自相矛盾，其体系中有不同的两种说法：

> 朱子《卦变图》亦用十辟卦，而卦皆重出，及释《象传》又与此说异。
> 其不主乾、坤，不用十辟卦，专以爻画挨换为变者，朱紫阳也。③

---

① 《朱子语类》，《朱子全书（修订本）》（第 16 册），第 2237 页。
② 《朱子语类》，《朱子全书（修订本）》（第 16 册），第 2235—2236 页。
③ 《卦变考》，《万斯同全集》（第 8 册），第 238 页。

前者是指《周易本义》中的《卦变图》，后者是指《易学启蒙》中的《考变占》之《变卦图》。

万斯同认为卦变不是六十四卦已成之后卦中彼此互易。自无而有谓之卦变。当初，圣人画乾、坤二卦时，六子之卦尚未有。六子之卦由乾、坤而变，变就是生的意思。万斯同赞成程颐乾坤生六子，八卦重而为六十四卦之说，其中，乾、坤主变，这是画卦的本原。按照万斯同的观点，朱熹认为程颐没有卦变说，明明是视而不见。

万斯同指出六十四卦已生成，彼此互易则不是画卦本原。与此相对，朱熹坚持后天学之"互易"，反而认为程颐乾坤生六子之说牵强。……

　　愚谓变者，非六十四卦既成，彼此互易为变也。自无而有谓之变。当圣人初画乾、坤时，未尝有六子也，六子之卦，由乾、坤而变，变即生之谓也。程子言乾、坤变而为六子，八卦重而为六十四卦，而专以乾、坤言变，方得画卦之本原。①

万斯同认为卦变只有程颢、苏轼二家说可信。万斯同指出，朱子之《本义》在卦变问题上支离破碎，况且与《启蒙》相背，一人而持二家之说，令学者无所适从。

　　至于卦变，惟程、苏二家可信……若朱子之《本义》，益为支离，况与《启蒙》之言不合，一人而持二说，令学者何所适从，此予必不敢附会者也。②

注：这里万斯同显然将《周易本义》中的《卦变图》与《易学启蒙》中的《考变占》之《变卦图》弄混淆了。但是万氏其中问题还是洞察到了，即朱熹《卦变图》与《变卦图》都在讲卦变，然而二者的内容是完全不同的。

三、揲蓍法之疑惑

朱熹对筮占法有深入研究，与之相对，万斯同相关的研究阙如。原因在于

---

① 《卦变考》，《万斯同全集》（第 8 册），第 238—239 页。
② 《易图明辨序》，《万斯同全集》（第 8 册），第 279 页。

朱熹认为《易》本为卜筮之书,而万斯同则认为《易》为人事而作,反对朱熹"卜筮说"。从朱熹的探究看,揲蓍法包括变占法和《变卦图》两部分。

（一）变占法

根据大衍筮法推导出一卦后,就进入依据卦爻辞预决吉凶的阶段。在古文献支持不足的情况下,朱熹完善了根据"大衍筮法"所得卦来考定和推断占事的吉凶的工作。这就是人们常说的"朱熹变占法"。

具体来说,朱熹认为《易》道占其变,遵守"老变少不变"的原则,即一卦六爻中凡遇到老阳爻九或老阴爻六则变,即老阳爻变而为少阴爻,老阴爻变而为少阳爻;如果遇到少阳爻七少阴爻八,则不变。以此为基础,朱熹在其著《易学启蒙·考变占》中列举了"六爻变例",计7种方式。①

从形式上看,"朱熹变占法"概括较为全面,构成一个相对完整的封闭自足的体系,无所遗漏,但是其可靠性不足。考之《左传》(万斯同曾一一摘录,并写下提示、按语)、《国语》等先秦典籍史料的记载,可窥知一二。

1. 凡六爻皆不变,则占本卦卦辞

六爻皆不变者,《左传》中有两条这样的筮例:一是《左传·僖公十五年》卜徒父解《蛊》卦;另一处是《左传·成公十六年》晋侯占《复》卦。② 史官基本以卦辞解所占事情的吉凶,这与朱熹观点大体一致。

2. 一爻变,则以本卦变爻之辞解占

一爻变者,《左传》中共有十一条记载,其中有取变爻之辞进行推断的,但多处是结合了卦象,包括本卦和变卦的卦象即象、辞兼取以解占。亦有根本不考虑变爻之辞纯以卦象推断吉凶的,如《左传·闵公元年》:"毕万筮仕于晋,遇屯之比。辛廖占之,曰:'吉。屯固,比人,吉孰大焉? 其必蕃昌。震为土,车从马,足居之,兄长之,母复之,众归之,六体不易,合而能固,安而能杀,公侯之卦也。公侯之子孙,必复其始。'"③辛廖总结此卦说,合而能固,安而能杀,公侯之卦。可见,辛廖纯以卦象推断事务的吉凶,不取变爻之辞。这与朱熹一爻变则占本卦变爻之辞的推断有出入。

3. 二爻变的筮例,《左传》《国语》及其他先秦典籍皆无记载

4. 三爻变,则占本卦及之卦卦辞,而以本卦为贞,之卦为悔,前十卦主贞,后

---

① 《易学启蒙》,《朱子全书(修订本)》(第1册),第258—259页。
② 《卦变考》,《万斯同全集》(第8册),第240页。
③ 《卦变考》,《万斯同全集》(第8册),第239—240页。

十卦主悔

这里"前十卦"、"后十卦"之说,是以朱熹列于《易学启蒙·考变占》之变卦图为准。三爻变的筮例,仅《国语》中有两条记载。一是《国语·晋语》晋文公得贞屯悔豫,古人称本卦为贞,变卦为悔,即本卦为屯、变卦为豫。司空季子先以本卦和变卦的卦辞解占,接者详细分析了本卦和变卦之象,进一步解释本卦和变卦的卦辞①。这里与朱熹观点大体一致。另一处见于《国语·周语》,"成公之归也,吾闻晋之筮之也,遇乾之否,曰:"配而不终,君三出焉。"②成公归晋之时,晋人为他占了一卦,得乾卦,其初九、九二、九三这三爻皆变,这样就成了否卦。筮人根据乾卦内卦由乾变坤的情况,结合卦象乾为天为君,坤为地为众,有天变地,君变民之象,所以说他"配而不终",又因为内卦三爻皆变,因而进一步得出"君三出焉"的结论。这一卦纯以分析本卦和变卦的卦象进行推断,没有引用本卦或变卦的卦辞及爻辞,对卦象的分析也比较简略。这又与朱熹观点不同。

注:万斯同对《国语》没有摘录。

5.四爻变的筮例,考之《左传》《国语》等先秦典籍,均无记载

6.五爻变的筮例,仅《左传》一条

《左传·襄公九年》穆姜被迁东宫时所占,得艮之随。③史官以随卦有外出之义,故以应当速速离开来解。这与朱熹观点不同。

7.六爻变的筮例,考之《左传》《国语》等先秦典籍,皆无记载

综上所述,可见朱熹《易学启蒙·考变占》所列举的"六爻变例",与《国语》《左传》等古书记载多有不合之处。可以下结论:不能将《易学启蒙·考变占》所列举的"六爻变例"视为上古解占推断的定法。万斯同现存文献中有《左传》揲蓍占法片文。显然,万氏发现了《左传》之采据与朱熹变占法不同,但只是一一标出,而没有具体表态,加之其并不认定《易》为卜筮之著,可以推断对于上古占断,万斯同应该是非常惶惑的。

(二)《变卦图》

朱熹著作《易学启蒙·考变占》组成部分的《变卦图》,与朱熹《易学启蒙·考变占》所列举的"六爻变例"关系密切。

朱熹以爻变多寡,顺而列之,以定一卦所变之序。如以乾卦变卦图为例,依

① ［战国］左丘明著,［三国吴］韦昭注,胡文波点校:《国语》,上海古籍出版社2015年版,第241页。
② 《国语》,第65页。
③ 《卦变考》,《万斯同全集》(第8册),第240—241页。

一爻变、二爻变、三爻变、四爻变、五爻变、六爻变,共六种变化为序。每一种爻变下,又依从下变至上的顺序排列,如一爻变者,首姤,次同人、履、小畜、大有、夬为终。二爻变者,依遁、讼、巽、鼎、大过、无妄、家人、离、革、中孚、睽、兑、大畜、需、大壮分而列之。三爻变者共二十卦,前十卦是否、渐、旅、咸、涣、未济、困、蛊、井、恒,以本卦卦辞为主,即以乾卦卦辞为主;后十卦是益、噬嗑、随、贲、既济、丰、损、节、归妹、泰,以变卦卦辞为主。四爻变以观卦为始,次晋、萃、艮、蹇、小过、蒙、坎、解、升、颐、屯、震、明夷,以临卦为终。五爻变以剥卦为始,次比、豫、谦、师、复卦为终。坤卦乃六爻全变之卦,排在乾变卦图最后。这样,从乾卦到坤卦,共有六十四卦这就是乾卦变而为六十四卦。

乾卦之后的排列,又以乾卦所变之次,引而伸之,继乾之后为姤卦,故有姤变而为六十四卦图,同人变而为六十四卦图,履变而为六十四卦图,小畜变而为六十四卦图,……依次排列,最后是坤卦变而为六十四卦图。因为朱熹所列仅三十二卦,所以到恒卦为止。

如此排列下来,就占筮看,每一个卦的卦变图,以三十二卦为界限,排列于前三十二卦者,所断依据主要是本卦卦爻或爻辞,排列于后三十二卦者,所断依据主要是之卦卦爻或爻辞。可见,朱熹的《变卦图》就是朱熹"六爻变例"说得更加形象化的图式说明。

综上所述,朱熹《易》学体系还是非常的严密的。但关于易学,万斯同和朱熹始终处于对立的阵营中,其核心最主要、最尖锐的问题是朱熹《易》学尤其是象数学,在万斯同看来,杂糅了道教成分。

四、易象观的差异

言、象、意是讨论《周易》义理的三大要素。对于它们之间的关系即易象观的研究,一直是《易》学研究乃至中国哲学研究的重要课题。历代以来,学者们见仁见智,存在较大的分歧。

(一)朱熹易象观

朱熹曾撰有《易象》[①]一篇,全面地阐述了自己的易象观。该文认为,汉儒对易象的注释较为详细,但是或不可通,或可通又皆附会穿凿,皆背弃了《周易》象数自然之势。汉儒的观点站在学术研究和现实意义的角度看,既无哲理分析,

---

① 参阅《晦庵先生朱文公集》,《朱子全书(修订本)》(第23册),第3255－3256页。

又无益于人事之训诫,不能使人信服。与之对照,朱熹曾对王弼、程颐易象观持支持态度。一方面肯定了王、程二氏力破汉儒胶固支离之失的功劳,另一方面重新评估了世人关于王、程力排取象的错误观点,恢复了王、程易象观的基本原貌。

具体来说,朱熹的易象观主要有以下五个方面的内容:

第一,朱熹肯定了"象"的价值和意义。朱熹认为《易》之取象,《说卦》有明文记载,其出有自,不可尽弃。朱熹所说的易象,主体是八卦之象,即八卦所取的物象。《说卦》中八卦所代表的物象,乾为马,坤为牛,震为龙,巽为鸡,坎为豕,离为雉,艮为狗,兑为羊之类,此为"远取诸物"之象;乾为首,坤为腹,震为足,巽为股,坎为耳,离为目,艮为手,兑为口之类,此为"近取诸身"之象。朱熹指出,这些八卦之象在《说卦》中讲得很清楚,是古人对《易》象的整理和介绍,可信。至于后来《荀九家》所补充的逸象,朱熹持谨慎态度。

第二,朱熹认为《周易》卦爻辞所取之象,古时必已具于太卜之官,只是今不可考。因此,对于卦爻辞象解不通者,最佳的态度是姑且阙之,以俟后学。

朱熹重新认识并评价了王弼的"得意忘象",程颐的"假象以义"的内涵。朱熹指出王弼之"得意忘象",是要忘了这象;程伊川之"假象",是只要假借此象。朱熹认为王弼和程颐都没有说彻底不要象,但今人因为看不懂易象,只得从义理上去解释《易》,于是进一步夸大王、程二氏"忘象""假象"的认识,最终导致"弃象不论"。可见,如果没有真正理解王弼和程颐的易学观,在易学的道路上就会越走越偏。

其三,朱熹认为应将《周易》取象和卜筮结合起来,充分发挥《易》之训诫、决吉凶的价值。朱熹指出《易》为卜筮而作,只有象占结合,才能解释通透。

至于《易》中所说的数,朱熹认为仅见"大衍之数五十"与"天数五,地数五"两段。大衍之数是说蓍,天地之数是说造化生生不穷之理。凡此之外的数,朱熹判定都是后人推说出来的。

其四,朱熹认为言与象在达意的功能上有深浅之别,即"言之所传者浅,象之所示者深"。朱熹坚持学者于言上理会的浅,于象上理会的深,认定象数不可轻易废除。

其五,朱熹认为象是易学的基础,但是今人解《易》,却只能略略说过,不可解得过深。

综上所述,朱熹在扬弃前儒易象观的基础上,全面阐述了自己对于数、言、象、意的观点，明确认为象、意不可偏废。

（二）万斯同易象观

万斯同判定《易》本人事而作，故万氏易象观在万斯同哲学思想中地位非常突出。万氏易象观主要见于万氏《互卦说》，包含三层意思。

1. 八卦取象

> 使其说可废，则圣人于八卦之象，但取天地、水火、雷风、山泽足矣，何故又有乾首坤腹诸象；但取首腹诸象足矣，何故又有乾马坤牛诸象；但取马牛诸象足矣，何故又广八卦之象。凡以备互卦之用，而象不可以不广也。不然，圣人岂好为多事哉？[①]

万斯同在论述互卦时对取象进行了讨论，充分肯定象、广取象的价值和意义。万斯同认为如果互卦说可废，圣人关于"八卦之象"，只要取天地、水火、雷风、山泽就够了，何必有乾首坤腹诸象；只要取乾首坤腹之象，何必有乾马坤牛诸象；只要取乾马坤牛诸象，又何必取"广八卦之象"。由此可见，象及广取象的把握是万斯同易象观的基础。

2. 立象以尽意

> 夫易者象也，象也者像也。圣人之作卦爻词，尚取乎象，故曰："圣人设卦观象，系辞焉以明吉凶。"又曰："圣人立象以尽意，设卦以尽情伪。"互卦之设，但取其象，以补上下二卦之未及。此易中之不可少者，安得尽废之![②]

万斯同认为《易》就是象，象及广取象是万斯同易象观的基础；自然，象及广取象是《易》之基础。而象就是卦象，象具有象征意义。万斯同指出，圣人作卦爻辞，以象为根据。立象以尽意，设卦尽真诚和虚伪。也就是说，圣人设卦观象，用系辞来说明吉凶。鉴于广取象的需要，万斯同认为互卦的作用就是再增取象，补充上下卦取象之不足。万斯同在论述互卦中，引用《系辞》中的经典"立

---

① 《互卦说》，《万斯同全集》（第8册），第313页。
② 《互卦说》，《万斯同全集》（第8册），第313页。

象以尽意",强调了"象"在言、象、意关系中的重大作用。

3.函义理于物象中

> 盖昔之圣人,函义理于物象之中,后之儒者,摈物象于义理之外。是圣人合之为一者,后人歧而二之矣。岂知立象以尽意,象立而义理无所不该矣,安得背圣人之指,而从王弼之教哉?[①]

万斯同写道,圣人将象与义理合二为一,认为义理内涵在象中;而后之儒者割裂象与义理的关联,将象摒弃在义理之外。万斯同认为立象则尽意,象立则义理具备,切不可跟从王弼之"得意忘象"之说。于此亦可见,万斯同认为王弼之"得意忘象"真的"忘象"了。这与朱熹有所区别。

总之,朱熹和万斯同都认为,象和意不可偏废。只是在"立象以尽意"问题上,朱熹的观点突出了"立象",尤其是象占之环节不可缺失,而万斯同既突出了"立象"又认为象立则义理具备。加之对于王弼之"得意忘象"的理解与朱熹有差异,可推测万斯同《易》学承接汉《易》,而朱熹《易》学则建立在魏晋以降易学发展的基础之上,由于此时道教已经掺入易学,故朱熹易学遍布道教成分。对此,朱熹并没有回避。证据、"口供"确凿无疑,万斯同对朱熹易学的判断正确无误。

通过对朱熹易学道教成分的剥离,万斯同易学哲学思想浮出水面。以下可以针对万斯同易学思想的基本内容作一简单概括。

万斯同易学哲学思想的核心观点即太极、乾坤生六子。在万斯同的易学哲学思想体系中,太极、乾坤生六子构成整个世界的基本框架。由此为入口,万斯同全盘接受了《易传·序卦传》中"有天地然后有万物,有万物然后有男女,有男女然后有夫妇,有夫妇然后有父子,有父子然后有君臣,有君臣然后有上下,有上下然后礼义有所错"的观点。将"气生万物"的观点同社会伦理道德密切联系起来,并将自然界与人类社会视为一个"天人合德"的整体。

在万斯同易学体系中无先天八卦、后天八卦之分。准确地说,万斯同只承认八卦,即相当于朱熹所言之后天八卦。象数体例包括卦变、互卦等。一言以概之,卦变、互卦等象数诸体例,以及言、象、意、数及其之间的关系等构成乾坤

---

① 《互卦说》,《万斯同全集》(第8册),第313页。

生六子的基本内容。万斯同主张象有八卦之象、广八卦之象。象及广取象是万斯同易象观的基础。万斯同认为义理涵于物象之中,象立则义理无所不该。万斯同曾致力于《易》经的传、注研究,做过大量的笔札。但是令人遗憾的是,这部分材料目前还没有找到。否则,可以进一步深入展开研究了。

第三节　对佛教的批判

佛教产生于印度,两汉之际传入中国。佛教进入中国,一方面以其恢弘的气度和玄奥哲理征服了知识阶层,以其法力无边的佛性论和生动的三世因果报应说征服了下层民众;另一方面,佛教也给中国社会带来了消极的影响,历朝历代都遭到了来自儒家正统阵营的文人士大夫的强烈批评。从现存的文献资料看,作为万斯同道统论(立道统、辨异端、辟佛老)的一部分,万氏对佛教进行了深刻的批判。其批判佛教之文献仅《释氏论》一篇,但是从中可以看出,万斯同之辟佛思想既继承了历代先贤辟佛思想的既有成果,又具有新的时代特征。

一、佛教为蛮夷之教

万斯同判定佛教是蛮夷之教。"夷夏之辨",或称"华夷之辨""夷夏之防",意在区分华夏和蛮夷,其宗旨植根于《春秋》以及《尚书》《仪礼》《周礼》《礼记》等典籍中,其表达的立场就是华夏先进、文明,而蛮夷野蛮、落后。黄宗羲在《留书》的《史》篇中,表现出强烈的蛮夷之辨的观点。

> 中国之于夷狄,内外之辨也。以中国治中国,以夷狄治夷狄,犹人
> 不可杂于兽,兽不可杂于人也。①

黄宗羲将蛮夷比喻为野兽,显然是在当时的历史条件下激发起来的汉族士人强烈的民族意识。万斯同接受了黄宗羲"华夷之辨"的思想,将佛教定性为蛮夷之教,旨在唤醒生民的民族意识和传承中华传统文化的危机感。

佛教为蛮夷之教,自然在"道统"之外。不仅如此,万斯同认为,千百年来佛

---

① ［清］黄宗羲:《留书》,《黄宗羲全集》(第 11 册),第 12 页。

教及其传播蔓延之势给中国社会带来了极大的消极影响。

> 佛之为患,数千百年矣。自东汉迄明,其徒益众,其流益广,至于
> 今而盛极矣。①

佛教祸患在中土蔓延了千数百年历史。从东汉到明朝,信徒越来越多,流传范围愈加广泛,深入到王朝的每个角落,可谓极盛。上到君王众大臣,下至普通黎民百姓,没有不信仰佛教的,信奉佛教的空虚寂灭。尽管终无所得,但人们乐此不悔。与此形成鲜明对照的是,一直堪为正统的孔孟之道却被冷冷地撇在一边。

其实"佛教为蛮夷之教"的观点早在佛教刚传入中土之际即有之,历代文人士大夫中持有此观点的大有人在。千百年之后,万斯同仍然秉持这一见解,指斥国民盲从佛教这一蛮夷之教,信奉佛教所倡导的"四圣谛"(苦谛、集谛、灭谛、道谛)、"三法印"(缘起论、诸行无常、诸法无我、释"空"),即空虚寂灭之学。当时,满人刚入主中原,万斯同指斥佛教有悖中华传统文化。这一见解对汉族人应有所暗示。它反映了在民族危亡之际,广大汉族士人全力维护、传承中华传统文化正脉,自觉抵御外来异族文化侵略的要求。

> 天主设教何怪妄,著书直欲欺愚昧。流入中华未百年,骎骎势几
> 遍海内。君不见,释教初兴微若荄,驯至滔天不可排。萌芽今日已渐
> 长,他日安知非祸胎? 兴王为治当防渐,中土那容此辈玷。②

万斯同对佛教等外来宗教是深恶痛绝的。万斯同的这首新乐府词极力反对天主教,将佛教危害的教训一并列出,要求当权者及时制止,将异教传播蔓延之势消灭在萌芽状态。

> 夫二帝、三王、周公、孔子、孟子之道,著于简册,载于《诗》《书》,其
> 理易明,其言易从,历千百年无有过之者也。

---

① 《释氏论》,《万斯同全集》(第 8 册),第 285 页。
② 《欧逻巴》,《万斯同全集》(第 8 册),第 437 页。

今之说乃曰:"释氏之教与仲尼同功,自有仲尼即有释氏,不可偏废。"呜呼! 其以佛为圣人耶? 其以佛之道即古圣人治世之道耶?[1]

万斯同明确指出二帝、三王、周公、孔子、孟子之道即孔孟之道是中华传统文化的正脉源头。万斯同分别从认识、践行两个角度对佛教提出质疑,批评当时人们"佛教和孔孟之道具有相同的功德"的错误见解。认为佛不是圣人,佛学之道不能等同于古圣人治世之道,佛教之道是蛮夷之教,在中华"道统"之外。

二、从天道论角度对佛教的批判

万斯同指认佛教是空虚寂灭之学。这里,空虚是指空观。空观,佛教术语,是对空谛的观想,以体认无相为宗。寂灭即涅槃,佛教用语,大致指无为、自在、不生不灭等意思。关于涅槃,佛教教义认为,世间所有一切法都有生灭相,故仅有一本住法呈圆满而寂静的状态,因此,涅槃中永远没有生命中的种种烦恼、痛苦、苦行和轮回。

对此,万斯同批判佛教之空虚寂灭试图否定客观物质世界的真实性和客观性,其观点与真实的现实生活之间存在着非常大的矛盾。佛教要求人们放弃现实生活中的物质欲望、生活要求,忍受今生的艰难困苦,去追求来世的天堂生活。然而,生民每天直接面对的是衣食住行等现实问题。

呜呼! 处今之世,而言拒佛,人不以为狂,则以为痴矣。然天下之人髡首跣足而相率以为是者,岂尽愚而乐从也哉? 其亦饥寒之患,迫不得已而从焉者多也。诚使上之人择天下之智者,使守先王之法,教天下之愚者,使安力役之业而崇仁义、兴礼乐以教道之,吾见二帝、三王、周公之治可复见于今,孔子、孟子之道可复行于世,虽有佛遍天下,而教无所从,言无所信,亦将从此而熄矣,又奚必人其人、火其书、而庐其居哉![2]

生民信奉佛教,然而佛教并不能真正的解决衣食住行问题。事已至此,水

---

[1] 《释氏论》,《万斯同全集》(第 8 册),第 285 页。
[2] 《释氏论》,《万斯同全集》(第 8 册),第 286 页。

落石出,为什么生民还会信奉佛教呢? 万斯同写道,表面看,当今之世如果有人拒佛,要么被认为狂妄,要么被认为是白痴。于是,大批生民凫首跣足,盲从佛教,置吃饭问题于不顾,真的都是因为愚昧进而心甘情愿信仰佛教吗? 万斯同作出判断说,不是的。饥寒交迫,生民不得已信奉佛教。万斯同指出,佛教理论否定客观物质世界的真实性和客观性是荒谬的,经不起现实的检验,但这种荒谬所产生的效果,却正是佛教吸引力、魔性之所在。现实中生民生活堪忧,政治权力被剥夺,疾苦诉诸朝廷及官员却又无门。现实让生民回到现实,冷酷的现实连个空头的许诺都没有,生民生活根本得不到应有的保障,因此,生民只有从佛教中找到精神上的寄托,只有借助佛教廉价的"因缘",并借助因缘去憧憬美好的未来。正应了马克思那句名言"宗教是人民的鸦片"。为此,万斯同提出只有弘扬孔孟之道、崇仁义、兴礼乐以解决百姓生活难之"实",才能最终占领意识形态制高点的观点。而简单地、粗暴地强行将信佛之人变成正常人,焚毁佛经,拆掉庙宇的过火做法是不足取的。

万斯同揭示了生民信仰佛教的经济原因,即贫穷疾苦才是生民信奉佛教的根本原因,体现了万斯同对生民生存状态的观照,这是万斯同本体论的最高维度,也是孔孟之道的应有之义。

三、从人性的角度对佛性论的批判

佛性论是有关佛性问题的学说或理论,它的研究范围包括:何谓佛;佛的本性是什么;众生能否成佛;若能成佛,依据是什么;众生成佛是在今生今世,还是在来生后世;成佛的方法是顿悟还是渐修;众生成佛是依靠自力还是仰仗他力;等等。其中,佛指觉悟,性意味不变。根据大乘佛教的某些经典,众生皆有佛性即众生都有觉悟成佛的可能性。这正是法力无边的佛性论征服下层民众的一个大泡泡。

对此,万斯同明确指出:"使天下诚有佛耶,则自入中国以来,事佛而成佛者几人也?"[①]万斯同从现实实际出发,从所有人眼见的事实,证明佛教自传入中国之后,还没有一个人成佛。直接否认了人人可成佛的荒谬性。

万斯同断定人性善,现存文献有两处窥见其端倪。

---

①　《释氏论》,《万斯同全集》(第 8 册),第 285 页。

"一阴一阳之谓道",即承之曰"继之者善也,成之者性也"①

这条文献原出自《易传》,万斯同曾采用。一则证明《易》本人事而作,另一方面证明"人性善"。

> 冯敬南请先生及诸名士论学。(李塨)先生曰:"人受天地之中以生,必有仁义礼知之性。见于行,则子臣弟友;行实以事,则礼乐兵农……"敬南及季野、昆绳、邻翼皆曰:"然,道诚在是矣。"②

这条文献记述了万斯同参加的一次"学术沙龙"活动。通过万斯同等人支持李塨关于"人性善"的表述证明万斯同赞同"人性善"的观点。

两条文献都支持万斯同持"人性善"之观点。既然人性善,其自然的推理结果就是,万斯同肯定人人可成尧舜,而不是人人可成佛。这亦是万斯同对二帝、三王、周公、孔子、孟子之道大治天下的预期结果。

四、从伦理的角度对佛教的批判

《易传》中有"有夫妇然后有父子,有父子然后有君臣,有君臣然后有上下,有上下然后礼义有所错。"③万斯同认为,这是对人类社会生成的历史规律的高度概括。作为人类社会有其婚姻制度,因此有了家庭,建立在家庭的基础之上,才有了父子关系。家庭是社会、国家的细胞。既然存在国家,便有了君臣关系。君臣关系、家庭关系及由此衍生出来的各种关系由礼义来维持正常的运行。

> 且使佛之教而果行,则天下必无人类矣,何也? 人之所以生生不息者,以有婚姻之道也,……今佛之教欲使男女不婚嫁而尽去其生育长养之节,则不待一再传而天下之人类已绝矣,又何以立人道之极而成礼义之俗哉?④

① 《易说》,《万斯同全集》(第8册),第312页。
② 《李恕谷先生年谱》,《李塨文集》,第757页。
③ 《释氏论》,《万斯同全集》(第8册),第285页。
④ 《释氏论》,《万斯同全集》(第8册),第285页。

　　万斯同指出佛教不仅破坏国家制度、君臣关系,更为可怕的是灭人伦、破坏婚姻制度。万斯同认为,如果人们都遵从佛教,将婚姻制度解除,男不婚女不嫁,那么也就没有生育,那么不待其教再传而人类即已绝种。人类都绝种了,整个社会都不存在了,那么人道及其礼俗又何从谈起? 于此可见,佛教反人类、反社会,是极其荒谬的。

　　　　今释氏经具在,试问其所言者何理? 所行者何事耶? 其果二帝、三王、周公、孔子、孟子之道耶? 其毋乃空虚寂灭托于为善以惑世诬民也?①

　　万斯同质疑佛经所宣扬的理,认为佛教最主要的是不能实实在在地做事,佛教宣扬的东西和现实的实际生活离得很远。佛教教义颠覆婚姻、家庭制度,不懂得国家的形成是婚姻家庭演变的结果,是人类种族生存发展的结果。因此,逆历史潮流而行其学说在现实中也是无法兑现的。万斯同指出,将孔孟之道与佛教画等号,其实就是借助佛教之空虚寂灭假托“善”而祸害生民。

　　　　夫人之大伦,莫先君父,佛以匹夫而傲君王则不忠,以人子而屈父母则不孝,不忠不孝,罪莫大焉。②

　　万斯同认为人类最高的伦理关系是个人与君主、父亲之间的关系,这是人生来就有的,它的准则是忠孝。信奉佛教的佛教徒在君王面前表现出傲慢,其实这是不忠;作为人子却委屈父母,其实这是不孝。“不忠不孝,罪莫大焉。”

五、从因果论角度对佛教的批判

　　因果问题是佛教的基础理论,是佛法的核心。生动的因果报应论是佛教征服下层民众的另一个大泡泡。佛学关于因果问题与本文直接相关的内容,简单概括起来,主要有三个方面。第一,因果规律。因果,又叫业、因、缘、果、报。业,梵文译音,意为造作、活动,指一切身心活动,包括身、口、意“三业”,包括善

____

①　《释氏论》,《万斯同全集》(第8册),第285页。
②　《释氏论》,《万斯同全集》(第8册),第285页。

业、恶业、无记业(不受果报的)。在佛教看来,这个看不见、摸不着的业,有着很大的力量。换个角度说,我们的人生受到业力的支配。业就是因,因就是原因,也叫业因。果是结果。报是报应,是回报。缘就是条件,因缘结合,才产生果报。佛教认为,我们凡是做一件事,说一句话,甚至起一个念头,都是在种因,在造业。根据所种的善因或恶因,即造得善业或恶业的不同,都会受到不同的果报。概括起来说,善有善报,恶有恶报;具体地说,有什么样的善,就有什么样的福报;有什么样的恶,就有什么样的苦报,这都是一定的,这是客观规律,称为因果规律。业因果报与生死轮回是密切相关的。根据佛教理论,人逃不出生死。生了要死,死了要生,生生死死,死死生生,就是由因到果,由果到因,相续不断,形成轮回的现象。这里,注意生了会死,这是基本常识,死了会生,这是佛教的承诺。死了又生,亦何尝不是人所期待的结果?佛学认为,我们个体的人"生从哪里来,死往哪里去",都是受业力支配的。业力好像是一枚种子,其信息储存在第八识里面。第八识又叫"含藏识",阿赖耶识,意译藏识,它是含藏诸法的种子,好像存储各种信息一样,把一个人前世做的善、恶业带到现世来,又把今生所造的善、恶业带到后世去,由业因到果报,由果报到业因,生灭流转,轮回不息。人生的苦乐,世运的盛衰,都是业力所招致。第二,因果贯通三世。根据佛教理论,种下的业因必受果报,但又有迟早的不同大体分三种情况。一是现报:今生行善,今生享福报;今生作恶,今生受恶报。二是生报:今生行善、作恶,来生享福、受苦。父母积阴德,子孙享福报,也属于这类。三是后报:现在行善作恶,到第二、第三世,甚至百千劫后才能受报。第三,因果可以转变。因果既然有一定规律,可以认识,但又不是刻板的。从佛教因果观来看,现在所受的是过去种的因,又必感未来的果。种的因既可以改变,结的果也可以改变。

万斯同认为,佛教因果论所创设出来的美好前景非常吸引人,理论上颇具迷惑力,但是一落到现实社会,便造成极大的落差。佛教因果报应说最大的荒谬在于它的非现实性,不能在现实中得到检验。

古之最先奉佛者莫如刘瑛,其得祸之最速者亦莫如刘瑛也;古之至诚事佛者莫如萧衍,其得祸之至烈者亦莫如萧衍也。世之人不此之监,甚至绝祖宗之祀,舍身事佛,而见一富贵者则曰:"此事佛致然。"①

① 《释氏论》,《万斯同全集》(第8册),第290页。

万斯同举例说，古代最早供奉佛的是刘瑛，得祸最快也是刘瑛；古代侍奉佛最真诚的是萧衍，得祸最惨烈的也是萧衍。世上的人不以此为鉴，我行我素，甚至断绝了祖宗祭祀，全心全意事佛。佛教将富贵与事佛结为因果关系，万斯同则以刘瑛、萧衍的例子对佛教的因果报应理论进行了证伪，并引用"天道福善祸淫，《书》言之矣；积善有余庆，积不善有余殃，《易》言之矣"的儒家因果说反驳之。这里，需要指出的是佛教的因果报应理论失灵，实际上采用儒家因果说来解释也是无法对上号的。原因在于在因果报应问题上，儒佛两家采用的都是法象思维，用简单的预制的对应例子来解释现实生活，以偶然性代替必然性显然是不足的。

万斯同还对佛教因果逻辑与现实的悖逆作了论证。

> 今之世其尤惑者，以为人之已死，事佛致祷，则能盖生前之愆，转祸为福，而不然者，且有重患。呜呼！使佛诚能祸福，则天下豪富之徒生则肆情灭理，无所不为，没乃捐其余资以事佛，可得福利，是天下富者常得福，贫者常得祸，善人可不为，凶人可侥免矣。佛如有知，亦不应颠倒如此；既已无知，又安能祸福天下人哉！①

万斯同写道，今世上受蛊惑之尤之人，认为人死之后，事佛祷告即可消去生前的过失，转祸为福，否则祸患会加重。以此为根据，有大豪富生前肆情灭理，为富不仁、无恶不作；死后捐资事佛，又可得佛的赏福。按照佛教的这个逻辑，富者常得福，贫者常得祸。不必做善人，恶人做了恶事又没事，可以花钱消灾。实际上由"金钱"来主宰命运。如果佛真的能主宰祸福，佛不至于如此颠倒黑白是非。既然佛不能主宰祸福，天下人之祸福跟他有何关系？！对此，万斯同提出批评，旨在唤醒迷惑中的人们认识到先王之道即崇仁义、兴礼乐才是治国之本，才是保障广大黎民百姓老有所养、壮有所用、幼有所依的根本所在。

> 韩子曰："明先王之道以道之，鳏寡孤独废疾者有养也，其亦庶乎其可也。"欧阳子曰："礼义者，胜佛之本也，使天下皆知礼义，则胜

---

① 《释氏论》，《万斯同全集》（第 8 册），第 285 页。

之矣。"①

万斯同建议,为政者应择选人才,施行先王之法,教导愚昧之人,让生民安居乐业,崇仁义、兴礼乐,从根本上改善生民的生活条件,则二帝、三王、周公之治可再现,孔子、孟子之道可行于世。假若果真如此,佛教即使遍布天下,则"教无所从,言无所信",佛教自然不攻自灭,大不必遵循韩愈的主张,将和尚改造成普通人,烧掉佛教经书,毁庙造房供其居住。反过来,不行孔孟之道,想老百姓不盲从佛教,恐怕也不行。只有"二帝、三王、周公、孔子、孟子之道"大行天下之时就是佛教自行灭亡之日。

① 《释氏论》,《万斯同全集》(第 8 册),第 286 页。

第五章　古今之道

"治乱兴亡之故虽曰人事,岂非天命哉?!"①这句话出自万斯同《明史稿》对明崇祯皇帝的评价中。无独有偶,对于明王朝的类似评价出现在万斯同著《天下志地》中。"虽谋国者之不臧,抑亦天命有废兴欤?"②万斯同将王朝的治乱兴衰看作是现实的历史进程,涉及两个方面的考量即天命和人事。

第一节　治乱兴亡是现实的历史进程

万斯同曾在《天下志地》开篇中写道,自黄帝而下,历代王朝政权前后相继,废兴因革,更替不迭,好似构成若干圆圈,循环不已。兴者何其盛? 败者何其速? 明王朝自然也没有逃出王朝更迭的怪圈。序幕拉开,历经几变,又终归落幕……万斯同认为历朝历代一无例外都经历了一个治乱兴衰的历史过程,一个"损益"的循环过程。

一、明王朝治乱兴衰的现实历史进程

元王朝疆土广阔,实力强劲亘古未有,但诸多君王不德,终王朝不继。明王朝步元朝之后登上历史舞台,前后十几代君王,各有"精彩"亮相,正面的、反面的,正是明王朝治乱兴衰的真实写照。

---

① ［清］《明史稿》,《续修四库全书》(第 324 册),316 页。
② 《天下志地》,《万斯同全集》(第 5 册),第 393 页。

（一）太祖皇帝立国一变

　　明太祖奋起淮甸，首定金陵，西灭陈友谅，遂靖湖、湘，东歼张士诚，克平吴、越。然后遣将北伐，先取山东，兼收河南，于是进取元都，幽都底定。复遣军四出，芟除秦、晋，讫于岭海。最后乃荡平巴、蜀，收复滇南。禹迹所界，庶几尽入版图矣。初时改易元制，肇建京都。……经理綦密矣。①

万斯同高度评价了明太祖朱元璋的丰功伟绩。明太祖朱元璋起自畎亩，雄才大略，先后歼灭陈友谅、张士诚等群雄，平定天下，定鼎南京，"禹迹所界，庶几尽入版图"。在位三十一年，立纲陈纪，严刑峻法，布局天下，恢复发展生产，奠定明朝之开国大业。

〔二〕太宗皇帝继统一变

　　太宗起自燕藩，入承大统，奋其武略，北逐亡元，南平交趾，又西固哈密，东卫合兰，营北京，增设交趾、贵州二布政司。然大宁既弃，东胜复移，渐滋肩背之虑。宣宗以交趾僻在遐荒，遂弃于黎氏，与民休息，未为失策。但开平一卫，南徙独石，边备未免益疏。二十年中，遂成土木之变。②

太宗皇帝以藩国身份入继大统，不断拓宽疆域。不过，因此边防压力增大。宣宗时期朝廷干脆将属地交趾（今越南）放弃，万斯同认为，亦不为失策。但是，开平卫南徙独石，边防愈加废弛，终酿成土木之变。靖难前后世道一变。万斯同在《明史稿·列传五十一》中论曰："师逵、古朴之伦皆一时贤隽班于卿贰，弗克显有树立，大抵循循奉职趋寡过而已。盖自靖难而后，士气日靡，朝臣务习为谨饬以自完，斯亦世道之一变云。"③靖难之前官僚们奉公守法，工作少有失误；之后官僚们工作作风确实更加严谨，井然有序却实为自保。

　　①　《天下志地》，《万斯同全集》（第 5 册），第 393 页。
　　②　《天下志地》，《万斯同全集》（第 5 册），第 393 页。
　　③　《明史稿》，《续修四库全书》（第 327 册），第 532 页。

（三）景帝之世入粟例一变

万斯同《明史稿·列传五十一》云:"太祖首重太学,教育之法备举,人材辈出,号称最盛。暨于宣、英典刑未坠。一时南北两雍人师蔚起,然时勉以失意,奄人白头荷校,则尊师重道之风安在乎? 景帝之世入粟例,开生徒冗猥,无复祖宗风厉之意。成弘而降,科目势重即胄监益衰,而刘、谢、章、鲁诸臣犹以硕德清望重于成均,士子有□矜式,迨后师儒职轻弁髦国子,而泽宫之制亦寝废矣。夫瞽宗者风教之源,而贤才所由储就也,乌可不终加之意乎? 是可以观世变矣。"①太祖皇帝重视太学,发展教育成为国家之大政,至此王朝教育之法完备,人材辈出,直到宣、英时期仍然"典刑未坠"。景帝之时开始"入粟例,开生徒冗猥",世道由此一变,祖宗之雷厉风行、大气,能做大事的风范没有了。"成弘而降,科目势重即胄监益衰。"至成弘时期,通过科举选拔人才的方式已经出现裂隙。

（四）正德盘游之变

　　成、弘之间,分更差少。武宗盘游,蠹孽屡作,幸无大故。②

　　进入成弘年间,尽管王朝已经走下坡路了,但是国家还算比较太平,出了很多的人才。万斯同《明史稿·列传一百七》中有"天之生材不偶,往往莫能见用或用矣,亦必有所未尽,则其时为之也。况于权阉奸竖布塞要津,士大夫幸存其间,亦仅而获免,而犹望其大行得志,岂不难哉? 观正德时乡贰诸臣遭回,次且不啻藩羊之触,亦可以知世变矣。"③万斯同认为人才的出现并不偶然,它实际上取决于是否能被朝廷任用。假若权阉奸竖把持要关,人才要想施展自己的抱负就很难。观正德年间,乡贰诸臣进退两难,可知世道一变。武宗皇帝到处游走,不问朝政,国家没有发生重大变故,已确实大幸! 这有赖于孝宗皇帝之德,其功绩奠定了国家的良好基础,保证了国脉之延续。

（五）嘉靖大礼议之变

　　及世宗嗣位,西北两边,驿骚相继。初年弃哈密,既复弃河套,而倭寇纵横,东南皆为之糜烂,识者谓履霜坚冰,明祚不延,兆于世宗之

---

①　《明史稿》,《续修四库全书》(第 327 册),661 页。
②　《天下志地》,《万斯同全集》(第 5 册),第 393 页。
③　《明史稿》,《续修四库全书》(第 328 册),第 431 页。

世也。①

及至嘉靖即位之后，骚乱四起，"驿骚相继""倭寇纵横"。万斯同《明史稿·列传一百十八》中记载，"当世宗嗣，立俊乂在官，诸曹正卿并皆宿德。如乔宇、孙交、彭泽、林俊、陶琰并极海内之望，所谓六官之长皆民誉也，亡何而新进嚣张，宗工谢事，大礼大狱日益纷纭，欲如嘉靖之初，不可得矣。呜呼！盛衰理乱之故，岂非天实为之哉？不然，何消长改变之速也。噫！"②嘉靖皇帝刚即位时，像乔宇、孙交、彭泽、林俊、陶琰等六官之长皆得到生民之赞誉。可是之后却急转直下，继任者嚣张跋扈，加之大礼议起，国势瞬间下落。后世不得不感叹，如果不是上天操纵，衰败怎会如此之速！？万斯同认为明王朝之衰亡自嘉靖朝已经出现征兆了。

（六）万历之世成败亡之局

> 穆宗之季，边患稍弥。神宗冲年践祚，初政庶几可观。逮于衰晚，边事怠弛，舆尸屡告，再传而外衅内讧，纵横并作，万方涂炭，四海陆沉，天下事遂至于不可复为。③

穆宗时期，边患有所消减，形势转好。延至万历初期，国家局面可观，有非常好的发展动向。万斯同《明史稿·列传一百六十一》："万历之际，殆否塞极矣。阁臣职居辅相，谊切股肱而堂陛隔绝。天颜万里，诸臣虽有弘济之才，匡救之志亦安所施之哉？兼之言路击排，同列水火，诪张关□如沸似燎，稍有志趋者肯安之予？以至进退，触藩遭回，狼狈挂冠，行遽解组私归，此何体也？盖败亡之局已成矣，悲夫！"④万历朝前后阶段国家形势变化比较大，前期有能臣张居正辅佐，国家呈中兴之势，但是后期整个国家形势否塞致极，皇帝长年终日不与大臣见面，诸大臣纵使有弘济之才、匡救之志，却无法施展。臣下向上的言路阻塞，同僚之间视同水火；官僚体系开始瓦解，有的官员甚至挂印私自回家。明王朝败亡之局已成。

---

① 《天下志地》，《万斯同全集》（第 5 册），第 393 页。
② 《明史稿》，《续修四库全书》（第 328 册），第 544—545 页。
③ 《天下志地》，《万斯同全集》（第 5 册），第 393 页。
④ 《明史稿》，《续修四库全书》（第 328 册），第 398 页。

（七）崇祯皇帝一朝国运告终

及至崇祯一朝，终告王朝灭亡。万斯同有《黄河清》诗一首寓意"圣人出，奸党除"，盛赞崇祯皇帝铲除魏党之作为。崇祯皇帝勤理朝政，较之明武宗强多了，但是王朝却难逃覆灭的结局。万斯同"治乱兴亡之故虽曰人士，岂非天命哉"之感叹正由此出。

上文通过万斯同对明王朝历代皇帝的功业、作为等简要概述的分析，从帝王这个角度说明了明王朝的治乱兴衰遵从历史发展的规律，是一个现实的"损益"的历史进程，即兴起—兴盛—衰落—灭亡。现实的历史进程离不开人参与其间的活动。万斯同笔下的明王朝的现实的历史进程的七变是由帝王主导下的生变，说明帝王个人魅力、能力、作为与王朝的兴衰紧密关联。只是对于第七变，万斯同也很困惑。为什么明王朝覆灭发生在勤政的崇祯皇帝之手呢？为此，万斯同将明王朝之治乱兴衰归结为两个重要变量即天命和人事。

二、明王朝灭亡原因的追溯

在《万季野四明讲义》及其他有关史论中，万斯同曾分别从经济原因、政治原因、军事原因等三个方面总结了明王朝灭亡的经验教训。

（一）经济原因

考量经济原因，万斯同的论述是从明朝采用金银作为流通手段着手的，涉及采用金银的时段和原因。明太祖初期用钞法，赋税用银始于洪武中期。万斯同写道："洪武中，苏松及四方积逋甚多，令有司许其折收金银、布帛、丝绵等物。银一两折米四石，虽非时正赋，然实肇端于此矣。"[1]但永乐年间至宣德初年仍然厉禁民间以金银作交易。万斯同具体分析了明朝启用金银的原因。明成祖定都北京，"而漕运者艰矣。武职俸米甚多，仕于北都者，令其至南都领俸，武职苦之，尚书黄福有建议改折之说"。[2] 这是原因之一。其二，"宣德以前，州县奏报各处仓廒贮存粟，远者可支百年，近者亦五六十年，请之户部浙东、福建、广东因有山川之阻，故无漕运，所积之粟更多，南京副都御史周铨亦有改折之奏。"[3]鉴于此两种原因，正统元年，摄户部尚书胡濙根据洪武时苏松以四石折一两的旧例，覆奏颁行，"从此田赋征银，而民间用银之禁亦弛。然犹在浙东、福建、广东

---

① 《万季野四明讲义》，《万斯同全集》（第5册），第288页。
② 《万季野四明讲义》，《万斯同全集》（第5册），第288页。
③ 《万季野四明讲义》，《万斯同全集》（第5册），第288页。

数省也"。① 田赋征银普遍施行于宣宗弘治时期,"成化十九年,李敏为大同巡抚,因边饷输运甚艰,奏改折色,但亦止行于山西一省耳。后弘治时入为户部,并北地诸省而行之,于是折色征田租遍天下矣"。②

金银的广泛使用说明弘治之后商品经济愈发发展起来了。就此背景之下,万斯同转向军饷问题,说明军饷严重加重了征银的事实。正统年间的土木堡之役,"死亡者五十万人,车驾蒙尘,京城被围五日,由是边防始重,边饷益增矣"③。到了嘉靖廿九年,"俺答围京城,三日始退。世宗大怒,时严嵩当国,调兵九边数十万守蓟镇,又加边饷数百万"④。军饷取之于田赋,田赋征银,军饷增加,征银随之增加。弘治以前户部输银于九边仅银四十余万两,至嘉靖初增至一百四五十万,俺答围京城后增至三百余万,万历前期增至四百余万。明末又有辽饷、剿饷、练饷及其他各项杂税。对此,万斯同指出,"时有司征粮,有辽饷,剿饷、练饷、正项、旧欠、预征等,因解饷之名有数项,不胜其烦繁。崇祯十六年,倪元璐为户部尚书,建议混而一之,自此之后,增饷之实存,面名去矣"⑤。

在《明乐府》《辽东饷》一诗中,万斯同也谈到征银这一问题。

> 万历四十六年,辽左军兴,增田赋二百万,明年再增如之,又明年复增百二十万,为岁额。⑥

明王朝重征敛财,换来的是民情涣散,社稷沦亡。万斯同在《四明讲义》中历数明朝田赋征银和重饷后,得出以下结论及教训:

> 从古无征银者,至明而征银;从古民间无用银者,至明而用银;从古加赋无如此之重者,至明而极重,生民之苦极矣,国欲不亡得乎?⑦

严格地讲,征银并不是明朝灭亡的原因,金银仅为财富的标志,关键是征银

① 《万季野四明讲义》,《万斯同全集》(第5册),第289页。
② 《万季野四明讲义》,《万斯同全集》(第5册),第289页。
③ 《万季野四明讲义》,《万斯同全集》(第5册),第289页。
④ 《万季野四明讲义》,《万斯同全集》(第5册),第289页。
⑤ 《万季野四明讲义》,《万斯同全集》(第5册),第290页。
⑥ 《辽东饷》,《万斯同全集》(第8册),第440页。
⑦ 《万季野四明讲义》,《万斯同全集》(第5册),第290—291页。

多少的问题。征银与加赋联系在一起,因重赋而征银,生民必然受更沉重的盘剥,王朝征银越多,实际上生民持有的财富越发减少,最终生民的生活得不到保障,从而导致明王朝的土崩瓦解。

(二)政治原因

万斯同认为明中叶以来统治阶级内部的矛盾,统治阶级与被统治阶级的矛盾即"乖戾之气"是明亡的又一重要原因。

> 自史道发难而庙堂之衅隙始萌,曹嘉继起,而水火之情形益著。至大礼议定,天子之视旧臣元老直如寇仇,于是诏书每下,必怀愤疾,戾气填胸,怨言溢口,而新进好事之徒,复以乖戾之性佐之,君臣上下莫非乖戾之气,故不数十年,遂致南北大乱,生民涂炭,流血成渠。盖怨气之所感,不召而自至也。由是观之,和气致祥,乖气致戾,岂不谅哉!故愚尝以大礼之议,非嘉靖一朝升降之会,实有明一代升降之会也。①

万斯同直言,嘉靖朝,特别是因为大礼之议,"乖戾之气"骤起。"大礼之议"不仅成为嘉靖朝前后盛衰转变的枢纽,也是整个明王朝盛衰转变的枢纽。所谓"乖戾之气"实质上是指王朝政治矛盾的激化。首先是皇帝与臣下矛盾的激化。嘉靖对臣下心怀恢疾,"戾气填胸"。其次是中央政府官员之间矛盾的激化,即张璁、桂萼等人,"人主略假以恩宠,遂人人咆哮跳踉,若猘犬之狂噬"②。第三,"君臣上下莫非乖戾之气",遂导致"南北大乱,生民涂炭,流血成渠",此即是明统治者与被统治者矛盾的激化,正所谓"主昏于上,民变于下"。万斯同认为,嘉靖年间大议礼之争,是各种矛盾积累激化的肇始;至严嵩用事,实已至不可收拾的地步,后来幸亏徐阶当国,在一定程度上缓和了矛盾的进一步发展,才使明朝不至于立即灭亡。但徐阶只能救一时,不能从根本上解决问题,"当神宗之季,群工水火,苍素混淆"③,这一"乖戾之气"最终发展成水火不容的形势,矛盾激化至不可调和,王朝危如累卵。

---

① 《书杨文忠传后》,《万斯同全集》(第8册),第246页。
② 《书霍韬传后》,《万斯同全集》(第8册),第249页。
③ 《题从吾录后》,《万斯同全集》(第8册),第253页。

（三）军事原因

万斯同指出，明朝军事制度有它固有的弊病，即武将之世袭和卫军之世袭。武将世袭故无统兵之材，卫军世袭故战斗力丧失。因此，埋下王朝灭亡的隐患。《万季野四明讲义》中有记载。

> 明兵制之弊，一为武将之世袭，一为卫军之世袭。承平日久，将既无韬略之材，而军亦不习兵革之事，不得已而召募，朝廷仍有养兵之费矣。[①]

首先，万斯同对武将之世袭提出质疑。"从古将材多出于行伍，唯明制武职皆世袭，而将材不可问。"[②]他进一步详细分析了明朝武官世袭这一兵制的形成原因。

> 明设世职之由，初，太祖依郭子兴，后奉韩林儿年号，国号大宋，建元龙凤一十二年，次年为吴元年，又次年为洪武元年。其时从龙之将，皆率部曲来归，因授以官爵，父死子及，势所必然，迨后竟为三百年定制。[③]

万斯同祖上就是世袭武将，因此，他对这一军制的情况和弊病亦很熟悉。

> 明时待世职最为优厚，凡公、侯、伯、指挥、千、百户应袭。子初生，即行报举文武衙门，登籍达部及都督府，即给半俸，谓之优给。年十六，如父故，即袭职；如父在，则停禄待袭。[④]

世袭之将自然无韬略之材。"明制指挥、千、百户皆世袭，父死子继，兄终弟及，皆世禄之家，纨绔子弟，岂能习兵？"万斯同指出，令人不寒而栗的是，高级将领同样是无韬略之材。

---

① 《万季野四明讲义》，《万斯同全集》（第 5 册），第 308 页。
② 《万季野四明讲义》，《万斯同全集》（第 5 册），第 306 页。
③ 《万季野四明讲义》，《万斯同全集》（第 5 册），第 307 页。
④ 《万季野四明讲义》，《万斯同全集》（第 5 册），第 307 页。

大祖封功臣为公、侯、伯,止六十四人。……明公、侯、伯在一品之上,文武臣止得封伯,不许封公、侯。其袭封公、侯、伯者,出征即为大将,此明世将材之所以日下也。①

明朝前期全采用卫所军制,万斯同并不完全否定卫所军制。卫军制下,每一军人授田五十亩,称为屯田,"卫各有仓,每军人一年纳米十二石即籽粒,贮于十仓,以为卫官之俸,其军人各自食其力,以无养兵之费"。② 万氏将明卫军制与唐府兵制作了比较,"明卫军之制,即唐府兵之制。……其异者,唐府兵派于民间,每六家出一人;明卫军则世为之而复屯种"。③ 其相同处即政府都"无养兵之费"。问题是由于明朝卫军也是世袭的,承平日久,世袭的军士自然也失去战斗力。

明朝的兵制问题尚不止于此。卫军既然失去了战斗力,一遇战事,只好另行召募,结果,养兵之费就产生了。万斯同叙述了这一演变的过程,凸显军兵相分是明兵制的又一弊端。

明初,卫所军专用以战守。正统后,南方卫卒用以挽漕,多至十万人。……嘉靖中,沿海倭乱,起始于浙江,延及江南,后及于广东、福建。南方卫军不足御,且承平日久,军不习兵。当事不得已始行召募,其饷即出于郡县。自是出于召募者曰兵,出于卫所者曰军。军世袭,兵不世袭,军与兵分而为二,于是战守之事,卫军不任,专责诸召募之兵矣。④

此外,万斯同还讲述了明朝的充军和勾军的制度。这两种制度在军事上影响虽不大,然而明政府为了防止充军的逃亡,"必金妻著户,且令子孙承袭,若无人可袭,则行原籍勾补,最为民间之苦。"⑤

总而言之,武将与卫军之世袭,军兵相分,充军与勾军的设立致使国弱民

① 《万季野四明讲义》,《万斯同全集》(第 5 册),第 307－308 页。
② 《万季野四明讲义》,《万斯同全集》(第 5 册),第 304 页。
③ 《万季野四明讲义》,《万斯同全集》(第 5 册),第 304 页。
④ 《万季野四明讲义》,《万斯同全集》(第 5 册),第 308 页。
⑤ 《万季野四明讲义》,《万斯同全集》(第 5 册),第 309 页。

困,导致王朝的最终灭亡。

除了军制外,万斯同认为,明中叶以来武备的废弛也是明亡的原因。万斯同历述了明京营的五军营、三千营、神机营三大营的创设,指出这三大营设置的弊病。"延至启祯时,京营兵皆有名而无实。每年差科道二人巡视京营,当阅兵时多雇市井闲棍及乞丐应点。"①至于创立于仁宗的班军制也是矛盾重重。班军制原每年春秋两季轮番到京师值班,人数达十五六万。可是,"其后专供兴作之役,因此各营提督有兴作亦役此兵,故其数得减,至崇祯时,其数不过三四万已"。② 班军制下士兵一变而为非用于军事的工程兵,人数也大量锐减。由此可推测战斗力也锐减。

万斯同在《明乐府》中讽刺了明武备的废弛和武功的衰落,如《嘲边将》先述明初武功之盛,然后写道:

> 自从文皇挞伐后,我弓渐弛矢渐朽。烽火时交内郡城,马驼敢牧诸边口。朵颜一弃蓟辽单,开平再弃宣府寒。西海河套迭侵据,甘肃延绥守益艰。……君王拊髀思虎臣,高悬赏格励三军。军机进退由文吏,行间士气何由振? 君不见,孝宗弘治十三年,苗达帅师出郦延,捣巢献馘只三级,庙堂录功余二千。又不见,世宗嘉靖十三载,仇鸾统军出云代。捉生捕虏惟二人,天子谢玄为再拜。一代边功总如此,将吏赐金还荫子。试观国史纪战功,俘馘余百亦仅耳。③ ……

万斯同这首诗讽刺很得力,其中"军机进退由文吏,行间士气何由振"句,可知他认为文武不合一是明朝武功衰落的重要原因之一。军力不够即加派军饷,军饷加重则加派征银,征银加重,生民遭到盘剥,生活难有保障。凡此林林总总,最后归结到一点,即明朝军队战斗力大大下降,生民生活太苦! 明王朝何德不亡?

---

① 《万季野四明讲义》,《万斯同全集》(第 5 册),第 305 页。
② 《万季野四明讲义》,《万斯同全集》(第 5 册),第 305 页。
③ 《嘲边将》,《万斯同全集》(第 8 册),第 431 页。

第二节　天命史观

在中国文化中关于"命""天命"的观念来源久远。天命(史)观是万斯同历史哲学的重要组成部分。万斯同将"天命"视为推动历史发展的动因之一。

一、"数"思想

万斯同记述的"陈抟怕听五更头"之说,或许来自民间传说。陈抟是象数学派的开山鼻祖,世传有陈抟到邵雍的传授谱系。在陈抟那里,"数"尚未体系化。万斯同借用"陈抟怕听五更头"这个谶语作为宋朝灭亡的原因,说明万斯同历史哲学中带有天命(史)观的成分,颇具迷信的色彩。

> 宋太祖以庚申年受周禅,因陈希夷怕听五更头之说,命宫中于四更末即转六更,而不转五更,后遂循为定制,不知五更之暗寓五庚也。自建隆元年庚申,太祖始践祚历六十年,至真宗天禧四年为一庚;再历六十年,至神宗元丰三年,为二庚;再历六十年,至高宗绍兴十年为三庚;又历六十年,至宁宗庆元六年为四庚;又历六十年,至理宗景定元年为五庚。而元世祖即于是年即位,希夷所谓怕听五庚头者,于斯俱失,乃宋之君臣但知怕五更而不知五庚之当怕,阅十七年遂以亡国,岂非前定之数哉。①

"陈希夷怕听五更头之说"说的是其初宋太祖于庚申年接受周禅,也就是陈桥兵变,赵匡胤夺取后周帝位的故事。一次,宋太祖和世外高人陈抟老祖深夜交谈,陈抟老祖突然说他怕"五更头"。赵匡胤于是命令皇宫中,打了四更,下一更马上打六更,而不打五更。之后,四更之后打六更便成为定制。其实,这里陈抟老祖的五更暗寓五庚。自建隆元年庚申,太祖始践祚历六十年,至真宗天禧四年为一庚;再历六十年,至神宗元丰三年,为二庚;再历六十年,至高宗绍兴十年为三庚;又历六十年,至宁宗庆元六年为四庚;又历六十年,至理宗景定元年

---

① 《再书庚申君遗事后》,《万斯同全集》(第1册),第565页。

为王庚。而元世祖于当年即位,这就是希夷所说怕听五更头的真正原因。宋朝君臣只知道"怕五更",而不知怕的当是"五庚"。"五庚"之说实喻宋朝为元世祖忽必烈所灭为前定之数。

由此可见,"数"的思想是万斯同历史哲学思想中的重要变量,万斯同将王朝的兴亡更替与"数"紧紧地联系在一起。

关于"数"的思想由来已久,最早可以追溯到东汉王充。东汉王充反对天帝、神,反对谶纬,却提出了"时、数"的宿命论命题。我们不去追寻王充"数"的具体内容,直接来看看陈抟的徒子徒孙邵雍比较成系统的"数"思想。万斯同批判朱熹易学哲学中遍布道教成分,指出朱学分明承接了邵雍的观点。这也同时说明万斯同对邵雍的学术思想是非常清楚的。

邵雍明确地提出了"数"的命题,认为世界历史的变化是按照规定的数的原则进行的。他把世界从开始到灭亡的一个周期叫做一元。可以按照一年十二月,一月三十日,一日十二时辰,一时辰三十分的数目,来计算一元的时间及其变化。一"元"有十二"会",一"会"有三十"运"一"运"有十二"世",一"世"有三十年。因此,一元共有十二会,三百六十运,四千三百二十世,十二万九千六百年。世界以一元为一个历史周期,周而复始,循环无尽。这是邵雍"数"思想的第一个层次。第二个层次,邵雍认为三十元是"元之世",十二"元之世"是"元之运",三十"元之运"是"元之会",十二"元之会"是"元之元"。"元之元"共十二万九千六百元。到了"元之元",整个世界就发生一次最大的变更。邵雍断定,世界的历史以此为周期,由兴盛到衰亡,周而复始,循环不已。以下根据邵雍的理论理解现实历史。天形成于元的子会,地形成于丑会,人产生于寅会。当人类历史发展到第六会巳会,即尧之世,便达到了兴盛的顶点;从午会即第七会开始,便由盛而衰,这是夏、商、周到宋的历史时期;到了亥会即第十二会,天地归终,万物则灭绝。同时,另一元也就是新的一个周期又将开始……邵雍认为,在一个周期内,历史是退化的,由尧到宋,经"皇、帝、王、霸"四个阶段,一代不如一代。邵雍的理论是一种神秘主义的宿命论的历史观。

鉴于以上叙述,万斯同的"数"思想显然没有直接套用邵雍"数"学说。万氏关于明朝兴亡与"数"有关的观点,主要还是建立在其宇宙观基础之上的"三始九极"。因为主张"三始九极",故万斯同赞同"陈抟怕听五更头"。毋庸讳言,认为数或类似数的神秘力量(万斯同也许并不认为神秘)决定王朝更替,万斯同身上有这种痕迹。

二、灾异思想

灾异思想和术数思想同样古老。所谓"灾"是指灾害、灾难、灾劫;所谓"异"是指异常、变异、怪异。故"灾异"就是自然灾害或反常的自然现象。"灾异说"依据天人合一、天人感应的观念,以自然界和人类社会的某些变异、怪异等异常之象和某些灾害、灾难等灾变之事,比较系统地推断其所预示的有关政治和人事变迁的学说。这与中国人思维发展的真实历程相符。中国古人在观察、认识事物时,往往"仰则观象于天,俯则观法于地,观鸟兽之文与地之宜,近取诸身,远取诸物……以通神明之德,以类万物之情"(《易·系辞》文),将天文、地理、物象的变化与人事、政事的变化对应联系起来。天象的奇变、地震的撼动、物类的畸异,在古人眼里常常不单是自然现象本身的变异,而且是人事、政事重大变化的预兆和前奏。因此,灾害、怪异、妖孽有着与人事密切相关的特殊涵义。灾异思想是万斯同天命(史)观中的重要组成部分。

> 自东汉创为同堂异室之制,先王七庙九庙之规模,遂不复觏。阅千五百余年,至世宗而一旦复之,岂非卓然杰识哉! 乃未几而遘灾,既灾而不复重建,仍为同堂异室之制,则无识甚矣。[①]

万斯同记述道,自从东汉创制"同堂异室"之庙制后,先王七庙九庙之规模、盛况不能再见到。历尽一千五百余年,到明世宗嘉靖皇帝一朝恢复旧观。万斯同盛赞嘉靖的举措,这是何等的"卓然杰识"! 可是不久太庙发生火灾,之后不再重建,仍采用同堂异室之制,万斯同则认为这是见识全无。这里,万斯同的叙述不是多余的,与下文"逆祀"的判断相照应,表明嘉靖七庙九庙制度变革"同堂异室"之庙制是经典的、传统的、合乎古代礼制的,火灾肯定与此无关。

万斯同曾详细地记述了明嘉靖时期太庙发生火灾之事并分析了发生火灾的原因。

> 然世宗之建九庙是也,建九庙而祔睿宗则非也,此其事有二失焉。夫睿宗固藩王也,生未君临天下,没而缋祀庙中,可乎哉? 献帝固不当

[①]　《庙制图考》,《万斯同全集》(第 1 册),第 250 页。

称宗,一旦入庙称宗,而与孝宗同庙,尤非也。夫献帝虽孝宗弟,武宗从父,实两朝藩臣也,乃与孝宗并尊,而且跻武帝之上,庸非《春秋》所谓逆祀乎? 故即天不降灾,而大典终不光也。盖所贵乎九庙者,以诸帝各居一庙,既得以序昭穆,且得以别男女,无杂处堂上之嫌也。若二帝可以共庙,则诸帝亦可以同堂,与前代之制何异哉? 然则如何而可?曰:惟移献帝别庙,去睿宗之称,则九庙之制正,而九庙之位次亦正矣。其如帝之刚愎何哉![1]

万斯同把发生火灾的“罪魁祸首”归结于建“九庙而祔睿宗不合礼”。睿宗,本来是藩王,生前并未君临天下,去世之后则飨祀太庙之中。太庙为最高权力的象征,这显然不合适。献帝本来不当称宗,一旦入庙称宗,又与孝宗同庙即同昭穆,则更不恰当。献帝虽然是孝宗的亲弟弟,武宗叔父,实际上为两朝藩臣,入庙与孝宗并尊,跻身武帝之上,这就是《春秋》所谓的逆祀。故天降火灾警示当朝嘉靖皇帝。主张上天能够制约皇权是万斯同哲学思想中的重要观点。

万斯同《宋季忠义录》改《宋史·瀛国公传》为《恭帝本纪》。其中,有关于星象的记录,不下 10 条。

壬寅,有星见西方,委曲如蚓。

丙寅……荧惑犯镇星。

丁亥……有星二斗于中天,顷之,一星陨。

(德祐元年)六月子朔,日有食之,既,昼晦如夜。

七月丁丑……太白入东井。……壬午,太白昼见。

八月戊午……荧惑犯南斗。

十月丁巳……太白会填星。……戊午,……荧惑犯垒壁阵。

十一月辛巳……太白犯房。

(德祐二年)正月癸酉……荧惑犯木星。……己卯……月晕东井。

二月丁酉朔,日中有黑子相荡,如鹅卵。

上述星象的记录将星象与现实事件、活动(不具录)对应起来颇有神秘色

---

[1]　《庙制图考》,《万斯同全集》(第1册),第250—251页。

彩。因为不是万斯同原作，一时难以判断万斯同本人真实的想法、思路。好
在万斯同《明史稿·光宗本纪》中开始出现星象记录，将星象变化与现实事件
对应起来，说明根据星象变化判断世事变化是万斯同天命（史）观中的一
部分。

　　万斯同运用天命（史）观揭示国家的治乱兴衰的同时，万斯同的天命（史）观
也贯穿在对个人的评价中。天、命、命数是万斯同评价人物的重要范畴。在万
斯同的观念中上天、天是宇宙间的主宰；命、命数即命运、命中注定，宿命论的观
点，表明有一种神秘的决定力量决定人的生死祸福。

　　万斯同《明史稿·列传八》："友谅自恃剽诈，颇恣骋于湘湖间。然身犯名义
而欲发愤以有为，天岂佑之乎？"①万斯同认为，陈友谅自恃剽悍、诡诈，恣意驰骋
在湘湖间，但是名不正、言不顺，欲意有所作为，称王天下，上天不会保佑的。
《明史稿·列传四十五》："解缙英年奏书疏通剀切可方汉之贾谊。同直内阁者
七人，缙才最高，片言安储，功在社稷，横罹谗酷，竟夭天年，命矣。"②万斯同认
为，解缙可媲美汉贾谊。内阁七人中，解缙最有才华，对王朝忠诚，不时进谏"敲
打"君主，对国家社稷有贡献，却横遭"谗酷"，英年夭折。全是因为命。《明史稿
·列传二十七》："自古创兴大业维得士为急矣。明祖求贤若渴，有志者争趋之。
厥初，幕府僚佐，盖实繁有徒焉。如诸臣或献策或效忠，欵欵懇懇多所裨益，大
都皆参预帷幄者也。陈遇、叶兑固淡于荣位，雅具高致，自余功名所就，亦未闻
大有显达。即位而后，剖圭析土，诸臣殆无一得预焉，岂果尽才智弗若与？抑各
有命数为之也。若夏煜等专事搏击以逢上意，其终以获罪也，固亦宜哉？！"③万
斯同记述道，自古以来，立国拓疆急需人才。起初，明太祖求贤若渴，四方有志
之士争相投奔他。于是，幕府僚佐人才济济，献计献策，一时之兴。陈遇、叶兑
淡泊名位，雅具高致，而范常、潘庭坚以下等人未有显达的。太祖登基之后，分
封四方，封官命爵，这些人中竟然没有一位能够兑现当初的"心理预期"。不是
才智不行，而是命数在起作用。夏煜"专事搏击"以博得君王的恩宠，得到重用
提拔，但最终以获罪团圆。如果按照命数理论，也应该是这样的，不能老是让你
夏煜得好处，况且你没什么功劳，也没什么本事。

　　综上所述，天、命、命数等是万斯同考量王朝命运、历史人物命运的重要因

---

① 《明史稿》，《续修四库全书》（第 327 册），第 206 页。
② 《明史稿》，《续修四库全书》（第 327 册），第 490 页。
③ 《明史稿》，《续修四库全书》（第 327 册），第 352 页。

素。在万斯同的视野中，"数"是决定王朝治乱兴衰更替的神秘原因，而"灾异""星象"等则是治乱兴衰的晴雨表。

第三节　帝王史观

"人事"应是万斯同历史哲学思想的重点，前文已经从经济、政治、军事三个人事方面具体分析了明王朝灭亡的原因。只有当"人事"无法解释兴衰治乱更替时，万斯同才会求助于天命说。万斯同关于"人事"的核心是君王之"德"，德是王朝立国的基础，本节着重分析万斯同笔下的帝王在历史发展中的重大作用。

一、地势坤君子以厚德载物

中国传统文化思想中，"德"是个比较复杂而难解的概念。学者李玄伯著《中国古代社会新研》指出，"德"概念的发展大体经历了原始氏族部落时期的图腾崇拜，殷商时期的上帝与祖先崇拜，西周时期的制度之德与君主之德，春秋战国时期的伦理道德等四个阶段。由此可见，君主之德是从部落图腾崇拜、上帝与祖先崇拜中演化出来的。起初，殷商时期"天"是个很重要的概念。《诗经·商颂·玄鸟》云："天命玄鸟，降而生商。宅殷土芒芒，古帝命武汤，正域彼四方。"可以看出，"天"已经具备了"上帝"的意义，也就是说，"天"既为自然的上天，也是具有人格意志的神圣的上天，是二者的统一体。《墨子·兼爱》中引用《禹誓》说，大禹在进攻三苗前召开了誓师大会，假借"天"的旨意，声称征伐有苗乃"用天之罚"。商代对"天帝"的信仰更为笃坚。《尚书·汤誓》云："有夏多罪，天命殛之。"为了灭夏，商汤同样找到了神学根据。周人灭商之后，鉴于历史的经验教训，提出天神"唯德是辅"的主张，《尚书·周书·召诰》云："王乃初服。呜呼！若生子，罔不在厥初生，自贻哲命。今天其命哲，命吉凶，命历年；如今我初服，宅新邑。肆惟王其疾敬德？王其德之用，祈天永命。"这里，召公告诫周成王必须用美德向上天祈求永久的福命。由此不难看出周朝对上天的坚定信仰以及对"以德配天"的强调。显然，万斯同对于中国古代天命与德的内涵及其话语转换是非常清晰的，有非常准确的把握。在万斯同看来，德者得也。君王作为德的源头，生民在其"德"庇护下得其得，正如《易》中所云，"地势坤君子以厚德载物"，"德"是王朝立国的基础。关于"德"之几重含义，万斯同在《明史稿》中的《本纪》《列传》中多次采用，不下 10 例。如,《明史稿·太祖本纪》:"贻谋垂裕懋,建无穷之基,是遵何德也哉!"①明太祖皇帝朱元璋开国建业,是怎样的"德"?《明史稿·仁宗本纪》"虽在位日浅而德泽下究,固以沦洽于民心矣。汉文宋仁殆庶几近之与?"②明仁宗皇帝在位时间很短,但是对百姓恩德,深受生民爱戴,堪与汉文帝、宋仁宗媲美。《明史稿·孝宗本纪》:"或犹以谓贵戚骄恣,稍为盛德之累,不知帝仁心为质用恩过,未免邻于姑息,而迁改之速,卒亦不害其为治,则恶得以是而遂少之。"③明孝宗因为外戚骄肆的原因,有损其盛德,但是他很快矫正过来,终不至于危害国家的治理。《明史稿·武宗本纪》:"当夫兴藩未入,天位旷虚,即宗社仅悬于一线。呜呼!抑已危矣。是故二正之不亡,虽曰以其人亦天未大厌明德之故耳。"④明武宗终日不理朝政,国家社稷命悬一线,极其危险。最后能保全下来,可能上天认为明王朝其德尚在。

尚余诸多例子不一一列举,凡此种种,均说明王朝立国与君王之德之间有着的紧密的关系。君王只有养德、施德,生民有其所得,王朝才能获得生民的拥护爱戴、支持。

万斯同曾引用《书·咸有一德》"七世之庙,可以观德"⑤一语将君主之德与天子宗庙数目联系起来。其中不言的各种变化正是王朝"德"升降上下的标识。又引《穀梁传》云:"天子七庙,诸侯五,大夫三,士二。故德厚者流光,德薄者流卑。是以贵始德之本也,始封必为祖。"⑥《荀子》云:"有天下者事七世,有一国者事五世,有五乘之地者事三世,有三乘之地者事二世,持手而食者不得立宗庙。所以表积厚者流泽广,积薄者流泽狭也。"⑦明朝"武宗盘游,蠹孽屡作",全依仗着孝宗皇帝之德得以后继。"终赖先朝遗泽深,令人常忆敬皇考。"⑧明武宗、孝宗父子德性的对比正是万斯同笔下具体的典型的例子。"七世之庙,可以观德"的见解揭示了德与宗庙数目之间的紧密关系。就王朝而言,毫无疑问,"德"是

---

① 《明史稿》,《续修四库全书》(第 324 册),第 83－84 页。
② 《明史稿》,《续修四库全书》(第 324 册),第 117 页。
③ 《明史稿》,《续修四库全书》(第 324 册),第 180 页。
④ 《明史稿》,《续修四库全书》(第 324 册),第 190 页。
⑤ 《庙制图考》,《万斯同全集》(第 1 册),第 191 页。
⑥ 《庙制图考》,《万斯同全集》(第 1 册),第 192 页。
⑦ 《庙制图考》,《万斯同全集》(第 1 册),第 192－193 页。
⑧ 《镇国公》,《万斯同全集》(第 8 册),第 423 页。

表示君王品行的一个概念。一个君王有德则生民可获其得,一个君王有德则表明君主对生民生存状态的体察与关照,体现了君王与生民之间亲密的鱼水关系。从经验上看,只有历代君王有德,才能形成七庙之实。否则,就会像秦、隋两个朝代一样,二世而斩。宗庙是德的外在表现形式,天子七庙的数目"七"是在与士人、大夫、诸侯的关系中构建出来的,"七"是个吉利的数字,反映了封建社会的等级制度,与此相配套设置的迭毁制度正反映了古人在有限和无限的认知中对帝王之德、王朝万世不竭的永恒期待。

法家韩非子关于德的相关论述与儒家截然不同。韩非子在《韩非子·忠孝》篇中提出"臣事君,子事父,妻事夫。三者顺则天下治,三者逆则天下乱"的命题。粗看,与儒家的三纲五常表面并无区别。然而,实质上法家的观点是反儒家三纲的。儒家认为若君不君则臣可弃君,若父不父则子可谏父,故现实中出现乱世。这个乱世之源在于君主不德。万斯同关于元朝灭亡源于君王不德的观点即出于此。君主不德,甚至成为暴君,儒家认为完全可以被推翻。因此,历史上的汤武革命是正义之举。但是韩非子观点于此相左。韩非子认为,即使是暴君,臣下亦不可取代,更不能弑杀。君永远为君,臣永远为臣。臣下不事君主,天下则必乱。因此,在韩非子的视野中,汤武是弑君之臣,行大逆之举,即使尧、舜亦是弑君曲父的逆臣逆子。韩非子忽视了君王德的考量。这与儒家"祖述尧舜,宪章文武"的观点形成鲜明的对照。

二、天行健君子以自强不息

万斯同《明史稿·神宗本纪》云:"有明当隆万之间可称甚盛。盛极则衰,道在率作以持之而已。帝初以才臣为相,一切综核振举宇内,几于富强,既乃倦勤流为荒怠,养成痿痹,不仁之症而国病矣。神理积弱蛊蠹丛生,虽有扁卢亦安所用之乎?《易》曰:天行健,君子以自强不息。谅哉!"[①]万斯同认为盛极而衰,这是道运行的基本规律。一个王朝不可能永远兴盛,自然有一个起伏的过程。但是,万斯同从君王身上看到了希望。万斯同特别强调君王个人的主观努力与王朝命运的关系,即君王强则国强,君王弱则国衰落。《易》有云,"天行健,君子以自强不息",万斯同以此激励君王不断向上进取,引领国家的美好前程。至于君王主观上如何努力,万斯同极力称赞明孝宗皇帝十八年太平无事,其原因在于

---

① 《明史稿》,《续修四库全书》(第 324 册),第 235-236 页。

孝宗"务通下情",有"纳谏之美",为"一代守成令主"①,固成明朝"极盛之时"。②万斯同《明史稿·列传八十五》中又提出古之贤君成国家昌明光大之治可为君王效法的榜样。"昔周昌之于汉高,刘毅之于晋武,至比之桀、纣、桓、灵,而不以为忤,彼诚遇虚衷纳谏之主也。自非然者逆鳞□批即祸患立至,然则劘切君父不亦难乎?历观诸臣并骨鲠奇士,号称敢言,然率皆迁谪谴辱,惴惴莫保即幸免获罪者,亦沉沦淹蹇罕至大官。若康永韶一经屈挫,遂渝素节,虽其操行不固未始非自上坏之也。夫古之贤君类能鼓励忠良,作兴士气,成国家昌明光大之治,是岂偶而已哉?!"③周昌、刘毅都是历史上出名的正直大臣,敢于进谏。碰上汉高、晋武都是虚心纳谏之主,运气好,假若碰上桀、纣、桓、灵可就惨了。不是说逆帝王之意,祸患立至,这里只想讲明敢于批评帝王确实很难。纵观历史上那些敢于进谏之士,大多遭到迁谪,即使免于罪罚,也很难升迁到高位。像康永韶一旦经历挫折,便改变立场,不能简单说他没有操行,而是整个朝野被帝王给带坏了。古代贤君能够激励忠良之臣,激发士气,成国家兴盛之势,并不偶然。两相对比可见,贤君起的作用是非常大的,在国家政治生活中发挥着正能量。这些例子正好验证了"天行健,君子以自强不息"。

　　总之,在万斯同古今之道思想中,帝王史观占据重要位置。在万斯同看来,君主、皇帝是左右王朝兴衰的决定性因素,是决定王朝治乱兴衰的中枢——乾坤。这与其"乾坤生六子"的哲学思想是高度一致的。万斯同将"乾坤生六子"观点嵌入到社会历史领域,用以解释王朝之所以治乱兴衰。正因为如此,在《明史稿·列传一百四十四》中,万斯同将历史的发展与人主的念虑竟然联系到一起。"世宗妄冀长生,昵于佞幸,乖张错乱,毒流天下而不返,甚哉!人主念虑之微可无慎与?"④在深入摸索到万斯同历史哲学的逻辑脉络之后,可知这种连接完全在情理之中。

　　除此之外,万斯同又能够从经济、政治、军事等三个人事方面分析明朝灭亡的原因,这是他的实学思想运用在社会领域的重要表现,是他的优点,抓住了问题的实质。但是,我们应该看到,万斯同至此止步。换个角度说,他的历史哲学思想中虽有民本思想,同情农民起义,同情妇女和商人命运,甚至批判君主专制

　　① 《读弘治实录二则》,《万斯同全集》(第8册),第248页。
　　② 《书倪文毅传后》,《万斯同全集》(第8册),第250页。
　　③ 《明史稿》,《续修四库全书》(第324册),第203页。
　　④ 《明史稿》,《续修四库全书》(第327册),第198页。

等积极的因素,但是他并没有像他的老师黄宗羲一样,完整地提出"仁义民生观"。更有甚者,万斯同历史哲学思想中尚有天命史观成分,这亦是万斯同历史哲学思想之不足之处。万斯同的历史哲学思想有其长处亦有其缺陷,这些都应综合考量,予以客观的中肯的评价。

第六章　治道

　　明王朝灭亡并由异族代替,对当时汉族士人造成极大的刺激。为此,万斯同对明王朝的历史材料作了较全面的搜集和整理工作,对明王朝被推翻的经验和教训作了全方位的总结,并提出了自己的独到见解。其治道思想就是其中比较重要的一部分。

第一节　君臣民关系论

　　中国古代社会中君、臣、民是三种最基本的政治等级和角色。中国传统的政治学说认为,中国社会中的君、臣、民三大等级分别担当各自的角色。各守其职,各尽其分,从而维持三者之间的平衡运转。礼在其中发挥着重要的作用,万斯同对此有清晰的认识。

一、安上全下莫善于礼

　　礼即礼仪、礼制。纵观先秦历史,礼可谓是无所不包的社会生活规范的总和。礼最初表现为不成文的习惯,到了后来便形成规范的条文规定。故《中庸》中有周礼"礼仪三百、威仪三千"之说。万斯同认为,国家的稳定运行有赖于礼的规定,其根本原因在于礼是天地秩序的反映,万斯同《明史稿·礼志叙》云:"礼也者,天地之序也。"[1]礼仪、礼制的核心内容是维护封建社会的等级制度,也

---

[1]　《明史稿》,《续修四库全书》(第 324 册),第 612 页。

即三纲五常。这种观点承继于《礼记》。既然礼是天地秩序在人间的映照,天不变,那么人间的礼也就不变,那么礼及由此维护下的封建等级制度亦是亘古不变。因此,"安上全下莫善于礼"是正确陈述礼之功能的一种表述,它指出了礼是顾全、保全君臣关系良好的正确途径。

万斯同《明史稿·列传二十六》:"安上全下莫善于礼。明承元后,礼制坏极矣。帝锐意修明,斟酌损益,勒成一王之典,非用任、亮、凯辈之力与,观诸臣论辨,衎衎原本经术,视叔孙通之杂采秦仪,郑康成之旁引谶纬,不啻过之矣。猗与休哉?!"①"安上全下莫善于礼"语意可能源自《孝经》"安上治民,莫善于礼",意思是礼为治理国家的最好办法,礼、礼制是维系君、臣、民之间关系均衡的纽带。礼的建设历来得到历代王朝统治者的高度关注。元末明初,经历王朝的更替,战火的洗礼,礼制遭到极大的破坏。明太祖皇帝朱元璋登基之初,"锐意修明,斟酌损益",编成《大明集礼》。朱元璋借助钱用任、崔亮、陶凯等人之力,下诏诸臣就礼问题进行论辩,所编纂的《大明集礼》与西汉叔孙通之杂采秦仪、东汉郑康成之旁引谶纬相比,实有过之而无不及。《大明集礼》制定运行之后,对国家的长治久安、生民的日常生活产生了深远的影响。

在万斯同看来,礼是国家治理的重典。一方面,万斯同对明初太祖皇帝制定《大明集礼》进行了充分的肯定;另一方面,纵看万斯同学术生涯,他对历朝历代之礼、礼制作了深入的研究,万氏曾应徐乾学之邀主笔《读礼通考》《五礼备考》之编撰,显示出他对礼、礼制的深刻认识及研究深度。这亦是万斯同承继并彻底贯彻"安上全下莫善于礼"观点的重要体现。

万斯同《明史稿·列传一百三十二》云:"《记》称体群臣,则士之报礼。重圣贤之论,未尝不于其报施之际,而特非所以训臣子也。世宗之御其下,不啻犬马草芥视之矣。一时诤臣弼士尚多引裾借剑,甘心受祸而无憾者,岂非忠义之所激。若出于其性,然而不可以威势夺者与?是亦可以风世矣。"②万斯同写道,《礼记》中有言:君王体谅群臣,那么群臣以礼回报,依据礼的规定回报。万斯同认为,人主重视圣贤之结果见于君臣之间"一报一施"之际,这在历史上有很多著名的例子,如周文王与太公望的组合、刘备与诸葛亮的组合。治理国家决不是靠训斥臣下能解决问题的。嘉靖皇帝将臣下视为草芥,一时间正直的大臣、

---

① 《明史稿》,《续修四库全书》(第327册),第345页。
② 《明史稿》,《续修四库全书》(第327册),第54页。

辅弼之士即使受罚、下大狱仍然直言进谏,这都是这些大臣忠诚于忠义价值观,自觉履行职责的重要表现。这出于这些臣子的天性,得益于先朝之"德"、先朝以礼待臣子、先朝对臣子的"体谅",不是后世帝王的淫威所能压制的。由此可见,君臣之间在礼制下的良性互动,即君王能够体谅臣下,更甚有恩于臣下,那么臣下将代表正能量的礼(体现礼的忠义观、自觉履行职责等)展现在世人面前,其结果最终则有利于国家。一言以概之,礼、礼制在处理君臣关系中,维护国家稳定中发挥着良好的作用。

二、有国家者以养贤为急务

万斯同《明史稿·列传八十七》言:"明代人材大率取之学校,当其盛时所以储养甚厚,士得以沐浴于诗书,故出而服官,往往能善于其职。若江玭诸人位不至甚通显要,其所自命皆不苟此,可以见当时教育之隆也。有国家者岂可不以养贤为急务哉!"①万斯同写道,明代人才大都来自学校的培养。兴盛之际,人才储备丰厚,士人徜徉在六经当中,得儒家之道的滋养。及其出而为官,则忠于职守。他们始终以礼规范自己的言行。像江玭等人官位并不显要,但都很有抱负,在国家政治生活中发挥了重要作用。可见,当时一段时间里全社会教育事业的兴隆,教育与人才交相辉映。国家以养贤为急务,国家需要人才,万斯同认为张居正在这个问题上犯了大错。"世言张居正为相,摧抑天下之士,士之取入学校者,每邑不过数人,甚者止于一人,以为居正阻抑贤路之罪。不知当弘治时,倪文毅岳为宗伯,尝有是令,虽大县亦不过七八人,不独居正为然也。夫孝宗一代文明之会,人才奋兴,多士蔚起,正宜鼓舞造就之时也,乃始进之途如此其隘,天下士子之愤怨,当何如耶?人但知弘治之世为极盛之时,岂知士风不振至于如此。"②岂知弘治时期,孝宗皇帝一代令主,正是明朝极盛之际,倪文毅主持工作也犯有同样的错误,致使士风不振,士人哀怨,直接也会影响到礼、礼制的运作。万斯同明确指出,国家当权者应以此为鉴。士人是传道者、布道者,国家当以培养贤才为要务,不断壮大士阶层。总之,礼、礼制是死的,人是活的。礼、礼制制定后尚需有更多的士来承载,进而在社会上形成崇尚礼、遵从礼、礼制的风尚。

---

① 《明史稿》,《续修四库全书》(第 328 册),第 222 页。
② 《书倪文毅传后》,《万斯同全集》(第 8 册),第 245 页。

三、驭吏之方亦在此

万斯同认为管理官员队伍需依靠制度的配套建设,做到德、法兼顾。万斯同《明史稿·列传三十二》:"太祖起自田间,深疾元末贪吏之害素矣。洎于临御,不惮刻意澄清,以祛民患。凡为司牧计耳,维持有司,兢兢奉法,类能砥砺风掺,即治绩亦往往可观。然求如古循卓之选,焜耀史册者又何指不数屈耶? 将无用威任,法与德教相感,其取效固自有别与? 由是观之,驭吏之方亦在此不在彼也。"①万斯同写道,太祖皇帝出身贫民百姓阶层,深恶痛绝元末贪官污吏害民之猖獗。等到自己登基大业之际,即制定相应措施遏制腐败的产生,以清除隐患。一时间各级官员奉公守法,治理得当,政绩可观,效果非常明显。然而,纵观古今循吏之选能光耀史册的还是屈指可数的。万斯同提出管理官吏采用权威压制是短期效应,这里的权威是建立在具有个人魅力、风采基础之上,能够对众人产生崇拜、追星倾向的效果。但是,现实中有卓越能力的皇帝毕竟是少数,能够在官吏中产生权威的人主、风云人物毕竟也是少数。因此,应制定相关制度,采用法、德兼顾的方法管理官员更佳。"驭吏之方亦在此不在彼也。"管理官员的办法在于德治、法治兼顾而不在于依仗权势压制。由此可见,德法兼顾管理官吏是对礼的重要补充。法治历来得到关注。早在战国时期的韩非子极力主张慎到的势治学说,反对贤治(圣贤治理国家)的观点,提出君主治理国家必须坚持在法治的前提下运用权势,才能使国家长治久安。著名的"矛盾"寓言即意在说明贤治必然服从于势治,德治、法治不可兼得。从历史进程看,秦始皇兼并天下,验证了法治的威力,然而秦王朝二世而斩则证明了法治的局限性。西汉时期,董仲舒主张治理国家必须德刑并用,以刑辅德。此治国方法历经千年之久,得到充分检验。在新的历史条件下,无疑德刑并用即德法兼顾仍然是治理国家之大法。

综上所述,万斯同认为封建王朝就是一个以"三纲五常"为原则的等级森严的社会。国家政治生活的正常运行得益于君、臣、民三者处于相互制衡的关系中,而要维系这种关系的正常运行是礼、礼制,因此,需要加强礼、礼制的建设。礼、礼制是维持君、臣、民三者良好关系、良性互动的纽带,人主以礼臣民,臣民则以礼报君。国家需大力培养大批人才,壮大士人(礼载体)队伍,使得礼、礼制

---

① 《明史稿》,《续修四库全书》(第 327 册),第 382 页。

得到充分的传播并得到切实的践行。人主管理官吏的办法不在于权威，更不在权势，而在于制度建设，德法兼顾，而德法兼顾也是对礼治的重要补充。

第二节　谏议论

谏议论是传统中国政治哲学体系中最为重要的监控理论、调节理论。谏议机制与君主政治的日常运作关系相当密切，涉及政治决策、政治监控和君臣互动。在朝堂上议政时，各种政治学说都是谏议的依据，又都在不同程度上依靠谏议活动发挥调节作用。有识者几乎都认为谏议活动关乎国家之兴衰与存亡。

一、止辇转圜之事未之概闻

早在战国时期，韩非子即指出进谏者进谏应迎合君主的心理和要求。因此，首先应在与君主的互动中逐步获得君主的信任。为了保护自己，减少不必要的牺牲，臣下在一些细枝末节上应委曲求全，注意进谏的技巧，目的是让君主明察进谏者的善恶和良苦用心，必要时可以讲一些违心的话，以求在君主面前留下好的印象，待站稳脚跟之后，确认已经取得信任，便可以据理力争一些原则性问题，指明是非，端正君主的决策，至此推心置腹则进谏者不再会获罪。按照韩非子的观点，进谏应遵循"揣摩人主心理—互动—信任—进谏"等几个递进环节，便会进谏成功。这些为臣下的应该都懂，但是实际上操作起来又何其难也。

万斯同《明史稿·列传三十》："韩非之说难苏子之谏法，盖详哉，其言之矣。然位卑言高，信而后，谏圣贤，固明诚之。或者积诚以悟，主自癠而纳约，其庶几乎？且太祖亦甚下急矣。止辇转圜之事，未之概闻焉，而诸臣者折槛批麟濒死无悔，且又多出于儒生散秩之夫，噫！亦难矣哉！"①万斯同写道，韩非之说"难苏子之谏"法，记述非常详尽。有鉴于此，听取谏议不应因"位"而废。谏议者尽管地位卑微而观点高明，人主、圣贤亦当然应该诚之。个中道理，不言自明。但是从现实看，谏者诚心之至，然后帝王又能虚心接受，历史上实际又有几例？本朝太祖皇帝性格比较急躁，下臣止辇进谏之事，真还没有听说过。臣下不顾自己的死活直言进言，效果确实比较差，不过又多出几位儒生侍卫而已，对整个国家

---

① 《明史稿》，《续修四库全书》（第 327 册），第 372 页。

来讲,这种进谏不进谏,作用其实不大的。万斯同《明史稿·列传五十七》云:"自古骨鲠之臣鲜不以撄鳞获罪,匪独耿通诸人然也。然贤如仁、宣二宗,犹或难于虚受之美,则所谓止辇纳谏亦岂易易也哉?!"①万斯同写道,韩非子老早就告诫进谏者不可不对君主察言观色,应积极主动地把握君主之爱憎,洞察其内心深处的活动状态,然后再进谏(此方法前文已述)。韩非子指出,人主亦长有逆鳞,进谏者若能不触动君主的逆鳞,就差不多成功了。但是君臣利害各异,君主必然多疑,喜怒不形于色。他有时较宽容,有时却非常残暴,变化无常,心理活动难以猜度、无从窥测,这无疑增加了进谏的难度、成功率。对于韩非子的"逆鳞"观点,万斯同感同身受。万斯同坦言自古以来骨鲠之臣很少不因为逆帝王之意而获罪的,不单单耿通等人遭遇如此。贤明即使如仁、宣二宗,亦很难称得上有虚心接受进谏的美德,他们都不会大大方方、宽宽松松地接受进谏。因此,止辇纳谏的故事确实令人感动,但现实中很难兑现。

诚然,在现实中也不乏能够虚心纳谏的真实例子。万斯同好像看到了希望。万斯同《明史稿·列传六十一》:"明宣宗以前号称极治。考其时,凡卑官、贱吏以至走卒、编氓,皆得上章言事,以自达于天子。天子亦虚心采纳,略无壅蔽,可不谓盛乎? 盖自太祖定章奏格式,禁绝繁冗而建言者,惟指陈时政,不复旁摭,远引即其文辞,不逮于古,然而质直有余矣。邓真以下诸人,其行谊或无可深考,就所见白,亦足以仿佛其为人。汇而次之,固其宜也。"②万斯同写道,明宣宗之前号称极治。考察那个时期,凡是低级的官吏以至"走卒、编氓",都可以上书朝廷进言,天子则虚心采纳。言路通畅,盛极一时。自从太祖皇帝规定奏章格式,要求"指陈时政",直接明确。邓真等人品行虽无法查考,而其建言可窥见其为人。万斯同《明史稿·列传九十八》:"孝宗时言路大开。一时骨鲠之士披露肝胆,敢于弼违抑云,盛矣。顾其时俞者十一,而咈者且十九。《书》云:从谏弗咈,改过不吝。帝固犹有所未逮耶! 然考十八年间,虽斥逐间闻,而因言拜杖者绝少,则亦度越于诸帝远矣。"③万斯同写道,孝宗朝言路大开,人人都可以向皇帝谏议。一时间刚正忠直之臣,竭诚相告,指摘过失,盛况空前。当时允奏的十有一,不允奏的十有九。《尚书》云:"从谏弗咈,改过不吝。"万斯同指出,以此为标准,孝宗皇帝当然有做得不够的地方。但是回顾孝宗在位十八年,臣下

①　《明史稿》,《续修四库全书》(第 327 册),第 577 页。
②　《明史稿》,《续修四库全书》(第 327 册),第 613 页。
③　《明史稿》,《续修四库全书》(第 328 册),第 347 页。

因谏议遭到斥责者时有,但是挨板子的绝少。从这可以看出孝宗高出其他明代帝王很多。

综上所述,万斯同认为,从整体看,明王朝有完善的进谏的制度,又有历史上诸多进谏事例可鉴,但是真正能完美进谏,并如意改变君王的想法、观点是不容易的,进谏之臣往往没得好下场。进谏的顺利进行,往往建立在君王能否虚心纳谏的基础之上,而这样的君王少之又少。因此,谏议制度绝大多数时段下徒有虚名。尽管如此,万斯同依据《尚书》提出"从谏弗咈,改过不吝"的观点,正面盛赞明宣宗、孝宗之英明,期待贤明人主能够虚心纳谏。

二、暴君骄主之过由来者渐

韩非子对"当涂之人"的观点颇有见识。韩非子指出"当涂之人"结党营私、盗窃国柄,他们专权蔽主,采取各种形式内外勾结,网罗党羽,公开杀戮或秘密处死对立派"法术之士"。因此,韩非子认为君主应行法用术,赏功进贤,散权奸之党,断私门之情,扶正祛邪。韩非子的理论实际上指明了历朝历代朝堂上都实际存在的党派之争。万斯同充分认识到明王朝内部的危机,充分认识到党派之争的实质。有鉴于此,万氏具体陈述了嘉靖朝"逢迎人主、助长恶之徒"的无耻行径,揭露了党派之争并由此造成的"暴君骄主"局面的深层原因。

万斯同《明史稿·列传一百三十》:"嘉靖之初,谷马余孽尚在,一时新政旦夕更张,诸臣解衣危论,重怀履伤之忧,非过计也。至大礼议起,玄黄争胜,死徒狼藉,而言路塞矣。自是蔑视臣下,诛戮谏官,炀灶日神堂帘隔阂,岂独暴君、骄主之过哉?! 其所由来者渐矣。"①万斯同写道,嘉靖初期谷、马余党尚存。一时间朝堂新政实施,诸大臣"解衣危论,重怀履伤之忧",并非杞人忧天。等到大议礼争议起,党派之争亦起。是非喧嚣,各自站队,进谏之路阻塞。嘉靖皇帝藐视臣下,诛戮谏官。朝堂上一时乌烟瘴气。党争的起因是大礼议。"为人后者为之子"本来这是个天下之公论。但是,有人窥探人主的心理,肆意歪曲"礼"以博得人主的好感。因此,遭到有"道"之士的坚决反对……万斯同认为造成当下局面之"狼藉"者不唯独仅仅是暴君、骄主的过失。其缘由则是国家制度、社会内部各种矛盾彼消此长,错综复杂交织在一起,渐渐积累而致。小的矛盾、瑕疵慢慢积累,最终积重难返,不可收拾……万斯同《明史稿·列传一百三十一》云:

---

① 《明史稿》,《续修四库全书》(第329册),第28页。

"大礼之后,继以大狱罗织钩党,台谏为之一空。由是君骄臣谄,謇谔风微片言,忤时动遭碎隮。嘉靖严酷之治遂酿成,莫救矣。谁实为之,不能不致咎于逢君长恶之徒也。悲夫!"[①]万斯同继续写道,大礼议之后,国家政治生态继续遭到破坏,对立派都被关押起来,进谏制度遭到彻底摧毁。君骄臣谄。谁稍有不顺上意,即遭到迫害打击。嘉靖严酷之治已成,无可救药。万斯同认为,这种形势的造成实际上与逢迎人主、长恶之徒有关。他们的心思不在如何治理好国家,而在于借助君主之手打击异己,攫取个人及其集团利益。

综上所述,随着时间的延伸王朝内部各种矛盾越发积聚,总有逢君长恶之徒为了私利煽风点火,则暴君、骄主自然生成。固然谁都知道谏议有利于王朝,在通盘考察明王朝谏议制度之后,万斯同看到了封建王朝政治的痼疾即谏议制度之形同虚设。谏议制度无法顺利实施,万斯同对此洞若观火,却提不出相应的解决方案,"两让"的观点即君主尽量做到虚心纳谏,臣子尽量注意方式方法,与其说是权宜之计,不如说是自言自语。

第三节　君子小人之辨

"君子"、"小人"的分类是传统中国政治哲学体系中特有的政治见解。这种观点与封建社会等级制度紧密相关,又在一定程度上超出了具体身份的限定,成为一种极富特色的政治人格理论。其中,对君子或小人的人格的认知直接影响着人们的政治观念和政治选择倾向,对君子或小人的人格认同决定着人们的政治认同与政治行为,进而又关系到封建君主政治的巩固和加强。君子小人人格理论是传统中国政治哲学理论体系的重要组成部分,

一、开国承家小人勿用

韩非子指出,君主只有独自掌握赏罚大权,才能驾驭臣下。若臣子篡夺或把控了赏罚大权,君主则反要被臣子所控制。君主必须正确掌握赏罚,"审合刑名"即审查臣下言论与事功是否相符。韩非子坚持认为君主应该"去好去恶",不表露爱憎感情,使臣子失去侵夺权柄的依据,从而无法蒙蔽君主。韩非子特

---

① 《明史稿》,《续修四库全书》(第 329 册),第 39 页。

别强调君主亲自、独自操纵赏罚之柄,洞察臣下言论与事功相符与否。对此,万斯同颇有领悟。万氏充分认识到现实中存在小人蒙蔽君主的可能性,充分认识到现实中小人蒙蔽君主所带来的危害,指出小人排斥异己,从来不做实事,却能对做实事的人暗下其手;为了达到一己之目的,小人逢迎人主,歪曲事实,更有甚者蓄意曲解礼、礼制,扭曲"道",占道而不行,占位而不作为,严重破坏国家的政治生态。

"嘉靖间,议礼之谬未有若霍韬、方献夫者也。其附会张璁而力主继统之说,已为悖理,至纂修《大典》,申辨为人后之义,遂诋及于师丹、吕海诸公,而尤痛诋司马君实,何狂悖之甚也!世宗之入继,原与汉哀、宋英不类,故得以不考孝宗为辞。乃因世宗不肯为人后,遂并为人后之文而欲去之,何敢于背经畔圣,肆无忌惮若是耶?为人后之说,岂汉、宋诸贤之所创,而哀帝、英宗宁得不考成、仁二主哉?恃君之宠而纵肆背戾,朝端之议论,固可假主威而压之矣,天下万世之公论,彼亦欲尽抹之乎?甚哉!小人器量之浅也。人主略假以恩宠,遂人人咆哮跳踉,若猘犬之狂噬。而霍韬有期之丧,至自比古诸侯不服期之义,公然犯天下之名义而不恤,犹自谓己知礼、己知学。"①万斯同写道,嘉靖朝大议礼起,"继统"荒谬之说喧嚣而起。为人后者为之子乃天下之公论,却遭到嘉靖皇帝及周围小人的抵制。万斯同指出,嘉靖皇帝入继大统,与历史上的汉哀帝、宋英宗入继大统情况有所不同,故不得考孝宗而理应考武宗。张璁、霍韬、方献夫等小人依傍人主,恃人主之恩宠,"咆哮跳踉",还妄称"知礼"、"知学",极力主张"继统"。由此可见,小人生存之道即在于凭借满足人主之需求,借助人主之权势破坏一切规则。人主予以恩宠,小人便猖狂恣肆,甚至有意歪曲礼制,曲解礼制,并借此打击异己,危害国家,造成政局不稳。

小人无处不在,渗透到国家的各个角落,危害天下。万斯同《明史稿·列传八十》:"明自正统以来,戎马外讧,猺獞内煽,纷然多事矣。且苗顽犷悍,出没箐篁崖堑间,叛服靡常,讫无宁岁之数。臣者入也,效心膂出也,奏肤功诗所称显允,方叔文武吉甫□□人与?然幸臣宦竖往往从而齮龁之,即功成之□□谤横生,黑白颠倒,劳臣义士每扼腕而长叹,圣人有言开国承家小人勿用,岂不信哉?"②万斯同写道,明自正统以来,"戎马外讧,猺獞内煽",国家多事之秋。况且

————————
① 《书霍韬传后》,《万斯同全集》(第8册),第249页。
② 《明史稿》,《续修四库全书》(第328册),第148—149页。

"苗顽犷悍"出没于"箐篁崖堑间",时叛时服,没有消停的日子。像程信、白圭等人,四方征伐,功勋卓著,有诗为证,可以和西周时期的方叔、尹吉甫相比。但是"幸巨宦竖"往往"龋龁"之,功成之后却遭到肆意污蔑。诽谤横生、黑白颠倒,令劳臣义士扼腕长叹。前方将士拼死效力疆场,如此大的事情,如此紧急的事情,在后方小人却背后捅刀子。个中道理不可不知,故圣人有言"开国承家小人勿用"。对于一个国家来讲,小人真的不能任用。"开国承家小人勿用"是万斯同给治国者的提醒及忠告。

二、君子小人面目之辨

小人对人主阿谀逢迎,肆意歪曲礼、礼制,曲解礼、礼制,借君王的恩宠打击异己,诽谤有功之臣,引发官僚体系的逆淘汰,破坏王朝的政治生态,破坏国家政治生活的正常运行,危及国家安全。因此,有必要对君子、小人进行分辨。

(一)小人以类相引

小人反天下,故小人为天下之公敌。"异哉!议礼诸君,何心术之若一也?席书以仇宋卿之故,于杀人为盗之李鉴而欲释之,此与张、桂之释李福达何异?恃主之宠,而恣肆横行,此小人无忌惮之为耳。书素号清流,以博讲学之名者,何乃至是耶?虽然,非独书也,陈洸之凶滔暴虐,乃衣冠而盗贼,霍韬必欲雪而用之,此与书之释李鉴又何异?吾不意数人之心术竟如一人也,"大礼"之议,本自不谬,乃因此蒙眷,遂欲尽反天下之公论,而事事与之立异。吾常疑其初之所议,不过欲立异而然,非真能有所见也。"[1]嘉靖朝"大议礼"起。"大议礼"之议本有定论,前文已述"为人后者为之子",天下之公论。而小人为取悦人主,"独立特行",提出反天下之"继统"论。其最终目的就是抬高自己,排除异己,从君主那里获得权利。小人心术不正昭然若揭。《易传·系辞》早已提示,小人不以不知仁义为耻,不怕行为不符合仁义,见不到好处就不会忙碌起来,感受不到威严就不知危险。此不可不察。万斯同《明史稿·列传一百三》中有"《易》泰之初九,拔茅茹,以其汇,而否之初六亦云,盖君子、小人以类相引,自然之势也。世固未有小人得志,而不广树私党者,方阉瑾用事属意,其乡人即刘玑、韩鼎素有才行者,犹不免濡足,况其他嗜利无耻者乎?厥后,嬖幸乱政,一时逐臭附膻,前后一辙,如宁杲、张龙即移其事瑾者,以事彬宁,廉耻道丧,靡然从风,其始率由

---

① 《凌席书传》,《万斯同全集》(第 8 册),第 252 页。

一二宵人进用,而后乃至于莫知底极,岂非履霜而致坚冰为深可畏焉者哉!"①《泰》卦第一爻提示,应连根拔掉茅草及其同类;《否》卦第一爻亦如是云。《泰》《否》两卦初爻均说明君子、小人各以类相聚,从而构成不同的利益集团,这种现象是自然而然生成,世上未有小人得志而不结党营私。万斯同有记述,当阉宦刘瑾执事时,他的同乡像刘玑、韩鼎素等人都是有才行的人,也不免攀附而上,况且其他嗜利无耻之人。之后,嬖幸祸乱朝纲,一时间"逐臭附膻",不知廉耻,靡然成风。党祸之始尚为一二小人兴风作浪,之后关系复杂,交织错杂,乱成一锅粥,正可谓"三尺之冰,非一日之寒。"在万斯同看来,无论君子还是小人都会拉党结派造成政治的昏暗。注意,这里万斯同并没有简单地指认只有小人拉党结派,君子也会结党。因此,万斯同提出要严防官员结党,既已结党就应连根拔除。宋代欧阳修认为"小人无朋,惟君子则有之"②。即君子行仁义而必有真朋,小人交利禄而必为伪朋;就其为朋的真伪意义而言,小人无朋而君子有朋。黄宗羲反对欧阳修的观点,认为结朋是政治上的不正常现象。君子心胸坦荡,蹈仁义,必定无朋,而小人悖仁义,搞阴谋,必定有朋。显然,万斯同对他们的观点都持反对态度,认为君子、小人都会结党结派。这种颇有洞察力的观点的获得离不开万斯同对明末东林党人和阉党的党争教训的反思。

(二)小人肺肠面孔古今一辙

韩非子揭示权臣有"八奸",实施八种伎俩蒙蔽君主,即贿赂君主宠幸之宫姜,收买君主亲信侍从、拉拢近臣廷吏,向君主提供声色犬马以乱君主心志,制造虚假颂扬之声蒙蔽君主,虚构危机、编造流言蜚语混淆视听,收罗死党、培植亡命之徒威胁君主,勾结强国胁迫、威慑君主就范等等。观此可知,万斯同所论之小人即为奸人。

万斯同《明史稿·列传一百五十二》:"《易》以刚德为君子,柔德为小人。彼居官而不畏强御,非所谓刚德者耶! 正嘉之际,奄宦恣横、党纠结中,外绎骚吏之得行其意者,寡矣之。数臣者或著强项之名,或树敢言之节,莫不义炳秋霜、风生台阁。虽动遭摈放郁抑以终要其梗,概亦足自列于后世矣。"③万斯同写道,《易》载刚德为君子,柔德为小人。为官而不畏权势,正是君子刚德的表现。至于柔德小人就明代而言正是指阉党。阉党悖仁义,背地里搞阴谋、耍手段正是

---

① 《明史稿》,《续修四库全书》(第 328 册),第 393 页。
② [宋]欧阳修撰,洪本健校笺:《欧阳修诗文集校笺》,上海古籍出版社 2009 年版,第 520 页。
③ 《明史稿》,《续修四库全书》(第 329 册),第 301 页。

其为人柔德的表现。正嘉年间,阉宦恣意横行,结党拉派,把持朝政,刚德君子、想干点事情的大臣要想有点作为很难。他们当中有的人因强项不屈服而著名,有的人以敢于进谏而成名,但均遭到"摈放"而抑郁而终。其表现为后世留下了榜样,也引发长长的思考……万斯同认为,刚柔相对,凡与此刚正不阿相对立的为官之人都具柔德小人之嫌。

　　万斯同《明史稿·列传二百五》"东林以门户得祸,论者多为责备之辞。盖时势所激,意气乘之,贤者不能无过,然而阴阳之限,黑白泾渭之分,固昭然其不可掩也。群小甘附阉,蒙面丧心以苟一时之利,乃至千态万状,备极诸丑,莫可形容。孔子所云无所不至,庶几尽之耳,即如要典之修亦颇费心计,后来之公论何如乎?! 甚矣! 小人之愚也!"① 万斯同记述道,东林党人因为门户之见得祸,遭到后世很多人的批评。门户争斗,时势所迫。万斯同认为东林党人确有意气而为之事,但即便是贤人谁又能保证无过错? 即使不"意气"用事,阴阳有界限,阴就是阴,阳就是阳;黑白分明,黑就是黑,白就是白。纸终归包不住火,矛盾无法掩饰,注定最后要爆发,只是时间早晚的事情。事实说明,小人甘心依附阉党,丧尽天良只为图眼前利益,丑态百出,无法用语言形容。正如孔夫子所言,无所不至其极。如果编纂要典,怎么去描述这些小人还真颇费思量。万斯同最后判定,这些小人终难逃脱历史的审判。由此可见,小人目光短浅,太愚蠢!

　　万斯同《明史稿·列传二百六》:"忠贤罪大恶极,神人共愤,要皆群小成之也。小人肺肠面孔古今一辙,而举国若狂,良心丧尽,则载籍以来所未曾有。呜呼! 妖孽若此,不亡何待乎?!"② 万斯同写道,魏忠贤罪大恶极,"神人共愤"。这种局面实际上是群小促成的。万斯同认为,小人心肠、面孔从古至今都是一样的。但是像当世依附魏逆之流,良心丧尽,举国若狂者,则自有史以来未曾有过。妖孽如此,明朝怎么能不亡国?! 万斯同认为治理国家,一言以统之,小人切不可用;否则,王朝必然自政治生态遭破坏始,至亡朝亡国而终。

　　综上所述,万斯同认为维持君、臣、民关系良好运作的是礼、礼制,同时亦肯定了封建社会由君臣民构成等级森严的合理性。万斯同指出驾驭官僚体系需建立相关制度,德法兼顾,国家需要大力培养士阶层扩大礼、礼制的承载。在谏议问题上,万斯同认为暴君、骄主之过失是封建社会内部各种矛盾积聚,积重难

---

① 《明史稿》,《续修四库全书》(第 330 册),第 282 页。
② 《明史稿》,《续修四库全书》(第 330 册),第 295 页。

返的结果,有个长期积累的过程,以至于明王朝虽有健全的谏议制度但形同虚设。万斯同建议进谏之人劝谏应考虑君王的接受程度;同时君主应虚心接受谏议并及时改过。在君子、小人之辨问题上,万斯同认为古今小人丑恶面目相同,悖仁义,搞阴谋、耍手段,排除异己,排挤能做事的大臣。故开国承家小人勿用;否则,王朝必然自政治生态遭破坏始,至亡朝亡国而终。在朋党问题上万斯同并不袒护君子,认为现实中不论君子、小人均呈结派之必然之势,因此凡结派者即连根拔除。

第七章　人生哲学

万斯同先祖"三世四忠"、高祖儒将万表、父亲复社名士加遗民万泰,均光照明史。作为胜国世胄之子弟,万斯同认为遗民固然讲究气节、名节,这是孔孟之道的应有之义。因此,遗民不得仕于新朝。万斯同将自己的人生与对孔孟之道的践行合二为一,构建起安身立命之道,将"诗书礼乐"本身作为自己最终的精神家园。

第一节　立身者在乎"诗书礼乐"

清人入主中原之后,为了稳固其刚刚建立的新生政权,采取了镇压与怀柔政策相结合的治国之方略。统治者欲通过怀柔策略,如恢复科举取士的用人制度笼络读书人死心塌地为其服务。对此,万斯同不以为然。万氏认为诗书礼乐乃载道之文,浸淫其中,并不是为了举业功名,也不是为了富贵显达,而是履行传道、布道的职责。尤其在国破家亡的情境下,不与异族政权合作,讲求名节、气节至为重要。

一、立身者不在乎显达

新朝科举取士的用人制度对所有的读书人包括对年轻的万斯同来说,都充满诱惑力。然而,令人颇感意外的是,万斯同鲜明的态度却是"不举业"。

吾岂举业之士乎? 居恒自念,天使我为无知之人则已耳,既少有

所知,自当竭其聪明以不负此生。苟惴惴于举业而不知六籍为何语,
群史为何事,其与无耳目者何异？马牛襟裾之诮实所不堪,故不觉重
此轻彼耳。①

在万斯同看来,诵读六经、钻研历史,全面继承孔孟之道高于举业。举业则
将自己框在一个视野很小的范围内,实际上就是学习应试。"安能舍其所好,强
其所不好,将易尽之岁月,浪掷于无用之浮辞,而与区区者争得失于蜗角哉！"②
强迫自己在不喜欢的领域浪费宝贵的生命时光,结果换来的是无用之浮辞,在
蜗角狭小的空间内做道场。况且是为异族的新朝服务呢！作为胜国世胄之子
弟,年轻的万斯同对如何立身有自己独到的见解。

盖所谓承家者,在乎立身而不在乎富贵;所谓立身者,在乎诗书礼
乐而不在乎显达。③

万斯同提出,士人安身立命的关键在立身,而不在于是否富贵;立身在于诗
书礼乐,而不在于是否显达。何谓富贵？就通常习惯而言,以财货为富,权位为
贵。此说屡见之于经传。《易传·系辞》云:"崇高莫大于富贵。"《论语·泰伯》
云:"邦无道,富且贵焉,耻也。"《孟子·万章上》云:"亲之,欲其贵之也,爱之,欲
其富之也,封之,有庳,富贵之也。"《孝经·诸侯》云:"富贵不离其身。"均为其
证。在万斯同所处的当时的条件下,常人认为,既然是读书之人,要想显达,合
适的途径就是举业。研习诗书礼乐就是为了举业,举业就是为了富贵、显达。
而万斯同强调"诗书礼乐"却不举业。在万斯同的视野中,诗书礼乐乃载道之
文,讲求名节、气节是道的应有之义,故万斯同将"诗书礼乐"视为立身的根基,
从而放弃异族政权"恩赐"的可能的富贵、显达机会。

时下,隐含的话题是绝不为异族新朝服务。鉴于清政府大兴"文字狱",对
于新朝不便于直接抨击,万斯同转而在《宋季忠义录》一文中,列出诸多宋遗民
的故事(见下文),通过对遗民们重在"诗书礼乐而非富贵显达"、注重气节、名节
的表彰,激励自己不断前行！将道视为现实的践行活动,是万斯同哲学思想实

① 《与友人书》,《万斯同全集》(第 8 册),第 286 页。
② 《与友人书》,《万斯同全集》(第 8 册),第 287 页。
③ 《逸老堂记》,《万斯同全集》(第 8 册),第 270 页。

学特质的重要表现。

严侣(?—1331)为严子陵三十五世孙。侣从学于乡先生汉英贾公,贾公得于复斋赵公,赵公得于潜斋陈公,陈公亲受于晦庵朱子。因此,严侣是朱子的四传弟子。

严侣隐居乡间,常常说:"汉云台诸将,仕非不赫赫,今子孙无闻。吾鼻祖去之一千三百有余年,而高风远韵,与富山桐水相为峙流,士奚必以仕而贵哉?某不敏,愿为严陵贤子孙足矣。"①严侣说,纵观历史,汉云台诸将当时官阶非常显赫,但是现在他们的子孙却声名不显;与其对比,我严侣的老祖宗,生活在一千三百年前的严子陵,却至今为人纪念,他的"高风远韵"可与富阳桐庐之山水相媲美。故士人为什么要以当官为贵呢?我严侣不聪明、灵敏,只愿做一名合格的严氏子孙,向老祖宗学习,隐遁山水之间。

郑思肖(1241—1318),宋太学上舍生,宋亡后易名思肖。郑氏认为天下一直在变,处处在变(涵盖时空)。不变的只有"变"。变的是具体的物体,不变的是道即变化中的规律。将世界视为处于不断变化之中,郑氏的见解的确不同寻常。立身也有规律可循,郑思肖曾说:"古人重立身,今人重养身。立身者,盖超乎千古之上,与天地周流于不知不识之天也。养身者,惜一粟以活微命,役于万物,死于万变者也,何足道哉。"②古人重在立身,今人重在养身。立身者超越时空,与天地同在,与日月同辉,不是常人所能把握的,做得到的;而养身者,仅为谋生,为了维持生存,故被外物所役,囿于其中,不值一提。

卫富益,卒年九十六,生卒年不详。师从金履祥、许谦。许谦因为对方年龄与自己相当,名声又大,不敢以师名自许。卫著作有《四书考证》、《性理集义》、《易经集说》、《读史纂要》、《耕读怡情》等。卫氏曾告诫周围人,说:"士子品三,道德为上,功名富贵何足慕哉!"③卫氏认为,作为士人,道德最为重要,功名富贵有何羡慕的?!

史伯璿(1299—1354)平阳人,说:"读书本以善身,为仕而学,岂吾志也!"④读书本来是为修身养性,为当官而学习,不是我的志向。

郑时中,生卒年不详,寿昌人。著作有《春秋指迷》。"人生富贵利达,皆身

① 《万斯同全集》(第1册),第425页。
② 《万斯同全集》(第1册),第426页。
③ 《万斯同全集》(第1册),第436页。
④ 《万斯同全集》(第1册),第442页。

外物,吾有先人薄田敝庐,足供饘粥、蔽风雨,读书诵诗,足陶性情以乐,吾生岂不快哉!"①郑时中说,人生富贵显达都是身外物。我的先人留下的薄田、草房足以吃饱、避风雨。我读书诵诗,陶冶性情,人生何等快乐!

林起潜,黄岩人,生卒年不详。林说:"人各有贵于己者,与其雕篆以干人爵,孰若释靡践实,求圣贤之所谓学者,以适吾志哉?"②人生各有各的选择,与其竭尽气力博取功名,求得一官半职,就是浪费,不如来点实际的,学习圣贤之书,更适合我的志趣、志向。

《宋季忠义录》一文中列出的这些宋遗民的诸多例子,虽然表述不同,但是各个例子都是对人生荣辱成败、功名利禄的反思,其核心观点高度的一致,即立身不在于富贵显达而在于诗书礼乐,始终保持对道的坚持和对名节、气节的坚守。

明朝遗民高斗权也是个突出例子。万斯同在《高废翁先生序》中高度赞扬了他不屈服于新朝,安贫乐道的精神。

高斗权字辰四,又称废翁,前明诸生,"晚年壁立瓶罄,缊袍敝屣,怡如也"③。高氏是有一定能力的人,饥寒交迫之时,他却只在吟诗作文。旁人不理解,颇觉怪异。然而万斯同能充分理解高斗权,且希望以他为榜样。高斗权50寿诞,万斯同有《序》赠之云:

> 废翁居环堵之室,朽几败榻,残书数编,昕夕吟诵,忘其身之憔悴、室之呻吟也。每于啼饥号寒时,辄把笔为诗数章,为古文一首。客之过者莫不以翁为怪,而不知翁固未始怪也。士处今世,上无授粲之人,下无解衣之友,耕田不能,行贾不可,计惟有穷饿已耳。将欲抉樊篱、涂心志,以丐升斗于人世乎? 吾不知其可也。欲焚诗书、毁笔墨,自放于山巅水崖乎? 又未知其计之得也。然则翁之所为固其常耳,又安足怪哉?! ……予亦善于饿者,顾不能如翁之胸怀浩落、吟咏不辍以为愧。方将学翁之所为以娱其饿,而人顾以为怪哉。④

———————————

① 《万斯同全集》(第1册),第446页。

② 《万斯同全集》(第1册),第453页。

③ (乾隆)《鄞县志》卷一六《高斗权传》,《天一阁藏历代方志汇刊》第275册,国家图书馆出版社2016年版,第596页。

④ 《万斯同全集》(第8册),第278页。

高斗权是万斯同父亲万泰的挚友,高斗权和万斯同彼此之间非常熟悉和了解。万斯同对高斗权及其生存状态的记述是清初明遗民最为普遍的样式。改朝换代的突变剥夺了遗民们原有的产业,切断了他们在此之前的奋斗之路,改变了他们的生活轨迹。"国变"之前,遗民们大多是不会或不愿治产业的读书人;"国变"之后,出于"气节"和"名节"的考虑,他们又选择了"以生为死"或"戕生自残"的生存方式,从而成为明清易代之际这一特殊时期的特殊人群和文化现象。

首先,明遗民的生活大多非常惨淡,甚至非常的惨烈。迫于无奈,有的人教书糊口,有的人逃禅为僧,有的人卖卜行医,有的人则干脆僵卧长愁,以死为邻。相比较而言,沦落至于"穷饿"又算什么呢? 其次,明遗民在独特的人生观和价值观支配下,形成了自己比较固定的相对封闭的圈子,在这个圈子中有着共同关心的话题。其三,明遗民尤以江南地区的人数为多,影响最大,而支撑他们自甘惨淡生存的原动力正是深入骨髓的传统文化及对"道"的坚守。他们远离尘寰,弃绝功利,潜心学问,著述等身,经受着世人难于理解和忍受的凄楚人生,成为明清王朝更替时期中国传统文化最为坚毅的载体。

万斯同从高斗权身上隐约能看见自己的影子……

二、凡人世可喜可欲之事吾皆无之

万斯同不举业,放弃可能的富贵、显达机会,不为常人所理解。万斯同《与友人书》中载,万斯同因为不举业,遭到当时周围很多人的非议。无独有偶,黄宗羲亦曾经记载过他在绍兴讲学的亲身经历(前文已述),云:"丁未(康熙六年),余与姜定庵复讲会,修遗书,括磨斯世之耳目。然越中类不悦学,所见不能出于训诂场屋。"绍兴一带大多数人学子都在忙举业,对于"超纲"的学问是不感兴趣的。因此,万斯同一边超纲学习,一边却不举业的行为遭到周围世俗之质疑、嘲笑,并不奇怪! 面对异族新朝,市井学子们都在打自己的小算盘。所谓名节、气节,早抛之脑后。怎么说? 这就是现实。

万斯同从两个方面说明了自己"不举业"的原因。

弟家无儋石之储,室有啼饥之子,以情而言,岂不欲图进取以自救,顾先人有训,不敢违也,故宁从吾所好耳。且吾之一身,凡人世可喜可欲之事,吾皆无之,以为非人力之可致者;至若读书稽古之事,则

人力之可致者也。不可致者,吾既任之而不求;其可致者,吾又委之而
不务,是何自待之薄而自视之轻也。故凡今之讥我以不为举业者,吾
又未尝不悯其徒为举业也。①

　　首先,先人有训,万斯同不敢违抗。万斯同当时小家庭的实际情况是一边
没有足够的衣食储备,而另一边是嗷嗷待哺的孩子。为了家庭、为了生存,于情
于理,照常人之见是应该举业的,但是先人有命,又有关名节、气节,故万斯同不
举业。其次,世间常人"可喜可欲"之事,万斯同都没有概念,有意与俗人、俗世、
俗态保持一定的距离。万斯同认为这些"可喜可欲"之事都不是人力一定能办
到的,即通过自身努力也不一定能办到,况且目的不一定达到却坏了名声,不小
心就成了先贤眼中的"长安名利客"②。而"读书稽古"之事,这是人力能办到的,
即通过主观努力能做到。万斯同可怜那些"长安客"仅仅就为了举业,抛弃了名
节、气节而有损声名。为了功名而举业,忘记了自己身为"华"却为"夷"效力,可
耻之至。正如前文所引宋遗民郑思肖所云:"古人重立身,今人重养身。立身
者,盖超乎千古之上,与天地周流于不知不识之天也。养身者,惜一粟以活微
命,役于万物,死于万变者也,何足道也。"人有两种活法。一种立身,正是万斯
同所理解的立身在于诗书礼乐而非显达;另一种立身指向显达,换个名词正如
郑思肖所谓之"养身",养身为外物所累,囿于荣华富贵所限。郑思肖的观点与
万斯同在时事变化的新形势下对于举业、立身的基本态度与看法相合,对于参
加举业欲求富贵的养身者,万斯同、郑思肖都是不屑的。
　　总之,万斯同认为士人安身立命的关键在于立身,不在于是否富贵;立身在
于诗书礼乐,而不在于是否显达。"诗书礼乐"是为孔孟之道之所载,因此,从事
"诗书礼乐"就是传道、布道的过程。万斯同强调道与行的结合,强调立身在于
精神层面的富足,将传承中华文化作为自己的历史责任。万斯同认为,在特定
的历史条件下,名节、气节、民族大义高于一切。万斯同坚持绝不仕清的信念并
将"诗书礼乐"本身作为自己最终的精神家园。

① 《与友人书》,《万斯同全集》(第8册),第286页。
② [宋]黄庭坚著,郑永晓整理:《黄庭坚全集辑校编年》,江西人民出版社2008年版,第1页。

第二节　缔交海内文士为可"乐"

"乐"或者说"乐趣"对于个体人来说非常重要。对此,古往今来不同的人有不同的见解。有的重物质,有的重精神。但是当"乐"或者"乐趣"与精神生活连接到一起,快乐不再偏于物质享受,而在于精神层面的追求,那么人的认知、人的发展就进入了新的阶段。

一、披析疑义殊有足乐

在《送张汉瞻南还序》一文中,万斯同清晰地表述了自己的"乐"。

> 惟四方贤豪,亦以辇毂所在,多挟册而至,余择其贤者与之欣赏奇文,披析疑义,殊有足乐。视夫偏州下邑,独处无徒者,岂不诚相远哉!故余尝谓京师无事可乐,惟得缔交海内文士为可乐耳。然士之至止者,又不能常聚,或一岁而去,或再岁、三岁而去,其久者或六七岁而亦去,余即欲与之久处,而势有不能,则于最乐之中,又有不乐者存焉。……余他日南还,访吾子鄮川、练水间,读所著书,必更有进于今日者,是则尤余之所大乐也。①

来自四面八方的贤豪,汇聚京师,带来了很多的书籍。万斯同记述道,他择优而读,"欣赏奇文,披析疑义",非常快乐。万斯同以切身体验作了对比。如果待在偏僻的小地方,一个人独处,没有志同道合者,好友相隔又很远,实际上是无法享受共乐的乐趣。与此对照,在京师,远离故土,忍受着常年与妻儿的离别之苦,有所弥补的是结交了很多海内文士。在与他们的交游历程中,可以读书、欣赏奇文……其中,甘苦自知,自有抉择,自有获得感,其优劣不言而喻。回到现实中,万斯同认为,有志同道合者,其美中之不足的是知音不能常聚首,一年、两年、三年,六年、七年,终有一散,这是乐中之不乐。在序的最后,万斯同表达了期待他日南还顺路拜访张汉瞻的愿望,声言如果能够读到张氏的新著,则是

---

① 《送张汉瞻南还序》,《万斯同全集》(第8册),第287页。

人生"大乐"。

常人眼见的很平常的"乐",甚至不是乐,在万斯同这里却被津津乐道!回味无穷!万斯同《送张汉瞻南还序》这篇序记载了万斯同"乐"处即践履"道"的一个真实的场景。万斯同把握住了"孔颜乐处"的精神实质,与海内文士共"乐"书中是万斯同徜徉"诗书礼乐"世界的一次重要旅行,是孔孟之道不曾泯灭而上苍对他的奖赏。

二、"孔颜乐处"的榜样与启示

"孔颜乐处"是流传千百年的经典儒学命题。《论语·述而》篇中载,"子曰:饭疏食,饮水,曲肱而枕之,乐亦在其中矣。不义而富且贵,于我如浮云。"孔子认为吃着粗粮,饮着白水,弯着胳膊当枕头,充满乐趣。与之对照,用不义的手段得到富贵,孔子说这好像浮云,转瞬即逝,无足轻重。孔夫子又自述"其为人也,发愤忘食,乐以忘忧,不知老之将至云尔"。孔子认为发愤学习和尽力教学,是人生的最大快乐。在发愤学习和尽力教学的历程中,孔子有自觉年轻很多的感觉,竟然忘了自己在学习和教学中渐渐地老去。孔圣人的论述揭示了道与贫穷、富贵、学习之间的不对称关系。《论语·雍也》记孔子云:"贤哉,回也!一箪食,一瓢饮,在陋巷。人不堪其忧,回也不改其乐。贤哉,回也!"在这里,孔子称赞了学生颜回安贫乐道的精神。颜回用非常简陋的竹器吃饭,用瓢饮水,住在陋巷,别人受不了这种困苦,颜回却不改变乐观态度的情景……孔颜师徒二人超乎寻常的人生态度一齐谱写了"孔颜乐处"的千古华章。对于孔子、颜回这样的高尚的人来说,快乐不在于物质享受,而在于精神层面的追求,在于道的传承、承载,在于对道的坚守。因此,千百年来"孔颜乐处"就成为儒学关于理想人格和高尚道德境界的代名词。

自北宋周敦颐始,对"孔颜乐处"的解释成为宋明儒家讨论的中心话题。理学开山祖师周敦颐解释说,"颜子'一箪食,一瓢饮,在陋巷,人不堪其忧,而不改其乐'。夫富贵,人所爱也,颜子不爱不求,而乐乎贫者,独何心哉?天地间有至富至贵可爱可求异乎彼者,见其大而忘其小焉尔,见其大则心泰,心泰则无不足。"[①]在周敦颐看来,颜回之乐是一种超越富贵功利层面之上的精神境界,一旦臻于此等高尚的境界,则不论什么情况都不能改变快乐的心境。周敦颐不仅自

---

① 《周敦颐集》,第33页。

己重视"孔颜乐处"，还指令他的弟子二程兄弟"寻颜子仲尼乐处，所乐何事"。①二程对此颇为重视。程颐就此曾作《颜子所好何学论》，对其师的问题作出专题回答，认为颜子所好是"学以至圣人之道"，而圣人之道是"性其情"而不是"情其性"。"性其情"就是使人的情感符合人的"性"，即符合儒家的道德理性。换言之，"孔颜之乐"是道德理性对情感的调节、控制，并达到超理性境界。② 然而，二程在谈到"孔颜乐处"时却语焉未详。程颢只说周敦颐教他们寻孔颜乐处，程颐则只说乐并不是乐道，都没有从正面阐述乐是什么或者什么是乐。其中原因显然在于乐是一种个人体验，而这种体验不容易被清晰地表述出来。朱熹作为理学的集大成者，对"孔颜之乐"也极为关注。他对周敦颐的《通书·颜子》有详细的注解，并借注解表达了自己的快乐观。在朱熹看来，颜回之所以贫不改其乐，是因为"颜子胸中自有乐地，虽贫窭不以累其心，不是将那不以贫窭累心的做乐"。③ 颜子之乐是因为其私欲克去。"私欲既去，天理流行，动静语默日用之间，无非天理。胸中廓然，岂不可乐？ 其与贫窭不相干，故不以此害其乐。"④由此可见，朱熹对乐的解释具有更为浓重的道德主义的特征。

自孔颜以降，"孔颜乐处"得到了很好的传承。在新的特定条件下，万斯同赋予了"孔颜乐处"新的形式和内容。万斯同抓住了"孔颜乐处"的精神实质，故万氏特别注重乐的精神层面的追求，即认为"缔交海内文士为可乐"，可乐的内容是"欣赏奇文"（因为奇文承载着道），可乐的形式是缔交文士（因为文士是布道者、传道者）。从此亦可见万斯同的学术思想与孔孟之道之间的承接关系。

第三节　士大夫立身一差即万事瓦裂

"声名"问题关系到每个人的身前死后，是万斯同"立身说"的重要组成部分，历代诸多先贤都对此进行过细致的研究。西汉时期司马迁提出"人固有一死，或重于泰山，或轻于鸿毛"，将人进行了二分类；千年之后，又有民族英雄文天祥以"人生自古谁无死，留取丹心照汗青"相照应；当代诗人臧克家干脆直白

---

① 《周敦颐集》，第 33 页。
② 参阅《二程集》，第 577 页。
③ 《朱子语类》，《朱子全书（修订本）》（第 15 册），第 1125 页。
④ 《朱子语类》，《朱子全书（修订本）》（第 15 册），第 1126 页。

地呐喊"有的人死了,他还活着;有的人活着,他已经死了"。本节我们将看到万斯同为我们提供了发生在历史上的很多真实事例,揭示出个人之所作所为对于身前死后声名的影响,其中的经验教训值得警醒,引以为戒。

一、择术用世者宜知所审

刘因在万斯同《儒林宗派》中有记载,是元代儒林四大门派之一——刘氏学派的掌门,另三派为金氏学派、吴氏学派、许氏学派(万斯同的观点)。万斯同在《书元史刘因传后》段首便曰:

> 甚哉! 刘因之盗名欺世也。[1]

此语句颇为醒目。万斯同义正辞严,指出刘因盗名欺世! 刘因本为汉人,亦并非生在蒙古,又非在蒙古长大。等到伯颜率兵侵入大宋,他竟作《渡江赋》献之,巴不得宋朝早点灭亡。万斯同认为刘因以道学闻名,又为隐士。宋朝亡不亡与其有何利害关系? 万斯同举例说,历史上苻坚手下有位叫王猛的大将。王猛是南人,等到苻坚南征,王猛本应效忠苻坚,但他却认为南征不可。万斯同认为,这正是君子行为有所取焉。照理,刘因秉持孔孟之道,宗学程、朱理学,广授学生,为人称道,但是他的献赋行为有悖孔孟之道,严重败坏了他的个人形象,而不是败露与否的问题。万斯同认为刘因最为可恶的地方就是盗名欺世。

> 因又自负隐逸名,若不屑仕元者,当世莫不重之。然赞善大夫,非卑官也,因既就之,而犹为之隐逸,何也? 姚枢、窦默、许衡之仕元,后未尝自标隐逸,故君子犹或宽之。因既窃美秩,又盗美名,而后世果为所欺,相率称之曰隐士,又尊之为理学名儒,甚者欲从祀文庙。呜呼! 何后世之易欺,而因之奸伪,至数百年而莫觉也?[2]

刘因一边从元廷获得好处,一边又欲博取令名。与许衡等人"直接出山"对照,刘因有点鬼怪。翻开底牌看,刘因内心确实想谋取官职,愿意为元朝服务,

---

[1]　《书元史刘因传后》,《万斯同全集》(第8册),第402页。
[2]　《书元史刘因传后》,《万斯同全集》(第8册),第402页。

可是他又装着不想出山，最终又"出山"却又装着被迫无奈的样子。等《渡江赋》一"现水"，其奸伪之像毕露无遗！于此，万斯同告诫"择术用世者"应好好思量。这作为、这世道君子不是不懂，而是君子有所不为！

> 然则因本欲仕，特故缓之以邀其声价耳，岂真不降不辱，如古逸民者流哉？即就二人言观之，衡犹诚实，因之矫诈愈不可掩矣。若曰："因不得已而赴召"，则其献《渡江赋》，亦不得已耶？亦迫于朝命而然耶？或人无以对。[①]

对此，万斯同《明史稿·列传一百三十五》有个很好的结论。"世之诡合时趋自负通敏者往往狗势蹈险，罔惜名节，卒其所获亦大可见；而端瑾修洁之士，循循自safe、动中绳尺，亦未尝不展厥风，犹蔚为物望，择术用世者宜知所审矣。"[②] 万斯同写道，人世间自认为聪明者，诡计多端，攀附权势，不惜名节，设巧做人，在世其所获得的也许很"可观"，但也就仅此而已，终将暴露无遗、身败名裂；而洁身自好之人，自尊自爱，言行有规矩，未尝不展示自己应有的风采而为人们敬仰。因此，万斯同正告那些看人打卦、见风使舵的机关算尽者应引此为戒。

中国先贤有"三不朽"之说，这对中国人塑造自身形象及品格的理想世界产生过重大的影响，激励着无数的中国人不断追求着事业的成功和人格的完善。"三不朽"指立德、立功、立言，出自《左传·襄公二十四年》"太上有立德，其次有立功，其次有立言，虽久不废，此之谓不朽"。但是在中国历史上真正能够"三不朽"的毕竟是少数，因此，万斯同提出能够为身后留下"令名"的退而求其次的立场。上文万斯同从反面列出许多对"道"的违背的例子，表明违背"道"与身败名裂之间的因果关联。一个人固然有存世"生"的欲望和意义，但更有留世"令名"的意义和价值，舍弃令名而置名节、气节不顾则身败名裂。这是万斯同在对历史进行深度研究，反思历史人物臧否的基础上，对现实的人生价值的深层思考。

二、一着不慎声名俱裂

万斯同在《跋家乘外集群公手札后》特别提到：

---

① 《书元史刘因传后》，《万斯同全集》（第 8 册），第 402 页。
② 《明史稿》，《续修四库全书》（第 329 册），第 89 页。

呜呼！人其可不自立哉？①

万斯同向来认为，做人不能不自立，不可不讲求名节、气节。名节、气节丧失则声名俱裂，枉谈做人。

> 夏日无事，与六兄充宗阅家藏群公手札，见有冢宰汪铉与高王父、中丞乔应甲与王父二书。同曰："是小人之尤也，曷斥之？"充宗曰："然。"已而，充宗整家乘，录群公手札于外集中，遂弃二札不录。愚是益叹奸徒之不容倖免，而小人之为人唾骂无已时也。方二人贻书于我，一巡抚南赣，一巡抚淮扬，其罪状犹未败露也，然君子丑其末，去之惟恐不亟。其他若赵庄靖、若邹文庄，虽片纸而不遗；若文徵仲，若王稚宜，虽布衣而必录，家乘之中而寓春秋之法焉，何其严也。异时吾子孙观此，尚为集中之所载者，不为集中之所弃者，庶几不坠吾祖之教，而亦充宗所以采辑之意也。②

引文大义为，夏天无事的时候，万斯同和六哥斯大翻阅其家藏的群公手札，其中有汪铉、乔应甲分别给万斯同曾祖父、祖父的书信。当时二公写信的时候劣迹尚未显露。兄弟二人认为二公乃小人之尤。于是在家乘中弃二札不录；与之对照，赵璜、邹守益片纸不遗，文徵明、王宠虽身份仅为布衣而文字必录。在家乘中亦有褒扬君子，贬黜小人之目，寓春秋笔法③。故万斯同认为人不能不注意自己的言行，小人其卑劣行径终究败露而为世人所唾弃。

> 以文学名儒，或俯首以丐升斗之禄，而生平之名节不顾矣。其最无可取者，如休宁陈栎，穷经讲学，当时亦称名儒。及科举一开，以六十余龄之人，争先赴之，虽倖倖一举，所得几何？乃举平生之学问而尽弃之。夫名节立身之大闲，名节一丧，将一生之百行俱隳，可以是为小节而不顾哉？栎素谈圣贤之学，此而不顾，其平时所谈者何学也？将

---

① 《与友人书》，《万斯同全集》（第8册），第254页。
② 《与友人书》，《万斯同全集》（第8册），第254页。
③ 孔子、荀子都曾就"正名"进行过讨论。孔子以为当时因名不正而乱，欲以正名救时之弊。孔子作《春秋》之目的及功用即在于使"乱臣贼子惧"。

徒为利禄之梯耶？元之世,以名人而应举者何可胜数？吾独惜陈氏以六十之年,而一旦丧其生平也。①

在《书元史陈栎传后》,万斯同写道,蒙元入主中原之际,国家政治生活中,蒙古、色目、汉人、南人等级依次而下,南人等级最低。起初科举未开,士子一时无仕进之路。其间,或有司之辟召,或庠序学官,或州县冗秩,屈节为之。如戴元表、牟应龙、熊朋来、马端临之徒;及至元仁宗延祐二年(1315),元朝几乎过去一半,始以科目取士。而这时陈栎,一位饱学儒士,以六十高龄参加元人的科举考试,欲博取功名。万斯同认为陈某人虽一时得逞,其实所得无几,最终将被钉在历史的耻辱柱上。万斯同批判了陈栎这种不顾名节的卑劣行为。

一招不慎则声名俱裂,元朝危素也是个典型例子。万斯同《明史稿·列传二十八》载:"杨、危诸人皆胜国之逋臣也。维桢晚节颓然,自放志犹可哀!素则意气扬扬,恬不知耻,和州之谪不识何颜入余阙庙耶?!以宁、裕伯之徒议论炎炎,未为太诡于正而首尾衡决,秉节不终,律以人臣大义,又奚所逃乎?甚矣!士大夫立身一差即万事瓦裂可勿惧哉!"②杨维桢、危素等人均为元朝亡国之臣。万斯同认为杨维桢其为人是不错的,可是晚节不保,忘记初心,颇令人感叹;与之对照,危素投敌后还洋洋得意,恬不知耻,不久即被朱明王朝贬到和州,守余阙庙(余为元朝战死),可见,受降方(本来的敌人)亦看不起危素,故危素又有何颜面做人?张以宁、秦裕伯等人前面大言不惭,之后又口是心非,前后不一致,既明人臣之大义,又为何临阵逃跑呢?前面刚刚还慷慨陈词,转眼间即屈服在屠刀之下。万氏感叹士大夫立身有时可能就是一念之差。但是一招不慎则声名俱裂,要谨慎为之。万斯同《明史稿》中还有很多相类似的例子。《明史稿·列传六十四》"刘中敷抗颜权幸,张凤亦执法无挠,可谓介如有守矣。金濂、何文渊固卓然良吏,而声名颇损于迟暮时甚矣,晚节之难也。侯琎、王来立功荒徼,陈镒、孙原贞、杨宁并宣力严疆,视罗通之□言欺世,中怀险僻者,大不侔矣。然以石璞之廉干不□先身于权珰,而张楷、沈固、薛希琏之徒谄附宦竖至诵言于朝,不顾天下人非笑,尚得谓之有耻乎?士大夫立身之重节,奈何其不知慎也,噫!"③刘中敷"抗颜权幸",张凤亦"执法无挠",可谓耿直、有操守,值得表彰。金

①　《书元史陈栎传后》,《万斯同全集》(第 8 册),第 407—408 页。

②　《明史稿》,《续修四库全书》(第 327 册),第 357 页。

③　《明史稿》,《续修四库全书》(第 327 册),第 641—642 页。

濂、何文渊本来"卓然良吏",但是声名在迟暮之际却遭损,正是晚节不保。心怀险恶者对人不对事,他们将侯琎、王来看作是"立功荒檄",将陈镒、孙原贞、杨宁看作是"宣力严疆",却将罗通之言视为欺世。石璞清廉精干却不慎失身权珰,而张楷、沈固、薛希琏等人谄媚宦竖,朝堂之上朗朗诵言,全然不顾天下人耻笑,不知有廉耻否?常言道做一辈子的好事是不容易的,然而不干一件坏事却更不容易。士大夫立身重在名节,但可能一着不慎声名俱裂,故不能不谨慎。万斯同例举众多之人的不同经历、前后变化,再次强调了士大夫立身重节的重要性。《明史稿·列传七十四》云:"名节之于人也,不綦(其)重与?汝言倾险邪佞殊无足道。以王越之才,不惜赦命刑馀以干进取,营营诡遇,乃至垂老而不悔,又奚怪铖、缙之卑卑者乎?夫士苟仕宦热衷,便可无所不至,脱有一朝之获亦大,难以行检论矣!呜呼!可勿慎哉!"①万斯同写道,名节对于人而言,非常重要。陈汝言"倾险邪佞"不值一提;王越为干禄不惜冒受刑罚的危险,四处钻营,直至垂老不改,与之对照陈铖、戴缙等人低三下四就是小巫见大巫,又何必责怪。万斯同认为士大夫中谁如果热衷于仕宦,其所作所为便无所不至其极,即使一朝有所得逞,其操行肯定极差。《明史稿·列传一百十四》"仇铖起家佣卒,建立奇功取封侯之赏,其智略远矣。晚节称疾,屏居避远宠利以保令终,虽古名将何以加焉?鸾本纨绔子,误被任吏,以致愤事覆宗之祸,又何尤乎?神英、曹雄以附势败名。姜汉、冯祯以死事著节。张俊、安国持身廉谨,终以无咎,则孰谓介胄之士,不必关于行谊也。"②万斯同称赞仇铖以佣卒起家,最后建立奇功而封侯,可谓智略远大,后期又称病避远,善始善终,可与古代名将媲美;但是孙鸾纨绔子弟,误入仕途,一怒之下却招致灭宗之祸,没有第二,没有再有;神英、曹雄因为"附势败名"。姜汉、冯祯因为"死事著节";张俊、安国以持身廉谨善终。种种事例说明武将也要注意品行、道义。

总而言之,名节、气节对于人立身至关重要。万斯同上文所举的事例中,不乏人物,个个对名节、气节不是不懂,但是在得失成败面前难免动摇,在屠刀威逼之下则更难保其全……于此,万斯同关于"名利"的发问何其引人深思!

---

① 《明史稿》,《续修四库全书》(第328册),第76—77页。
② 《明史稿》,《续修四库全书》(第328册),第499页。

第八章　理想国

　　万斯同存世著作中并没有出现"理想国"一词,与之相对应的范畴是"一代之规模"①。万斯同通过对"一代之规模"的描述,勾勒出他对理想之国的期待。万斯同的理想国是与其经世之学紧密地连接在一起的。在万斯同的视野中,所谓经世之学,并非短期的补救之策即所谓的经济学之类,而是要全面考察历朝历代治国之大猷,探索其中之来龙去脉,分析起作用的条件。定其是,去其非,取大猷之真而成一代之规模,堪与三代之法相媲美。当下深入研究、探索、探讨,而将来可以在现实中践行、兑现。"一代之规模"是受"三代"观念启发而发明创造出来的一个新词。"一代规模"之规划其最终的目的:用则做"帝王师",不用则"著书名山为后世法"。②万斯同的理想之国生发于"历代治国之大猷",是客观世界与主观世界对立统一的结果,是对历朝历代治国之道的经验教训的反思,归根结底,是社会历史发展的矛盾的产物。万斯同提出的"一代之规模",不仅是试图给这种矛盾运动寻找到一个归宿,而且也是为了给国家、天下寻求一个可能达到的至高点,给天下生民找到一方乐土。

　　历史上,孔子曾提出"有道之世",直通大同社会。孟子、荀子则延续了孔子的思想,分别提出"王道"世界、"王制"社会。《周礼》《礼记》中也多有相关论述。概括起来,他们的共同特征就是营造一个"等差有序、仁和中让、道德境界、君王圣明"的美好社会。毫无疑问,这些特征在万斯同"一代之规模"中也得到了完

---

　　① "夫吾之所为经世者,非因时补救,如今之所谓经济云尔也。将尽取古今经国之大猷,而一一详究其始末,斟酌其确当,定为一代之规模,使今日坐而言者,他日可以作而行耳。"详见《与从子贞一书》,《万斯同全集》(第8册),第260页。

　　② 参阅《与从子贞一书》,《万斯同全集》(第8册),第261页。

美的体现。和圣贤们的论述相比,万斯同的观点还有两个突出倾向。一是坚持历史与逻辑相统一的原则,铸造理想国的具体项目、工程源自于现实生活,是对既往典章制度等的反思、提升与超越;二是先知后行即理论对践行的指导作用。具体来讲,万斯同所谓的经国之大猷不外乎"原法、置相、选举、田赋、兵制、胥吏、宦官"等治国之道。这可能与万氏受业于伟大的启蒙者黄宗羲有关。早在蓝溪受业期间,万斯同可能已经拜读过黄宗羲的《明夷待访录》;之后,他又研读过其五兄万斯选收藏的黄宗羲著《留书》。除了《史》篇将清政权比作野兽、《原君》篇严厉批判封建君主制之外,黄宗羲阐述的观点,万斯同基本接受并有所延展。万斯同通过这些条目的演变过程及其得失的分析、总结,具体提出了他的"理想国"。

第一节　士风的营造及三代法治的延续

士或士人,古时又称读书人,是中国古代文人知识分子的统称。士是中国古代特有的一种身份,是中华文明所独有的精英社会群体。士人学习知识,传播文化,政治上尊王,学术上循道,周旋于道与王之间。他们是国家政治生活的参与者,又是中国传统文化的创造者、传承者、传播者。万斯同一直对士人给予极高的评价和期望值,充分肯定士人对道的承载作用,充分肯定士人队伍的建设在士风营造及三代法治延续中的重大作用。

一、选举之辩

黄宗羲曾针对明朝尤其是崇祯一朝取士之弊端,发出感叹:"取士之弊,至今日制科而极矣!"[1]几乎所有的选举办法都失灵了。拔贡、保举、准贡、特授、积分、换授等诸多种取士之方法都被崇祯皇帝采用了,其结果却造成重副榜而轻中式的局面而为后人诟病。对此,黄宗羲提出批评,认为崇祯皇帝的做法本末倒置,"所以徒为纷乱而无益于时也"[2]。

黄宗羲深入探讨了造成明王朝取士之弊端的内在原因。黄宗羲认为,主要

---

① ［清］黄宗羲:《明夷待访录》,《黄宗羲全集》(第1册),第14页。
② ［清］黄宗羲:《明夷待访录》,《黄宗羲全集》(第1册),第14页。

是时文,也就是帖书、墨义等做法,必然导致"转相模勒,日趋浮薄,人才终无振起之时"①的状况;而陷入困境的是,黄氏担忧如果废除帖书、墨义等,又可能导致大批士子弃经不学,先王之道会被视为迂阔无用。退而求其次,黄宗羲不得不接受事实、面对现实,即承认墨义之法的合理性,仍然支持朝廷采用墨义之法。有鉴于墨义之法之不足,黄宗羲对古今两种取士的优劣作了对比,试图从优劣对比中、从追本溯源中找到解决问题的根本方案。"古之取士也宽,用士也严;今之取士也严,其用士也宽。"②黄宗羲提出应采用多种取士方法,或谓宽取士之法,即"有科举,有荐举,有太学,有任子,有郡邑佐,有辟召,有绝学,有上书,而用之之严附见焉"③。在黄宗羲的取士方案设计创新中,万众瞩目的"科举"只是几种取士方法中的一种,且并非分量最重。黄氏认为"宽取士之法"可以最大可能地避免科举考试的弊端。除了手段、方式的多样化外,黄宗羲认为选拔人才应更加注重士的德行和才智,因为这才是为国家、天下选拔到需要的人才,有利于社会正常运行的根本保障。

总而言之,黄宗羲认为通过多重途径互补取士,可以达到扩大士集团规模、壮大士集团力量的目的。而一个强大的有操守的士阶层,由宰相担当领头,定会形成一个强大的对抗皇权,抑制胥吏的势力,从而达到分权之目的。由此可见,黄宗羲的思想中具有依靠士人等精英治国的倾向。

万斯同具体考察了"上至三代,下至明朝"的取士方案。

(一)三代取士之法

至于三代取士之法,万斯同以《王制》为文本依据。《王制》载,古代取士有"选士""俊士""造士""进士"之目。从低到高,待升到"进士"阶层,则告之于王,由王予之定论。论定之后,则授予官、爵、禄。

> 《王制》:"命乡论秀士,升之司徒,曰'选士'。司徒论选士之秀者,而升之学,曰'俊士'。升于司徒者不徵于乡。升于学者不徵于司徒,曰'造士'。大乐正论造士之秀者,以告于王,而升诸司马,曰'进士'。司马辨论官材,论进士之贤者,以告于王,而定其论。论定,然后官之;

① [清]黄宗羲:《明夷待访录》,《黄宗羲全集》(第1册),第15页。
② [清]黄宗羲:《明夷待访录》,《黄宗羲全集》(第1册),第16页。
③ [清]黄宗羲:《明夷待访录》,《黄宗羲全集》(第1册),第17页。

任官,然后爵之;位定然后禄之。"①

从《王制》取士方法看,有分层次,"选士""俊士""造士""进士"等等,最后由最高决策人王论定并予以官、爵、禄;具体的考核办法为"论"。《王制》基本奠定了三代之后取士之法的基本框架。

《王制》一书一般认为是汉文帝时命博士采择三代之制而成。因此,语多错杂,不尽周制。当时《周官》一书尚未公开;一旦面世,则《王制》《周官》多不相合。时人并未辨别孰是孰非。《周官》出于武帝时,《周官》之书可疑的地方有五点,此处不具谈。《周官》初出,汉武帝视之为战国阴谋之书,加之前有孟子认为《周官》不是圣王之作,而是处士横议。故可以推断,《王制》所载可视为三代取士之法。由此可见,对于三代取士之法,万斯同文献的选定是非常准确的;但从文献文本看,《王制》取士之法又略显粗糙。从后面取士的论述来看,万斯同并没有囿于"三代"观念,而是从真实的、现实的历史中发现问题、发现矛盾所在并由此提出具体的解决方案。

(二)三代后取士之法

万斯同对三代后取士之法作了较为详尽的分析,认为三代之后汉、唐、宋取士之法颇具代表性。

1.汉代取士之法

秦始皇焚书坑儒,不用士人而以吏为师。汉朝继暴秦而后起,仍然沿袭秦朝之旧制,选举多出于吏。

> 汉用人之制,最先者为掾史,不在科目之内。其后有制科、孝廉、茂才、博士弟子四科。然文景以前,汉治最为近古,武帝以后,网罗天下人才,虽仪文日盛,而治逊于前,则致治之道,固无关于科目也。②

"致治之道,固无关于科目。"万斯同认为要达到国家大治的道,实际上与科目选拔人才无关。汉朝任用人才,最初为掾史,这个不在科目范围内。掾史之后,便有了制科、孝廉、茂才、博士弟子等四科用于选拔人材。以武帝为界限,文

---

① 《万季野先生四明讲义》,《万斯同全集》(第5册),第310页。
② 《万季野先生四明讲义》,《万斯同全集》(第5册),第316页。

景之前颇有古风,武帝之后虽然选拔条文更细,欲网罗天下人才,但是国家治理却不如前。选用人材是为了实现国家大治,与科目之开设无关。从汉朝武帝前后进行的对比即可知。其原因在于"科目"确实可以选拔人才,但是选拔出来的未必是治世之才;另一方面,在实际的选举进程中,科目越发系统化,同时又开始僵化。

> 魏时,选举所重在九品中正……晋因之。[1]
>
> 六朝时,学校不成学校,选举不成选举,不过九品中正一途,人材日衰。[2]
>
> 九品中正至隋文帝开皇中方罢。[3]

两汉之后,选举的形式又有所变化。自魏晋直至隋之前,前后相沿袭,选举均采用"九品中正制"。万斯同认为"九品中正制"有其弊端。随着时间的推移,"九品中正制"之弊病日益暴露出来,徇私情、依傍权势而形成等级森严的门阀制度。故历史上有"上品无寒门,下品无世族"之说。

> 九品中正之法,弊往往徇情、依势,故有"上品无寒门,下品无世族"之语。[4]
>
> 进士科始于隋炀帝以诗赋取士。[5]

直至隋炀帝之时科举制度肇始,绵延千年不衰的科举终成为选拔人才的最重要的方法,从此中国选举制度进入新纪元。

2.唐代取士之法

唐朝采取诸科取士的方法,克服了独科取士的弊端。

> 唐诸科之目,进士为尤贵,而得人亦最盛,岁贡常不减八九百人。

---

[1] 《万季野先生四明讲义》,《万斯同全集》(第5册),第318页。
[2] 《万季野先生四明讲义》,《万斯同全集》(第5册),第319页。
[3] 《万季野先生四明讲义》,《万斯同全集》(第5册),第319页。
[4] 《万季野先生四明讲义》,《万斯同全集》(第5册),第318页。
[5] 《万季野先生四明讲义》,《万斯同全集》(第5册),第320页。

　　缙绅虽位极人臣,而不由进士者,终不为美,时人故谓之"白衣公卿"。
进士之下即重明经,余皆不及此二科。人材各有长短,或长于记诵,或
长于文章,故设诸科以待之,始网罗无遗。若专设一科,则人各有能不
能,虽极淹博通儒,而短于文章,亦弃而不录,岂无遗才乎?①

　　唐科举诸科,进士特别尊贵,得人才最多,每年不少于八九百人。缙绅阶层
虽然权高位重,如果没有"进士"文凭,感觉则不完美,被称之为"白衣公卿";较
之进士为次等的是明经;其它各科均不及进士、明经二科。万斯同认为人各有
其才,短长不一。有的长于记诵,有的长于写文章。设置诸科选拔,则利于将人
才网罗殆尽。专设一科,则各有其能又有其不能,如果不碰巧,虽然渊博通儒,
不善于写文章,亦会被淘汰。

　　制科之制是唐朝取士的又一创新,在历史上发挥了独特的作用。

　　　制科之制,汉、唐、宋皆然,唯有明无制科之法,故士人一第进士,
即束书卷于高阁,终身不学。尝谓有圣帝明王,必不以科目取士,若以
科目取士,庶几法唐宋之制尚可得士,始而广设诸科,以网罗之于先,
继而再设制科,以激励之于后。若如明朝之制,则士人必不能通经学
古矣。②

　　制科制度,汉、唐、宋均采用,只有明朝没有制科制度。因此,明朝士人一旦
高中,便束书高阁,终身不再学习。万斯同认为,上古圣帝明王并没有以科目取
士。因此,如果后世一定要以科目取士,那么唐宋取士之法可借鉴:首先广设诸
科,网罗人材,继之制科,以之激励。与之对照,明朝取士之制相对拙劣,因为
"制科"的缺失,必然造成士人不能通经学古的局面。

　　万斯同认真研究了唐朝的选举制度,在表彰其优势的同时,亦指出其弊病
所在。

　　　唐取士之弊,进士诸科,每年一举,应试之士仆仆道途。若远方之

---

① 《万季野先生四明讲义》,《万斯同全集》(第5册),第323页。
② 《万季野先生四明讲义》,《万斯同全集》(第5册),第323页。

士,既至京师,倘一下第,则必无归乡往返之理,故往往流落京师,而干谒之途亦盛。[①]

唐朝取士有两大优点,一个是诸科取士,一个是制科制度。但是唐朝取士亦有其弊端,即进士各科每年一考。很多应试之士远道而来,一旦落第,来年必定卷土重来。但是路途遥远,古代交通又不方便,落第者一定不会"打道回府"。因此,"流落"京师,一边积极备考,而干谒之事就多起来了,结帮结派之局面由此暗生。

3.宋代取士之法

科举制度在宋朝有进一步的发展。

> 科举之法,莫盛于宋进士科。……乡试之名始于宋,其所为乡试,于一州行之也。……(宋初省试)特奏恩例之始。……进士为正榜,恩例者为特奏名榜。[②]

科举制度以宋朝进士科最为发达。乡试一目从宋朝开始,以州府为单位举行。太祖怜悯有人宋初省试屡次参试都不中,故特设置特奏恩例。进士为正榜,恩例者为特奏名榜。

> 宋太祖开宝八年,始有殿试之制。……殿试之制,分五甲。[③]

宋太祖开宝八年即975年,开始有殿试。殿试分为五甲。一甲试进士及第,二甲试进士出身,三甲试同进士出身,四甲赐学究出身,五甲赐同学究出身。

进士初任即授官县令,或为录事参军,称作"令录"。

> 宋制科之设,其法更详于唐。……宋时名臣多出于制科。……宋时知制诰官职最美,每制诰官缺,即以京兆官优于文学及大臣荐举者考之,取中者方得知制诰。士人既举进士及诸科,又有制科及考知制

---

① 《万季野先生四明讲义》,《万斯同全集》(第5册),第324页。
② 《万季野先生四明讲义》,《万斯同全集》(第5册),第325页。
③ 《万季野先生四明讲义》,《万斯同全集》(第5册),第325页。

诰之法,故宋时士大夫无不读书者。若不举制科及与知制诰之选,则
终身不得清华之职,此所谓激励之法者也。……三舍之制……此法虽
起于蔡京,而其制最善,可以造就人材,至于南宋不废。①

宋朝制科制度,较之唐朝更为完善。宋朝的名臣多是由制科制度"淘"出来
的。宋朝知制诰官职最为显贵,但必须参加考试。进士、制科都是如此。故宋
代士大夫没有不读书的。三舍制度这种方法虽然由蔡京所创制,确实最为完
善,成就了很多的人材,一直沿用到南宋。

万斯同一直对士人抱有极高的期望值,其在《读高铨传》中云:"士风之变易
也,岂不易哉? 方弘治之世,人人自爱而尚名节、重廉耻,岂不忠厚之俗耶?"②万
斯同认为,士人尚名节、重廉耻,故万氏将汉代掾史、元代胥吏的良好素质归结
为士身份(详见后文);而对损害、破坏士利益的行为予以抨击。在《书倪文敏传
后》中万斯同直接将士风与科举选拔人数挂钩,认为科举选拔人数少则士风不
振。"人但知弘治之世为极盛之时,岂知士风之不振至于如此。"③万斯同认为政
治清明的弘治一朝尚且如此,何况其他帝王当朝? 通过对三代选士及三代后
(汉、唐、宋)选士的分析,并结合黄宗羲的观点,万斯同得出了不断扩大士队伍
的结论。不仅要壮大士阶层队伍,还需斩断名利根。用张锡瓒"听课笔记"的话
概括就是"前代惟制科,庶几得人普。……科目取人才,登进杂枯窳。假令孔孟
生,岂由场屋举。二者名利根,斩断须利斧。"④在万斯同的视域中,采用汉唐宋
事实证明了的取士的有效方法,并斩断名利,充分呈现士人承载道、践行道的作
用,营造士风是当朝者的重要课题;否则,难以达到凭士治国的目的。

与黄宗羲的方案相比,万斯同并没有拘泥于三代取士、用士之法,而是通过
历代选举之具体考察肯定了汉唐宋事实证明了的取士的有效方法的有效性。
黄、万师生二人的共同点在于都主张宽取士办法,注重人才的品德、才智等等,
即选拔人才注重是否"德才兼备"。"德才兼备"的观点即使在当代亦是选拔人
才的理想选择、最佳选择。

---

① 《万季野先生四明讲义》,《万斯同全集》(第5册),第327—328页。
② 《万斯同全集》(第8册),第244页。
③ 《书倪文毅传后》,《万斯同全集》(第8册),第250页。
④ 《送万季野先生北上四十二韵》,《万斯同全集》(第8册),第475页。

二、三代之法辩

关于历朝历代之法治问题，万斯同作出重要判断：

> 吾尝谓三代相传之良法，至秦而尽亡，汉、唐、宋相传之良法，至元而尽失。明祖之兴，好自用而不师古，其他不过因仍元旧耳。中世以后，并其祖宗之法而尽亡之。至于今之所循用者，则又明季之弊政也。①

万斯同认为，三代相传之治理国家的良法，到秦代全部废除。汉、唐、宋之治理国家的良法到元代全部丢失。明太祖兴起，不师古法，自己想怎么弄就怎么弄，没有"创新"则沿袭元代的治理方法。明代中期以后，连祖宗朱元璋之法都丢尽了。而当代（清）所沿用的都是明末弊端之法。万斯同关于"法"的见解脱胎于其师黄宗羲。

黄宗羲《明夷待访录》《原法》篇主要讨论了治理国家应遵循的规则问题。黄宗羲从"人各自私"、"人各自利"的人性论②出发，比较了三代之法和三代以下之法。《原法》开篇即提出"三代以上有法，三代以下无法"③的观点，将三代以下各个朝代之法作了彻底否定。

黄宗羲认为，三代时期君主最主要的贡献是解决了生民的吃、穿、教育等问题，于此基础之上，采用伦理规范人们的交往行为，采用卒乘之赋保障人民的权利。三代之法的出发点是保障生民的利益不受侵害，绝不牟私利。因此，"三代之法，藏天下于天下者也"④。黄宗羲充分肯定三代之法简易不繁复冗杂，却社会秩序良好，人人相安无事。

相比之下，三代以下之君主得了天下之后，为了防止他人觊觎，确保江山社稷传诸子子孙孙万代而不移，便制定了一系列的苛法。几千年以下，历朝相因，没有例外。在黄宗羲看来，这些法都是从统治者的私利出发的应急之策，根本

---

① 《与从子贞一书》，《万斯同全集》（第 8 册），第 260 页。
② 参阅［清］黄宗羲：《明夷待访录》，《黄宗羲全集》（第 1 册），第 2 页。
③ ［清］黄宗羲：《明夷待访录》，《黄宗羲全集》（第 1 册），第 6 页。
④ ［清］黄宗羲：《明夷待访录》，《黄宗羲全集》（第 1 册），第 6 页。

没有考虑生民的利益。因此,"后世之法,藏天下于筐箧者也"①。黄宗羲认为后世之法虽是较为体系严密的大法,但并不能治理好天下。有法等同于无法。

除了对比三代前后之法外,黄宗羲还从"天下为主"的思想出发,批驳了当时流行的关于"法"的各种错误论调。黄宗羲反对"法祖"论,指出"法祖"论完全为"俗儒之剿说"②。其论的错误在于坚持"天下之治乱不系于法之存亡"③的观点。与之截然相反,黄宗羲认为天下之治乱与法有密切关系。黄宗羲指出后王不效法先王之法,后王以己之私法废先王之法,固有害于天下,但是准确地讲,实际上先王之法仍为私法,因此,即便后王效仿效先王之法其危害天下之后果不言自明。黄宗羲提出三代之法经历秦、元二尽之后,荡然无存。故必须按照三代之法,一步步恢复。与"法祖"论相类似的还有"有治人,无治法"④的论调。"有治人,无治法"最早由荀子提出。荀子主张治人贵于治法,认为国家由君子来治理就不会出乱子。黄宗羲则主张"有治法而后有治人"⑤,一反"人治高于法治"的旧传统,提倡治法先于治人,良法优先存在的理念。认为要治理好天下,得先有良法,然后再配备能治之人。黄宗羲从总体上揭露了"今之法令"专门为封建专制帝王服务的本质,否认其为真正的公法。黄宗羲身在中国传统的人治社会中,却能提出法治的思想是非常可贵的,彰显了其锐利的批判精神,说明黄宗羲已经看清了中国自古以来人治社会之怪圈的真面目,在所有人都处在懵懂的状态下,黄宗羲独自看清了"法治"是走出怪圈的必由之路。

在万斯同的行文中,可以对号找到"三代之法"、三代后之"汉、唐、宋"法;对于"秦尽、元尽"的"二尽"判断,黄、王师生二人如出一辙。但是,谈到"法祖"论之所谓私法,以及人治、法治孰优孰劣,等等问题,可能万斯同还没有很好的理解,未曾述及。从前文万斯同对历代法治所作的判断看,对于汉、唐、宋之法,万斯同均予以肯定。这是万氏通过对历代制度的是是非非在现实中进行详尽分析后所得出的结论。在万斯同的视野中有三代之良法"之良法",汉、唐、宋法"之良法"之说,这与其师黄宗羲是有区别的。由此可以窥见,万斯同首先总体上是赞同其师"依法治国"的观点;其次,万斯同认为现行国家需采用法来治理,

① ［清］黄宗羲:《明夷待访录》,《黄宗羲全集》(第1册),第6页。
② ［清］黄宗羲:《明夷待访录》,《黄宗羲全集》(第1册),第7页。
③ ［清］黄宗羲:《明夷待访录》,《黄宗羲全集》(第1册),第7页。
④ ［清］黄宗羲:《明夷待访录》,《黄宗羲全集》(第1册),第7页。
⑤ ［清］黄宗羲:《明夷待访录》,《黄宗羲全集》(第1册),第7页。

既可以仿效三代,也可以仿效三代后之汉、唐、宋;其次,考虑到三代之法具体内容后世难以把握,可推测万斯同认为切实可行的办法是借鉴汉、唐、宋之良法,从汉、唐、宋法中找到"可行性"才是切实可行之路。我们可以说万斯同的思路抓住了三代之法的精神实质,也可以说万斯同仍然在坚持封建君主独裁。这与黄宗羲的观点的距离就大了,我们必须反对。

第二节　士人队伍的壮大和君相之失的规避

君是指君主,相是指丞相(宰相、首辅)。历史上著名的君相搭档有周文王和吕尚、刘备和诸葛亮。万斯同认为君、首辅作为国家的领导者,其作用是非常大的,甚至可以左右生民的命运、国家的前途。因此,为了保证国家政治生活能够长久地正常运行,万斯同提出规避君相之失不失为重大之举,同时提出壮大士人队伍使之成为引领国家前进方向、建设"理想国"之不二方案。

一、君主之辩

黄宗羲《原君》篇主要探究封建君主之起源及为君之道等问题,是黄宗羲批判封建君主专制制度最为激烈,也是《明夷待访录》中最为重要的一篇文章。在《原君》篇中黄宗羲提出了"天下为主,客为君"[1]的要求废除封建君主专制制度的具有彻底批判性的著名论断。

黄宗羲以其人性论为理论基础,论述了君主制的起源。在黄宗羲的视野中,只有那些能够为生民兴公利、除公害,任劳任怨而又不享其利者,方可胜任君主一职。黄宗羲指出,好逸恶劳是人之常情,贪婪自私享乐是人之共性,后世人君因而往往忘记为君之宗旨、为君之道,继而导致生民被荼毒、遭离散。

黄宗羲认为后世之君主的所作所为,完全颠覆了古代设置君主的初衷。"古者以天下为主,君为客"[2],而今却变成了"君为主,天下为客"[3]。由此,他提出了一个十分大胆的结论即"为天下之大害者,君而已矣。"[4]天下生民一切痛苦

---

①　[清]黄宗羲:《明夷待访录》,《黄宗羲全集》(第1册),第2页。

②　[清]黄宗羲:《明夷待访录》,《黄宗羲全集》(第1册),第2页。

③　[清]黄宗羲:《明夷待访录》,《黄宗羲全集》(第1册),第2页。

④　[清]黄宗羲:《明夷待访录》,《黄宗羲全集》(第1册),第3页。

的总根源皆由封建君主专制统治造成。黄宗羲批判封建君主专制制度的力度是空前的,对设君之意的锐利分析突破了既往观念的极限。正因为如此,清末革命派与改革派都将《原君》篇复制成传单广为传播,对于宣传革命、开启民智起到了非常大的作用。

万斯同虽然没有达到其师黄宗羲的认识高度,但是明朝十六位皇帝中被他抨击的有八位,即太祖、成祖、英宗、宪宗、武宗、世宗、神宗、熹宗。由此可窥见,万斯同对封建君主专制制度是非常不满的。

（一）明太祖

> 高皇帝以神圣开基,其功烈固卓绝千古矣,乃天下既定之后,其杀戮之惨,一何甚也。当时功臣百职鲜得保其首领者。迨"不为君用"之法行,而士子畏仕途甚于阱坎,盖自暴秦以后所绝无而仅有者。[1]

明太祖朱元璋奠定了明朝的几百年基业,功高盖世,可以比拟秦始皇,而其残暴程度,万斯同指出亦可与秦始皇相比肩。当时很多追随他的开国功臣在明建国之后本来可以坐享胜利的成果,却遭到屠戮。现实的冷血残酷,严刑苛法致使广大士子畏于仕途。

在《明乐府》《李太师》和《百岁衣》篇中,万斯同以诗歌形式讽刺了明太祖对开国功臣的血腥滥杀。如《李太师》:

> 名善长,佐高皇帝定天下,历官太师左丞相,封韩国公,后坐胡惟庸党赐死。
>
> 李太师,佐命勋,当日论功称首臣。胡为身蹈诛夷罪,毋乃耄荒辜帝恩? 李太师,起刀笔,虽乏经国才,宁少谋身术? 官为太师爵国公,富贵谁能逾此翁。纵使惟庸改玉步,更有何官加尔躬? 人生富贵思保身,年高更念子若孙。太师平生素畏祸,何至乘危求灭门。又况事发十年后,罗织岂乏仇人口? 一家供状二百纸,将毋逼勒刑官手? 开国

---

[1]　《读洪武实录》,《万斯同全集》(第8册),第243页。

元勋犹若兹，坐令圣代少光辉。乃知萧何下狱寻常事，汉祖何为尚见嗤。①

李善长官至太师，"一人之下，万人之上"。万斯同对李氏曾参预胡惟庸谋反提出质疑。李氏如谋反成功，又有何官可加？李善长时年已七十七。年老之人难道不为子孙着想？岂不知谋反有灭门之祸？何况事情发生在胡惟庸案定十年以后，罗织的罪状中岂没有仇人的诬告？其一家的招供，难道不因刑官通勒所致？万斯同提出一连串的问题，强烈抗议明太祖强加于李善长身上的罪状，将笔锋对准了君主专制暴政。

（二）明成祖

万斯同断定明成祖朱棣的残暴不亚于其父朱元璋。明成祖聚"骨肉相残、暴虐人民、穷兵黩武"于一体。于此，万斯同多有揭露，有诗为证。暴虐人民，如《索妖妇》"妖妇称乱起旧斋，六郡良家多受迷。兵败不知窜何处？诏书下逮郡国尼"②；穷兵黩武，如《献金人》"唐师征辽辽未服，三渡辽河徒辱国，明师征交交即平，既平复叛乃休兵。与其穷兵好黩武，岂若释兵各还伍"。③ 至于骨肉相残，则见于《火烧头》、《高墙锢》二诗，特别是在后篇中，万斯同斥责明成祖朱棣毫无人性。

文皇帝既正位，锢建文帝幼子于高墙中，时方二岁。阅六十年至天顺时，英宗愍之，始许出高墙，任其婚娶，仅二年即卒，建文帝遂无后。

空墙高兮百尺，中有人兮独息。情抑郁兮谁语，身羁束兮自恻。瞻昊天兮何小，履大地兮何窄，有耳目兮安所施，度岁月兮无终极。嗟亲戚之永绝兮，怜起居之鲜匹。彼四时之莫知兮，况百物其谁识。昔之入兮齿未生，今之出兮头早白。感帝德之浩荡兮，惜桑榆之已迫。虽暂等于人类兮，遽逍遥兮窀穸。何王孙之足美兮，求为民庶其安得。阿谁不忍杀叔父兮，乃自诒夫伊戚。④

① 《万斯同全集》（第8册），第410页。
② 《万斯同全集》（第8册），第415页。
③ 《万斯同全集》（第8册），第415页。
④ 《万斯同全集》（第8册），第419页。

上引文中有"暂等于人类"字眼。文帝幼子被禁锢高墙的六十年中,不等于
人类。诗中其余暂且不论,万斯同以"人类"一名词严正声讨了明成祖毫无人性
的残忍。

(三)明英宗

宦官擅权是由明英宗时期开始的,土木之变、夺门之役都发生在英宗的身
上。万斯同在《下麓川》一诗中抨击宦官专权。"庙堂设策称神妙,岂知海内从
此耗。驯至皇舆陷土木,四方反者遍海峤。当年主议果为谁? 阉内中涓实制
之。兵戎大政由宦竖,盈廷卿相将何为?"①在《王振儿》一诗中则进一步批判了
宦官专权及其对国家政治生态的破坏。宦官并无治国方略,一旦操纵大柄,满
朝上下皆是宦官所属,投机门下者不乏其人,而正直有能力、能办事的朝臣则拒
斥在"权力中枢"之外。

　　正统中,阉人王振窃柄,侍郎王佑者附之。振见其年少美丰姿,谓
曰:"侍郎何以无须?"佑曰:"老爷无须,儿子岂敢有须。"时人为之
绝倒。

　　古之制,阉守门,身下蚕室绝儿孙。儿孙何必已所产,异姓为儿更
蕃衍。阉人之种无时绝,阉人之祸遂不浅。英皇御极方少年,中官于
时始擅权。……呜呼侍郎官非贱,公然狐媚敢昼现。谁令此辈为公
卿,天下何由致太平? 犹胜天启之世魏阉子,朝端充满如列星。②

(四)明宪宗

万斯同《望三台》中有"一缄密进房中术,九重大动君王容"③。在封建社会,
本来这个话题是容不得万民议论的,但是万斯同毫无避讳,指责明宪宗之荒淫
无度,而万斯同《昭德宫》一诗对宪宗的荒淫则有进一步的展开。

　　昭德宫,宪庙万贵妃所居也。妃年倍于帝,旧为太后宫人,帝登极
始得幸,年几四十矣。宫中常为武人装,帝嬖之甚,每呼为侍官。及妃
薨,帝恸哭曰:"万侍官死,我何用生为?"竟致成疾晏驾。

---

① 《万斯同全集》(第8册),第416页。
② 《万斯同全集》(第8册),第417—418页。
③ 《万斯同全集》(第8册),第420—421页。

贵妃宠,毋乃迟。……美人学得武人貌,君王一顾每含笑。后庭岂乏倾城姿,未若戎装多窈窕。昭德宫中绮席开,一簇红尘拥辇来。流连歌舞常忘夜,谁道坤宁有翠眉。侍官在侧天颜喜,原期百岁同生死。徘徊不见眼中人,那复移情怜彼美。侍官狙,年已迈,何故浓恩犹未怠。我皇自是多情君,岂因华落能弛爱!笑杀曹家轻薄儿,致彼洛神长发慨。①

(五)明武宗

万斯同在《戮奸相》一诗中有句云:"叹息庭党论功罪,不及草间一贼徒。"②这里,高踞于庭党之上的就是指明武宗。万斯同指责武宗所作所为甚至不如草头王。在《镇国公》一诗中,万斯同对武宗又予以辛辣的讽刺。直言明武宗的昏庸游作,若非孝宗时国势鼎盛,明王朝早已不保了。

　　武宗巡游天下,尝自称太师镇国公威武大将军朱寿。

　　天子深宫厌九重,朝游宣府幕大同。玺书制诏皆不用,文牒惟称镇国公。奉天殿虚不肯莅,乾清宫冷时时闲。后妃经岁始闻声,嬖幸终年恣游戏。锦衣都督称义儿,貂珰鞲鞴皆兄弟。海内但遵将军令,朝中不闻天子制。……镇国公,尔家王侯多不忠,耽耽正欲逞其凶,胡为鱼服效白龙?他年樵舍擒不早,尔家天下岂能保?终赖先朝遗泽深,令人长忆敬皇考。③

(六)明世宗

万斯同认为武宗迷恋于游戏,世宗则迷恋于成仙,都是昏庸之主。万斯同在《青词相》和《兔生子》二诗中予以抨击。如《青词相》:

　　嘉靖中,世宗好神仙,命词臣撰奉青词,一时宰臣无不由此进者,时号为"青词相"。

　　天子锐意求长年,深居秘殿祠神仙。一时臣僚争献媚,西苑供奉

---

①　《万斯同全集》(第8册),第420页。
②　《万斯同全集》(第8册),第423页。
③　《万斯同全集》(第8册),第423页。

何荣贵。撰得青词文句谐,六卿身上鹤飞来。君不见,夏相当年弃西市,颇由青词失帝指。又不见,严相当时擅国权,实因青词邀帝欢。神仙之事诚有无,君兮相兮乃争趋。天子未得神仙力,群公实赖神仙扶。试观前后诸公辅,谁不由兹登政府。君王论相只青词,庙堂衮职更谁补?呼嗟!庙堂衮职更谁补。①

诗中指出夏言的弃市、严嵩的擅权,都由世宗个人之喜恶所致,而其所以喜恶,都由于青词。封建君主专制造成的政治腐败至此已极。万斯同认为嘉靖朝四十五年间"主昏于上,民变于下",国家元气丧尽。

(七)明神宗

《明乐府》中涉及万历年间的讽刺诗很多,主要集中于批评神宗朝武备废弛,政治腐败,赋役沉重,对生民生存状态的极其漠视。如《筑边墙》:

万历元年三月,筑宣府北路诸边墙,明年二月,筑辽东西台墙,四年三月,复筑蓟州昌平诸边墙,十年二月,又筑山西诸边墙。

秦人备胡筑长城,长城一筑天下倾。至今笑齿犹未冷。岂知明人防北狄,专藉筑城为长策。不日长城日边墙,版筑纷纷无时息。东方初报墙功完,西方又传虏寇边。虏入溃墙如平地,纵横饱掠无所忌。虏退复兴版筑功,朝筑暮筑竟何利?帅臣徒受内府金,川原空耗司农费。……自古御胡在扼险,岂在万里筑垣墙。屡朝庙算皆如此,奈何独笑秦始皇!②

万斯同将神宗的筑边墙与秦始皇筑长城相比拟,以此嘲笑神宗的对外消极防御战略。万斯同指出筑边墙最终将无功而返、毫无结果;另一方面,很多官僚却从中捞取贿赂、重金,中饱私囊。神宗对此不察令人悲叹。《哀闻商》的"天朝君臣悲不悲?"③则责问神宗对所属生民生命的漠视、冷漠。《辽东饷》云:"当日民情已渐涣,岂知敛财更敛怨。从此万方遂土崩,驯至一朝庙社换。"④则明确指

①《万斯同全集》(第8册),第426—427页。
②《万斯同全集》(第8册),第430页。
③《万斯同全集》(第8册),第438页。
④《万斯同全集》(第8册),第440页。

出神宗末年王朝沦落、国穷民怨,已开启亡国之肇始。

（八）明熹宗

《明乐府》中的《五人墓》《九千岁》《虎彪横》《四姓奴》等篇的锋芒,都指向魏忠贤的宦官专政,自然也在讽嘲熹宗的昏庸无知。如《九千岁》:

> 魏忠贤窃柄,给事李鲁生、御史李蕃辈咸称为九千岁。
>
> 皇明十二叶圣孙,深居法宫俨若神,天下万几由厂臣。厂臣者谁魏忠贤,势雄独坐力回天。幕下干儿已十百,庭中祝厘递九千。九千岁,安足贵,岂知更有万岁在。胡为靳此一千年,不使乃翁尊无对。未几宫车遂晚出,乃翁寿止六十一。何不呼嵩祝万龄,致使乃翁凶短折。①

万斯同以嬉笑怒骂的笔触,对明太祖、成祖的残暴,英宗、熹宗的无知,宪宗的荒淫无度,武宗、世宗、神宗的昏庸,作了淋漓尽致的揭露。但万斯同并未深入分析,而仅触及封建君主专制的表面,未能将此表象提高到理性的高度而予以批判。正因为对封建制度之君主尚抱有幻想,万斯同对明朝十六位皇帝中的两位皇帝持有正面的评价。可以推测,万斯同欲通过树立典型的方式,期待能够引起后世之帝王的重视,从而能够表现好起来,引领国家的美好前程。我们可以批评万斯同没有将专制、残暴、腐败、昏庸、无能的封建君主专制的表象上升到理性的高度,但是这种判断可能并没有抓到问题的要点。实际上万斯同的思路在另一条轨道上。正如前文所述,他将帝王对应于世间万物变化之根本——"乾坤"。因此,万斯同以"天行健君子以自强不息""地势坤君子以厚德载物"作为他的帝王史观的中心。万斯同隐隐约约感觉到推动社会发展有个根本的终极的原因,并把她归结到帝王身上,没有做到透视封建君主制,透视整个历史,特别是在他已拜读过黄宗羲的《明夷待访录》《留书》的情况下,仍然保持其思想、观念、观点既有的轨迹前行,这是他的失误? 还是……

万斯同对明孝宗称赞有加,"孝宗之君德何其盛哉! ……若其磊磊落落为一代伟人者,多出于弘治之世,何其盛也",②"方弘治之世,人人自爱而尚名节,

---

① 《万斯同全集》(第8册),第442页。
② 《书白昂传后》,《万斯同全集》(第8册),第245页。

重廉耻"。① 在《读孝宗实录》中，万斯同对《明实录》中关于孝宗的文字记载进行了深层次的解读，廓清了历史的本来面目，充分肯定了明孝宗的历史贡献和历史地位。

> 孝宗为一代守成令主，而《实录》所纪当时之弊政何其多也。盖帝务通下情，人人得以尽言，故有过举尽形之于奏牍，人之见之者以为帝德之有失也，而不知正其能纳谏之美也。向非帝能纳谏，群臣安敢尽言，后人亦何由知其详哉！②

万斯同赞誉明孝宗为"一代守成令主"，并将孝宗之世与世宗之世作了鲜明的对比。

> 至如嘉靖之世，其治乱视此不啻什伯，今读其史，其弊之大者固已章著，而其小者反不若此之数数然，彼岂无失之可指乎？亦群工百职箝口而不敢言，故后人无由知其详耳。③

万斯同提出，君主是左右国家治乱兴衰的主要原因。若君主"务通下情"，则国家治。而要做到这一点，需要两个条件：一是君主必须"能纳谏"，一是"人人得以尽言"。明孝宗由于做到了这二点，因此，国家大治。万斯同称赞孝宗的"君德"之盛，"弘治之世为极盛之时"④。相反，明世宗则不然，以己之好恶，生杀予夺，形成"群工百职箝口而不敢言"的政治局面，结果，不仅下情不能上达，而且造成"君臣上下莫非乖戾之气"，使国家元气"为之丧尽"，"遂致南北大乱，生民涂炭，流血成渠"。⑤ 万斯同认为君主的善"纳谏"与群臣的能"尽言"，亦即"天下之公论"相结合，广而言之，"大道"行是封建王朝最理想的政治局面。这是他从批评君主专制制度角度而提出的积极的政治主张。万斯同并无彻底推翻封建专制制度的观念，只是在维护封建专制制度的前提下，推出个皇帝榜样，百般

---

① 《读高铨传》，《万斯同全集》（第8册），第244页。
② 《读弘治实录二则》，《万斯同全集》（第8册），第243页。
③ 《读弘治实录二则》，《万斯同全集》（第8册），第243页。
④ 《书倪文毅传后》，《万斯同全集》（第8册），第245页。
⑤ 《书杨文忠传后》，《万斯同全集》（第8册），第246页。

善意地建议其他君主向榜样看齐,但是帝王们怎么会学着干呢? 后世帝王均"生在深宫之中,长在妇人之手",其经历必然限制了他的视野,怎么可能呢? 万斯同对封建君主制抱有幻想的观念是为时代所限。对于万斯同本人,我们无可置疑。

二、首辅之辩

"有明之无善治,自高皇帝罢丞相始也。"①这是黄宗羲作出的重要判断,出自黄氏《明夷待访录》。宰相作为最高行政长官,"一人之下,万人之上",其职位仅次于皇帝。由于宰相掌握重权,宰相与皇帝之间必然存在着权力的相互制衡问题。从中国现实的历史进程看,这种制衡导致宰相地位日益卑微,君主地位日益尊贵。进入明代,君相之间的关系变得越来越糟糟。朱元璋是个极端的例子。朱元璋当了皇帝之后,他与宰相胡惟庸之间的权力斗争日趋白热化……而最终以胡惟庸被废宣告相权的彻底失败。之后,宰相制度由内阁代替。

按照黄宗羲的见解,相权被黜有几处弊端。首先,皇权过重易于导致君主独裁,君主滥用刑罚,继而君臣关系畸形发展。其次,明朝新设之内阁大学士根本不能等同于宰相,而没有宰相之后的朝廷实权可能操控在太监手里。其次,群臣无首,朋党滋生。宰相本为群臣之首,一旦被废除,群臣为争夺权力,易形成不同依次站队的利益集团。相互倾轧,钩心斗角的朋党之争难以避免。其次,宰相之职被废,理论上的"赖宰相传贤足相补救"的可能性都没有了。

黄宗羲的上述见解,万斯同是熟悉的。他将关注点放在内阁首辅头上。"有明阁臣之制,权归首辅,次者不得有所尚,故论相业者,必于首辅求之。"②明朝宰相制度被朱元璋废除,取而代之的为众多大学士组成的内阁。其中,内阁首辅权力最重。万氏认为,如果要具体考究丞相的功能、作用,必然要"找准"首辅。

万斯同现存文献中曾先后评价过若干位首辅,比如,"文忠之相业,其大者在定江霜之乱,而登极一诏,尤有功于帝室。"③"张璁、桂萼用而元气为之一丧,汪鋐、夏言用而元气为之再丧,迨严嵩父子用而元气为之丧尽矣。"④"继嵩之后

---

① ［清］黄宗羲:《明夷待访录》,《黄宗羲全集》(第1册),第8页。
② 《书梁文康传后》,《万斯同全集》(第8册),第246页。
③ 《书杨文忠传后》,《万斯同全集》(第8册),第245页。
④ 《书杨文忠传后》,《万斯同全集》(第8册),第246页。

者非徐文贞,则末流之弊,更将何所底止哉?"①"(梁文康)夫身为宰相,而子不道至此,既不能正子以法,又不能引罪求归,任台谏之交章而安然不动,何颜之厚也?"②有褒有贬,评价允当。其中,最为引人注目的还是针对张居正及其改革的评价。

（一）张居正改革

张居正改革又称万历中兴,是指明朝万历年间(1573—1620)内阁首辅张居正主持的包括政治、经济、国防等各个领域进行的全面系列改革,一定程度上缓和了明王朝晚期的社会矛盾。

张居正担任内阁首辅长达十年之久。知人善任,重用名将李成梁、戚继光等,镇守北部边防,为其改革营造了稳定的外部环境;任用潘季驯治理黄河,卓有成效。任内推行"一条鞭"法与考成法,改革赋税与官吏考核制度,影响深远。

自明朝中叶始,兼并土地的情况相当严重,突出表现为皇族、王公、勋戚、宦官利用政治特权,以投献、请乞、夺买等手段,大量侵夺土地,全国纳税的土地,约有一半为大地主所隐占,拒不缴税,严重影响了国家收入。贵族大地主疯狂掠夺土地,封建剥削进一步加剧,租种官田的农民生活极苦。当时江南民谣有云"一亩官田七斗收,先将六斗送皇州,止留一斗完婚嫁,愁得人来好白头"。顾炎武《日知录》记云"为田追租未足怪,尽将官田作民卖,富家得田民纳租,年年旧租结新债"③,农民产去税存和田居富室、粮坐下户的情况多有发生。其次,明中期后,政府的财政危机逐渐加重。洪武年间,夏秋二税米 2473 万石,麦 471 万石。到正德初年,土地集中,赋役不均,人口流移,地方买嘱书吏,隐匿赋税,政府每年征米 2216 万石,麦 462 万余石。嘉靖后,税收更降到米 1822 万余石,麦 462 万余石。但是政府的支出却与日俱增。特别是嘉靖二十九年(1550),蒙古俺答汗进逼北京,政府添兵设饷,军费大增。据户部统计,嘉靖三十年,各边饷银达 525 万两,修边、赈济等所需又 800 余万两,两项合计约 1300 万余两。而正税、加派、余盐贩卖,加上其他搜刮,总共才 900 余万两。隆庆元年(1567)底户部统计,太仓仅存银 130 万两,而应支官军俸银 135 万、边饷银 236 万、补发年例银 182 万,三项通计总支出银需 553 万两。以当时的现银当之,只够 3 个月的开支。京仓存量也只够支付在京的官军月粮的两年余。明王朝的财政

---

① 《书杨文忠传后》,《万斯同全集》(第 8 册),第 246 页。
② 《书梁文康传后》,《万斯同全集》(第 8 册),第 246 页。
③ [清]顾炎武著,严文儒、戴扬本点校:《日知录》,上海古籍出版社 2012 年版,第 443 页。

拮据到了可怕的地步。蒙古、女真时常入寇边塞;在南方,叛乱时作。黄河屡次决口,动辄漂县数十。

对此,张居正指陈当时存在的五大积弊:"曰宗室骄恣,曰庶官瘝旷,曰吏治因循,曰边备未修,曰财用大匮"[①],有针对性地进行全面改革。

首先,政治方面,整顿吏治,加强中央集权制。创制"考成法",严格考察各级官吏贯彻朝廷诏旨情况。要求定期向内阁报告地方政事,提高内阁实权。罢免因循守旧、反对变革的顽固派官吏,选用并提拔支持变法的新生力量,为推行新法作了组织准备。整顿了邮传和铨正。张居正的为政方针是"尊主权、课吏治,行赏罚,一号令"和"强公室,杜私门"。

其次,军事方面,基本解除"南倭北虏"的边患。为了防御蒙古鞑靼入寇边关,张居正派戚继光、李成梁镇辽东;又在东起山海关,西至居庸关的长城上加修了"敌台"3000余座;张居正还与鞑靼俺达汗之间进行茶马互市贸易,采取和平政策。至此,北方边防更加巩固。二三十年中,明朝和鞑靼之间没有发生过大的军事冲突,北方暂时免于战火破坏,农业生产有所发展。万历七年(1579),张居正又以俺达汗为中介,代表明朝与西藏黄教首领达赖三世(索南嘉措)建立了通好和封贡关系。在广东,先后任命殷正茂和凌云翼为两广军备提督,领兵剿灭了广东惠州府的蓝一清、赖元决,潮州府的林道乾、林凤、诸良宝和琼州府的李茂等叛乱分子。岭表悉定对安定各地百姓的生活、保障生产正常运行产生了积极的作用。张居正还在东南沿海地区分段设寨,休整兵船,严申海禁。在张居正当政的万历初年,基本肃清了多年以来一直困扰明廷的"南倭北虏"的边患。

再次,经济上,采用一条鞭法,整顿赋役制度,扭转财政危机。张居正认为赋税的不均和欠额是土地隐没不实的结果。因此,应采取措施解决财政困难。第一步,勘核各类土地。万历八年十一月,下令清查全国土地。在清查土地的基础上,张居正于万历九年(1581)令全国推行"一条鞭法"。"一条鞭法"的推行,使明朝政府的年收入有了显著的增加,财政经济有不小的改善。国库储备的粮食多达1300多万石,可供五六年食用,较之嘉靖年间国库存粮不够一年的情况,是一个很大的进步。"一条鞭法"是自唐朝推行"两税法"以来,我国赋税

---

① 参阅[明]张居正:《论时政疏》,潘林编注:《张居正奏疏集》,华东师范大学出版社2014年版,第5—8页。

史上的又一次大改革,改善了国家的财政状况,推动了明朝商品经济的发展,有利于资本主义萌芽的产生。

最后,水利方面,治理黄河、淮河,并兼治运河取得预期效果。万历六年(1578年),张居正推荐起用先前总理河道的都御史潘季驯治理黄河、淮河,并兼治运河。潘季驯在治河中贯穿了"筑堤束水,以水攻沙"的原则,很快取得了预期的效果。万历七年二月,河工告成,河、淮分流。计费不足50万两,为工部节约资金24万两。徐州、淮安之间800余里的长堤平等蜿蜒,河水安流其间。因而,"田庐皆尽己出,数十年弃地,转为耕桑",黄河得到治理,漕船也可直达北京,"河上万艘得捷于灌输入大司农矣"。

经过张居正全面改革,明朝政府的财政收入有了显著的增加,社会经济有所恢复和发展,中央集权的封建国家机器得到强化,基本上实现了"法之必行"、"言之必效",腐败至极的明朝政治有了一定转机。但是,这次改革触动了当时相当数量的官僚、缙绅等既得利益集团的利益。因此,遭到了这些保守派的强烈对抗。特别是万历十年(1582),张居正病逝。反对派立即群起攻讦,疯狂地反攻倒算。反对派攻击张居正之改革"务为烦碎",清丈土地是"增税害民",实行"一条鞭法"是乱了"祖制"。万历皇帝被左右操控,明朝这条航船前进的方向至此发生了戏剧性的重大改变。朝廷下令撤销了张居正死时特加的官爵和封号,进而查抄家产。张居正的长子张敬修被逼自杀,其他家属也惨遭迫害。张居正的改革大业,自然亦终止并遭到破坏,刚刚有一点转机的明朝政治又接着走下坡路。张居正身后直至明亡的六十多年中,各种社会矛盾急剧地发展,一发不可收,再也没有一位能人志士能够力挽狂澜,表明地主阶级当权派再也无力医治封建社会的痼疾。

(二)万斯同对张居正的负面评价

张居正改革确实一定程度上解决了明朝晚期出现的各种弊端。但是由于立场不同、角度不同,对于张居正的评价历来褒贬不一。总体看,赞同者多,反对者少。但是万斯同竟然站在反对者行列。不仅如此,万氏在原有"十大罪状"的基础上,重新归结了张居正二十四大罪状,确实令人疑惑。

> 关中冯恭定公(冯从吾)尝论张居正有十大罪,余更广之为二十四大罪:首逐顾命元老一也;交结近侍冯保二也;父死不奔丧三也;谪削忠谏之臣四也;两宫并尊,乱屡朝嫡妾之分五也;穆宗附庙,神主不由

中门,使天子得罪于其父六也;废锢天下名贤七也;引用天下凶邪八也;曳白之子,皆登上第九也;据王府为私第十也;祖制,百里内不视朝亲王者罪死,而居正与亲王抗礼,致亲王出城迎接十一也;杀戮天下名士吴仕朝、梁汝元辈十二也;以私憾致侍郎洪朝选于死十三也;衰麻之中,蟒服巡城十四也;每岁决囚,勒为定额十五也;以催科为考成,使吏治大坏十六也;禁天下报灾异十七也;用游棍徐爵为锦衣,传道禁中消息十八也;纵家奴游斥于外,干预部院公务十九也;兴王大臣之狱,几杀顾命大臣二十也;祖训请设丞相者,全家处斩,居正公然自称为宰相二十一也;尽揽部院之权,使九卿不得举其职二十二也;废毁天下书院,禁士子不得讲正学二十三也;任用顽钝无耻之徒,布满高位,使朝廷无一正人二十四也。[1]

张居正是中国历史上一位重要的政治家、改革家,在万斯同笔下竟然一无是处。有很多人认为这种评价完全掩盖了张居正的功劳,有失公允……万斯同毕竟不是保守派,他深恶痛绝的是张居正对制度的破坏。张氏张扬跋扈,甚至有违封建礼教。其功劳确实很大,但是其死后引起反弹,造成政局的动荡,最直接的后果即是万历皇帝之荒政。张居正以宰相自居,生前确确实实起到了补足君王不足之作用。但是,其身后被反攻倒算,个人得失倒也无妨,无奈明朝政治自此衰败不堪,急转而下,不可收拾。为此,万斯同不厌冗沓,列出张居正二十四条罪状声讨其"罪行",核心内容主要有四点,颇引人反思。

第一,张居正身为首辅,容不得意见相左,终酿党争困局。"谪削忠谏之臣","废天下名贤",如邹元标、海瑞等;指使杀害不附自己的洪朝选,都是其不能容人的表现。张居正以内阁擅权,引起言路不满,明末的阁、谏之争自此始。张居正卒后,愈演愈烈,造成明末党争激烈的政局;

第二,张居正身为首辅,"废毁天下书院",打击讲学之风。明末讲学之风盛行,异端思想往往出于其间,如王艮、何心隐、罗汝芳、李贽等人自由讲学并自由结社;再如东林党人的活动等。讲学之风遭到封建统治者多次打击。明世宗毁各地书院于前,张居正再毁于中,明熹宗时阉党镇压于后。张居正凭借明太祖"卧碑"的规定,把当时知识分子的思想限制于程朱理学之中,并以此迫害罗汝

---

[1]　《书张居正传后》,《万斯同全集》(第8册),第251页。

芳,杖杀何心隐。万斯同站在东林党人一边,坚决反对阉党对东林党人的迫害。这里,实际上万氏是从个人感情出发,将嘉靖、阉党、张居正等归为一类、同一阵营予以反对。

第三,张居正身为首辅,用人不当,造成改革后继无人。张居正周围的人,许多是逢迎拍马之徒。万斯同指责张居正"引用天下凶邪"、"任用顽钝无耻之徒",这虽然有太夸之嫌,抹杀了张居正在前期用人的正确性,但张居正在丁丑京察后,用人唯亲,被阿谀之徒所包围,的确属实。这使得张居正在晚期不能发现自己的失误,致使改革后继无人,这是张居正改革失败的重要原因之一。

第四,张居正身为首辅,对家属和奴仆的包庇纵容,造成官场风气不良。张居正的长子张敬修中状元,次子嗣修凭神宗的帮助才得一甲二名榜眼,三子懋修也中乡试,只是由于张居正的死,才未考中进士。万斯同"曳白之子皆登上第"指的就是他们。张居正三个儿子并不是交白卷的人物,但是依靠张居正的关系,乃至依靠皇帝帮助作弊,才登科及第,这是不能否认的。张居正宠奴游斥(或作游七),招权纳贿,不少官僚武官纷纷与他交接,这是事实。这种情况不但使张居正的威信大受影响,而且使一些正直的人士与他拉开了距离。

万斯同对明朝皇帝群体整体评价不高,又从实际事实层面对首辅评价进行了客观评价。在万斯同的分析中,首辅制度差强人意。因此,黄宗羲关于"赖宰相传贤足相补救"的命题在万斯同这里是值得推敲的。

三、胥吏之辩

"胥吏"原本是"吏"的一种。加之,有时官与吏二字通用,往往给人们造成理解上的混乱,实际上官员与吏员的界限自秦汉始就已逐渐分明。科举制度产生之后,官与吏截然分途。官是读书人参加科举追逐功名的目标。吏只是官员属下之办事人员,供官员驱使、充当衙门各色办事,其中仅有少数人可以上升到官员层。故贵官贱吏在封建时代是一种普遍的社会现象。但是颇为令人深思的是,历来有能力的官员严重空缺。其原因在于封建社会官员一向关心的唯有读书著述、诗文的应酬、士大夫之间的社交;与之对应,大多官员"疏于"政务,只是观念性地阐释、主张治世的精神和德化的理想,不与实际操作层面相接触。官员与实际操作层面的脱离为胥吏充当实际的官员角色提供了便利条件。在具体的行政事务上,士大夫依赖胥吏。胥吏作为实际办事人员,历朝对之限制较多,没有名义上的权力,但同时对之监督亦少,这就为胥吏投机钻营乃至弄权提供了可乘之机。胥吏之害成为历朝历代政治制度中一种难以根治的顽疾。因此,"胥吏之患"历来遭到士人的抨击。叶适曾发出"官无封建而吏有封建"[①]的感叹。顾炎武对叶适这种观点极其赞赏,并根据以往人们对胥吏的普遍看法,将传统政治体制中的吏胥比拟之为"养百万虎狼于民间"[②]。黄宗羲受到叶适观点的影响,对胥吏之害进行了严厉的批判。黄宗羲在反思明亡教训时,从"设施之科条"、"吏与士人之关系"、"胥吏的铨选"以及"京师权要之胥吏"等四个方面总结了胥吏的四大危害。有鉴于胥吏之害,黄宗羲设想假使将胥吏都换成士人,由此消除胥吏之害,引领社会、国家朝着符合"大道"的发展的正确方向前行。万斯同关于两汉吏治及元之胥吏的论述佐证了其师黄宗羲观点的正确性。

> 两汉吏治之善,由于士人为掾史,人人自爱,而重犯法。[③]

万斯同认为两汉时期,掾史队伍非常好,管理的好,任人得用。其中原因在于掾史由士人担当,而士阶层有社会担当,自律。因此,以士人引领社会良好风气,藉用士人清洁社会空气是万斯同凭士治国的应有之义。

> 元每科会试,取士不过六七十人,统元之世,计八十余年。科举行于延祐二年,至顺帝时废于彻彻帖木儿,寻虽复行,而元已亡,则元之科举,不过十余科,取士不上千人,而胥吏一途得人最多。故汉之掾史、元之胥吏,其制皆善,可以得人材。[④]

元朝每科会试,取士不超过六七十人。整个元朝历时八十余年(1279—1368),等到延祐二年(1315)才开科,至顺帝时又被彻彻帖木儿废除。不久,虽然又恢复,但是元朝灭亡了。总之,元朝科举历时短,科目不过十余科,取士不超过千人。按照现在全国 2800 个县,近百年时间平均每个县不到半个人。但

---

①　[宋]叶适:《吏胥》,《叶适集》(第 3 册),中华书局 1961 年版,第 808 页。
②　[清]顾炎武:《亭林诗文集·郡县论一》,黄珅、严佐之、刘永翔主编:《顾炎武全集》(第 21 册),上海古籍出版社 2011 年版,第 62—63 页。
③　《万斯同全集》(第 5 册),第 311 页。
④　《万斯同全集》(第 5 册),第 329 页。

是由此走胥吏路途的人材很多。"中国士人无出身之阶,不得不就胥吏一途"①,本来可以参与到科举队伍当中的人被挤到胥吏阶层队伍中。因此,元朝的胥吏管理和汉朝掾史管理是可以媲美的。究其根本原因在于士人或具有士人精神的人在充当胥吏。故可以推测万斯同主张"官吏"应当由士阶层来担任。基于对士人之载道、布道、传道的认识,万斯同认为明朝士风一直不振,而"盗贼"却充斥官场,造成国家政治的昏暗。

　　自南北多难以来,庙堂急知兵之士,一时所用以御盗者,往往即昔日之盗,如刘焘、高捷、尹耕,虽发身科目,其初固盗首也。耕为兵备,以黩货而罢。捷为操江,以避寇而罢。焘则南北疆场巨任靡所不历,庙堂虽知其贪黩,而卒不能舍也。嗟乎! 士当承平之时,率相矜以文墨,一旦有事,遂使盗得志于天下,亦可慨已。夫天下方苦盗,而使盗得据吏民之上,盗何由息哉? 顾其人诚足以御盗,用之亦何伤? 乃彼自为盗则有余,为国家御盗实不足,亦安赖夫若辈而用之? 虽然,彼仕宦而为盗者,宁独焘三人也? 吾安从别三人之为盗也?②《读国史刘焘传》

万斯同充分认识到士阶层在传道、载道方面,在引领国家前行中的正面作用,可以推断以士代胥,以士担当官吏,是万斯同对官吏队伍建设的首选方案。

四、阉祸之辩

宦官历来被看作是封建社会的毒瘤。万斯同有诗文若干篇专门即针对宦官而作,揭露宦官及其依附之官员相互勾结的丑恶行径及其对国家政治生态的破坏,对天下的危害。万斯同愤然指出:"阉人之种无时绝,阉人之祸遂不浅。"③

既然阉人(太监)是皇帝制度的受害者,宦官为什么能够得势? 黄宗羲认为,宦官的存在甚至得势是由于后世之君主将天下视为"娱乐之具"。"人主之多欲",为了嗣育及享乐,广置后宫,后妃成群④。基于安排合适的服侍人员的考虑,作为奴才的群体宦官出现了。一个正常人被人为地变成生理上的残疾人。

---

①　《万斯同全集》(第5册),第311页。
②　《万斯同全集》(第8册),第249页。
③　《万斯同全集》(第8册),第417页。
④　参阅[清]黄宗羲:《明夷待访录》,《黄宗羲全集》(第1册),第45页。

某种意义上说,宦官是封建社会宦官制度的受害者,是君主只顾自己娱乐的受害者。但是受害者继而又成为国家、天下的公害。对此,黄宗羲给予了严厉的批评。讲到宦官危害天下的原因,黄宗羲认为主要是师友之道被宦官之道吞没而成。在黄宗羲看来,宦官与廷臣职责不同,君主对待他们的态度和需求也不一样。前者为奴婢,后者为师友。与之对应,宦官之道和师友之道则截然有别。宦官之道以"伺喜怒为贤"①,而师友之道以"规过失为贤"②。有宦官为了私利、为了得势,挑拨离间君主与廷臣的关系,他们以自己对待君主的样式来衡量正直的廷臣,挑唆君主误认为廷臣发表意见是对其不敬,宦官的言行有可能干扰朝政的正常运行。在宦官势力炙手可热之时,有些廷臣竟然舍弃师友之道而倒向奴颜婢膝的宦官。君臣之义暗而难彰,政治生态遭到严重破坏。万斯同笔下王佑就是个典型的例子。万斯同将宦官直写为阉人,揭其短处,毫无避讳,可见其极其厌恶之情。

　　　　正统中,阉人王振窃柄,侍郎王佑者附之,振见其年少美丰姿,谓曰:"侍郎何以无须?"佑曰:"老爷无须,儿子岂敢有须!"时人为之绝倒。
　　　　古之制,阉守门,身下蚕室绝儿孙。儿孙何必己所产,异姓为儿更蕃衍。阉人之种无时绝,阉人之祸遂不浅。英皇御极方少年,中官于时始擅权。秀眉白面谁家子?屈膝权门首乞怜。谓爷无须儿有须,父今子今不相如。儿既蒙恩为一体,何惜肤发不教除。呜呼!侍郎官非贱,公然狐媚形尽现。谁令此辈为公卿,天下何由致太平?犹胜天启之世魏阉子,朝端充满如列星。(《王振儿》)③

　　正统中,宦官王振窃权。有廷臣侍郎王佑改换门庭依附之。万斯同因作诗《王振儿》揭露王振、王佑相互勾结之丑恶行径。正是在本诗中,万斯同提出"阉人之种无时绝,阉人之祸遂不浅"的命题。这种观点较之其师黄宗羲提出的裁减宦官的方案更为"革命"。阉人既危害天下,又有部分廷臣依附宦官,正直的廷臣遭到排挤,得不到提拔、重用。魏忠贤掌权之后,形势更为严重,朝堂之上

---

① [清]黄宗羲:《明夷待访录》,《黄宗羲全集》(第1册),第44页。
② [清]黄宗羲:《明夷待访录》,《黄宗羲全集》(第1册),第44页。
③ 《万斯同全集》(第8册),第417—418页。

几乎就是魏氏的天下。为此,万斯同作诗《九千岁》《虎彪横》《四姓奴》连续几篇鞭笞之。

万斯同又有诗《黄河清》盛赞崇祯皇帝,暗示"圣人出,奸佞除"以纪念崇祯皇帝之圣明,而魏忠贤阉党势力最终遭到铲除。

> 天启初,陕西巡抚吕兆雄奏,黄河清五百里,阅五日而止。
>
> 黄河清,古称异。此何时,降斯瑞? 瞻阙廷,政岂治? 望秦凉,民何悴! 孰召之,有斯事? 昔所稀,今胡至? 水无心,神岂戏。 祥邪灾,真邪伪? 人谁知,问天地。(《黄河清》)①

"河清"一典象征天下大治。曹魏时李康《运命论》中有"夫黄河清而圣人生,里社鸣而圣人出"。李善注:"《易·乾凿度》曰:'圣人受命,瑞应先见于河。河水先清,清变白,白变赤,赤变黑,黑变黄,各三日。'"另外,顾炎武在《日知录》中也有有明确的考证②。

综上所述,万斯同对君相之弊均提出批评而又无可置否;万氏对士出身的官僚队伍抱以极大希望,要求不断壮大士阶层队伍,以彰显大"道",引领国家的前进方向,壮大士阶层队伍是建设"理想国"之不二方案,"胥吏之辩"可作为前文"选举之辩"的补充;至于宦官制度,万斯同认为宦官是国家、社会的毒瘤,要求必须从根本上予以铲除。

第三节　典章制度的完善与国家运作效率的提高

道与器曷尝相离哉。经制之所在,精义之所在也。③ 观念形态上的政治原则依靠制度的规划来体现,这与道、器不两分的哲学观念是相吻合的。对此,万斯同并没有具体的文字表述,但是其对典章制度的论述充分显示了万斯同对

---

① 《万斯同全集》(第 8 册),第 442 页。

② [清]顾炎武著,黄汝成集释,栾保群、吕宗力校点:《日知录集释(全校本)》,上海古籍出版社2006 年版,第 1685—1686 页。

③ [元]苏伯衡:《明文海》卷 297,《群书百考跋尾》,文渊阁四库全书(第 1456 册),台湾商务印书馆1986 年版,第 389 页。

"道"的坚持,充分显示了万斯同全面继承了道器不分的中国传统的哲学思想。本节主要讨论几个重要的制度。

一、封建制之辩

论及封建制、郡县制,万斯同《万季野先生四明讲义》中提到两处。

> 唐封建之制。自春秋战国以及唐藩镇割据,皆各君其国,各子其民,欲以自强,无不尽地力以足其兵食,一归郡县,则土地荒芜而兵力衰矣。[1]
>
> 藩镇兵皆节度使召募,唐时节度使兵民俱管,其地之田赋皆自收之,即以其赋召募养兵,天子不与焉。[2]

郡县制之建立,历代争论有之,而恢复"封建"的政治举动亦有之。按照吕思勉的总结,秦以后尚有四次"封建"之"反动":第一次是秦楚之际项羽尊楚怀王为义帝后的分封,这次时间甚短。第二次是汉初刘邦封七个异姓王和九个同姓王,异姓王除长沙王外都旋踵而亡,同姓王则酿成后来的"七国之乱";七国乱后,诸侯被摧抑,不能自行治民补吏,仅"衣食租税而已",后武帝又用主父偃之议,令诸侯将其邑推恩分子弟,实现了"众建诸侯而少其力"之策,诸侯名存实亡。第三次是晋朝,有鉴于魏对宗室少恩而寡助,又想众建亲戚,以为屏藩,结果导致"八王之乱";兄弟自相残杀。第四次是明朱元璋定天下,封诸子三十九人,使设官属,傅相,置卫兵,但诸王不得干预政事,封建实已成强弩之末,而清初之封三藩,只能算是权宜之计。[3]

按照这种提法,万斯同之所谓唐封建之制根本不在其内。这是怎么回事?

关于封建与郡县之辩,两汉以后就一直有人提出。曹魏宗室曹元首曾作《六代论》为封建制辩护,西晋陆机则作《五等论》支持其说。这一时期的观点倾向于恢复封建制,重在强调宗室之权益及其屏藩作用,但是未就封建君主之权力专制问题立论。至唐代,封建与郡县之论争再次升温。前有李百药作《封建论》,后有颜师古作《论封建表》。李百药认为周室之衰落源于封建制度。"王室

---

[1] 《万季野先生四明讲义》,《万斯同全集》(第5册),第300页。
[2] 《万季野先生四明讲义》,《万斯同全集》(第5册),第299页。
[3] 参吕思勉:《中国制度史》,上海教育出版社1985年版,第435—442页。

浸微，始自藩屏化为仇敌，家殊俗，国异政，强凌弱，众暴寡"；"春秋二百年间略无宁世"，这是因为"封君列国，藉庆门资，忘其先业之艰难，轻其自然之崇贵"，"世增淫虐，代益骄侈"。① 因此，封建不可恢复。颜师古亦赞成李氏观点并提出封建不可恢复之原因在于其客观上无法操作，其"制度难成"。然而，颜氏又提出变通分封的方式，"莫如量远近，分置王国……画野分疆，不得过大，间以州县，杂错而居，互相维持，永无倾夺，使各守其境，而不能为非，协力同心，则足扶京室"，对分封诸室"为置官僚，皆一省选用，法令之外，不得擅作威刑"。② 可见，颜师古并没有绝对反对恢复封建制；他的方案着眼于安定宗室势力，既维护其一定的权益，又对其进行限制。这与魏晋时代的封建论思路相去不远。与前面思路相对照，唐代还出现了一位重要的反对封建制的学者柳宗元，比较特殊。柳宗元曾作《封建论》，对封建制的起源进行了探讨。柳氏认为"封建"之建立有其不得不为之之"势"，而周秦以后，时势之变化使得封建反而成为致乱之由。柳氏指出，从战国以后的历史经验看，秦"有叛人而无叛吏"，汉"有叛国而无叛郡"，唐"有叛将而无叛州"，这些例子充分说明郡县制有利于统治局面稳定。③宋代之后，许多学者又开始主张恢复封建之论。最著名的是南宋学者胡宏。胡宏"封建论"的重要性在于他首次指出废封建、行郡县之后君主权力膨胀导致"独治"的严重后果④。于此相呼应，理学道统说兴起，试图以道统来制约治统。

至明清之际，先贤关于封建与郡县之辩的观点则直接成为学者们挽救明朝危亡以及对王朝制度反思的极其有力的思想资源。黄宗羲认为导致三代之后天下处于"五德渗鬥"之运的原因在于"废封建"。"废封建则兵民不得不分。分兵民则不得不以民养兵，以民养兵则天下不得不困。"⑤"废封建"导致国家不治而终。然而封建被废，要恢复已经不大可能，前面颜师古已经论证过。这又该如何解决呢？

黄宗羲提出的补救措施是设置方镇。他以唐朝为例，认定方镇至少有两个基本的正面作用。一个作用是御敌，即方镇的对外职能。黄宗羲以史为鉴，指出唐太宗朝设置方镇达到了御敌的效果。另一个作用是制乱，即方镇的对内职

---

① 〔唐〕李百药：《封建论》，〔清〕董诰等编：《全唐文》（第 2 册），中华书局 1987 年版，第 1444—1446 页。

② 〔唐〕颜师古：《论封建表》，《全唐文》（第 2 册），第 1491 页。

③ 〔唐〕柳宗元著：《柳河东集》（上），上海古籍出版社 2008 年版，第 46 页。

④ 〔宋〕胡宏：《知言》卷六，王立新校：《胡宏著作两种》，岳麓书社 2008 年版，第 48 页。

⑤ 〔清〕黄宗羲：《明夷待访录》，《黄宗羲全集》（第 1 册），第 5—6 页。

能。黄宗羲认为安禄山虽然凭借方镇而作乱,但制乱凭借的力量亦是方镇。黄宗羲郑重地指出,唐朝的灭亡主要原因不在方镇之强,而正在于方镇之弱。因为其弱,给黄巢、朱温钻了空子。针对封建和郡县两种制度各自的弊端,黄宗羲构想采用并行不悖的方式,即在辽东、剪州、宣府等沿边地区实行方镇并给予独立的经济权、财政权、行政任免权以及世袭权。方镇一旦有了这些自主权,方镇长官的责任心,积极性,创造性就会得到增强。经此之设计,边陲驻有重兵,外可以御敌,同时又可以节约很大一笔军用开支。还有一个最大的好处就是拥有强大的军事实力可以对君主有威慑作用,防止他的残暴,可谓一举多得。

实际上,万斯同前文所论沿袭了黄宗羲的这种观点。另一位大家顾炎武也持这种观点。顾氏曾作《郡县论》九篇。首篇提出总纲:"知封建之所以变而为郡县,则知郡县之敝而将复变。然则复变而为封建乎? 曰:不能。有圣人起,寓封建之意于郡县之中,而天下治矣。"[①]概括起来,万斯同等人在封建、郡县问题上的观点、方法就是"寓封建之意于郡县之中",即从中央政府到地方政府,采用郡县制,而地方政府如方镇留有诸多独立的自主权(财政、军队)。

当然,这种观点不是没有弊病。仍然以唐朝为例。在边疆设置方镇,给予方镇地方长官很大的自主权,固然能达到震慑朝廷的作用,但也可能会导致这些方镇在边陲,因"天高皇帝远",拥兵自重,出现国中之国的现象,酿成唐朝那样尾大不掉的弊端。对于如何防止方镇的权力过大,避免威胁朝廷的安全等问题,显然,万斯同等人对此关注不够。万斯同此时的关注点在于如何维持大"道",即国家不被异族统治,汉人掌握国家政权。这是万斯同在清人入主中原的条件下,对孔子尊王攘夷思想及"有道之世"的进一步深层认识。

二、田赋之辩

中国是一个农业大国,自古以来一直以农为本。因此,土地制度和赋税制度是封建统治者首先要考虑的两件大事。土地制度是稳定政权的根本,赋税制度是国家维持正常运转的经济基础。二者对于国家来说都是极其重要的。明朝的经济政策在总结前朝历代相关制度经验教训的基础上,在这两个方面均作了较大的变动。

(一)论田制

明朝的田制分为两等:一种叫官田,一种叫民田。除官田外,剩下都是民

---

① ［清］顾炎武:《亭林诗文集·郡县论一》,《顾炎武全集》(第 21 册),第 57 页。

田。明朝初建时,上承元朝丧乱,田赋没有统一的标准。朱元璋登基以后,开始复核各地田土的工作。从记载来看,明朝当时实行的黄册和鱼鳞册都是重要的举措。黄册登记户口,鱼鳞册登记田亩。这样,以鱼鳞册为经,黄册为纬,田土、赋税被详细地规定了下来,为朝廷征收赋税提供了可靠的依据。黄册和鱼鳞制度的实行,达到了定田赋、核户口、稳定生产、恢复经济的目的。与此同时,明廷针对中原大地田土大多荒芜的现象,实行按人口授田、免地租等鼓励生产的政策。这两种制度对稳定明朝的政权亦是很有帮助的。

　　然而,任何一种制度实行久了,弊端就会滋生出来。明朝的土地制度也是如此。到明朝中晚期,占田、掠田事件频频发生。百姓到了几无立锥之地的地步。继之社会动荡,农民起义频仍,明朝统治一步步走向灭亡。

　　黄宗羲在继承前人的思想并总结历代田制得失的基础上,从"天下为主"的基点出发,提出了旨在富民的"井田可复"的田制思想。顾炎武也持这种观点,"古先王之治地也,无弃地,而亦不尽也。田间之涂九轨,有余道矣。遗山泽之分,秋水多得有所休息,有余水矣。是以功易立而难坏,年计不足而世计有余。后之人,一以急迫之心为之,商鞅决裂阡陌,而中原之疆理荡然。宋政和以后,围湖占江,而东南之水利亦塞。[1] 于是十年之中,荒恒六、七;而较其所得,反补给于前人。子曰:'无欲速,无见小利。'夫欲行井田之法,则必自此二言始矣"。[2]黄宗羲坚信卫所屯田是恢复井田制的最佳方式,故力倡恢复井田之制。黄宗羲认为明朝卫所的屯田方式,原并非不好的制度。只是其前后经历了三次大的变化,使卫所屯田的弊端显现出来了。黄宗羲分析屯田之优劣始终以不侵害生民为宗旨,从中透露出其尊重天下生民利益的思想。他批评世儒们关于"屯田可行而井田不可行"的观点,通过大量的数据证明了井田可复,他甚至认为,即使实行田土的均平,仍有大量的余田可听凭富民所占。黄宗羲的这些思想,尤其是赞同富民占有部分余田的思想,与他所倡导的"人各自私、人各自利"的人性论思想是一致的。

　　至于田制,万斯同思路在另一条轨道上。万氏对历代田制作了历史性回顾。井田制因商鞅开阡陌,"而井田之法坏"。孟子时,"井田渐废,已不可考

----

　　[1]　原注:《宋史·刘溎传》"鉴湖为民侵耕,官因收其租,岁二万斛。政和间涸以为田,衍至六倍。《文献通考》:圩田、湖田,多起于政和以来。其在浙间者,隶应奉局;其在江东者,蔡京秦桧相继得之。大概今之田,昔之湖;徒知湖中之水可涸以垦田,而不知湖外之田将胥而为水也"。
　　[2]　[清]顾炎武:《日知录·卷之十·治地》,《日知录集释(全校本)》,第583—584页。

矣。”到了汉朝,由于"汉无授田之制,豪强得以兼并,故董仲舒有限田之议,亦不能行"。接着,万斯同论述了西晋、北魏、北周的授田制,指出"晋武帝、魏孝文皆有分田之制,因建都于北,地广人稀,若南方,则不便于行矣"。北方之所以地广人稀,是因为"魏(曹魏)当大乱之后,版籍居天下十分之七八,而户不及汉南阳之一郡,汉时至二百余万,是土旷而民稀也"。之后,他较详细地论述了唐的授田制:"唐高祖时,年十八以上,一夫授田百亩,以八十亩为口分,二十亩为世业,时避太宗讳,称为永业,较三代时有二百五十亩矣。其制行于西北宽乡,其狭乡减宽之半。"到了唐玄宗时,"开元后久不为版籍,法度废弊,丁口转死,田亩换易,贫富升降,悉非向时"。唐中期杨炎不得不实行两税法,"然兼并者不复追正,贫弱者不复田业",授田制完全废弃了。[1]

综上所述,万斯同关于土地制度的考察是跟随历史进程的。井田制既不可考,限田也不能行,授田制行而又坏。土地问题应该如何"论其可行不可行"?万斯同最终没有总结出一套可行的办法为其"理想之国"采用。而这答案的缺失是否意味着封建社会正在走向灭亡……

(二)论赋税、币制

黄宗羲《田制》中不但反思了历代王朝的田制之得失,更主要地剖析了明代的赋税之弊端。黄氏慨叹道:"斯民之苦暴税久矣。"[2]黄宗羲所说的"暴税"是指"有积累莫返之害""有所税非所出之害""有田土无等第之害"之"三害"[3]。

"积累莫返之害"实际上就是赋税不断累加而不减之害。此害被当今学者秦晖概括为"黄宗羲定律"。黄宗羲考察了历朝赋税制度的变化。三代之时的贡、助、彻,只是征收田土之税。到了魏晋时期,赋税制度开始有户、调的名称,有田土的百姓缴纳租赋,有人户的百姓缴纳布帛,这在田土之外多了赋户。唐初,朝廷确立了租、庸、调之法,有田的出租,有户的调,有丁的纳庸,缴租用谷,纳庸用绢,调则缴纳缯纩布麻,这是除了户赋之外多了丁赋。杨炎变租、庸、调为两税法,人无丁中,以贫富为差别,虽然租、庸、调的名称浑然不见,其实是把庸、调并入到租赋中了。两税法一直相沿到宋朝,不但没有减庸、调于租内,反而又征收钱米作为丁身的赋税。此后,各朝按此方法收税心安理得,认为两税指的就是租税,丁身指的是庸、调,实际上是重复纳税的赋税。明朝的两税,除

---

① 《万季野先生四明讲义》,《万斯同全集》(第 5 册),第 283—286 页。
② [清]黄宗羲:《明夷待访录》,《黄宗羲全集》(第 1 册),第 26 页。
③ [清]黄宗羲:《明夷待访录》,《黄宗羲全集》(第 1 册),第 26—29 页。

了丁口之外,还有力差,有银差。因此,黄宗羲说:"杨炎之利于一时者少,而害于后世者大矣。"①讲到嘉靖末年实行的一条鞭法,黄宗羲认为其与两税法没有什么两样。他以万历、崇祯两朝的税收情况说明"税额积累至此,民之得有其生也亦无几矣"②。黄宗羲看到了很多朝代赋税制度名义上很轻,而实际上农民不堪重负的状况。他反对表面的轻徭薄赋,希望统治者真正能减轻农民的负担,主张实行"下下之税",即"三十而税一"。黄宗羲指出天下的财赋日渐加多的状况直至明朝也没有改变,赋税愈加愈多,百姓负担越来越重,出现"一岁之获,不过一石,尽输于官,然且不足"③的现象而官员不察。造成这种现象,其原因主要是朝廷采用"因循乱世苟且之术"④来治世。黄宗羲对朝廷赋税制度的批评是切中肯綮的。

第二种"暴税"是针对生民所纳之赋税而言。黄宗羲称之为"所税非所出之害"。关于此害的观点,已经涉及近代经济学中的通货膨胀问题。最初,使用银时,银价较低,折银时,老百姓还是比较划算的。但是后来,当银价较高,谷价较低时,采用折银的方式就不如直接采用实物好了。尤其是当天下之银枯竭时,银价飞涨。若仍使用银缴赋税的话,就会出现"丰年田之所出足以上供,折而为银,则仍不足以上供也"的情况。黄宗羲认为,这是"天与民以丰年而上复夺之,是有天下者以斯民为仇也"。⑤ 针对此点,黄宗羲构想采用"必任土所宜"⑥以征收实物的方式,消除"所税非所出之害"。圣贤之王拥有天下,必定是按照土地之所产而征收赋税。这样的话,百姓就不至于困顿穷苦了。

黄宗羲所说的第三种"暴税"是"田土无等第之害"⑦,即田土不分肥瘠、好坏等级,官府按照一个标准征收赋税所造成的危害。黄宗羲从文献《周礼》中找到根据——古人的田土不仅"九则定赋",而且还"细为之等第"。⑧ 但是后来虽田土价格悬殊,有司却"画以一则"⑨进行征收,结果致使不毛之地每年抱空租,虽年年耕种,而所生产出的东西还不够牛种的钱。针对官府通过这种方式收税造

---

① 〔清〕黄宗羲:《明夷待访录》,《黄宗羲全集》(第1册),第27页。
② 〔清〕黄宗羲:《明夷待访录》,《黄宗羲全集》(第1册),第27页。
③ 〔清〕黄宗羲:《明夷待访录》,《黄宗羲全集》(第1册),第24页。
④ 〔清〕黄宗羲:《明夷待访录》,《黄宗羲全集》(第1册),第24页。
⑤ 〔清〕黄宗羲:《明夷待访录》,《黄宗羲全集》(第1册),第28页。
⑥ 〔清〕黄宗羲:《明夷待访录》,《黄宗羲全集》(第1册),第28页。
⑦ 〔清〕黄宗羲:《明夷待访录》,《黄宗羲全集》(第1册),第28页。
⑧ 〔清〕黄宗羲:《明夷待访录》,《黄宗羲全集》(第1册),第29页。
⑨ 〔清〕黄宗羲:《明夷待访录》,《黄宗羲全集》(第1册),第29页。

成的"田土无等第之害",黄宗羲从"天下为主"的思想出发,构思了两项具体措施。第一项措施是尽量使土地得到相应的休养生息。第二项措施是重新丈量田土,然后分等授田。

从总体上看,黄宗羲的赋税思想与传统的富民思想有着较为一致的地方。儒家富民、亲民、爱民的观点得到具体体现,其"天下为主"的思想得以充分展示。黄宗羲提出的这些措施看似有较为浓厚的复古思想,实则黄氏在构想设计这些制度时,所立的角度为"天下之法",所站的立场是维护当下天下生民之生存权利。黄宗羲根据明朝末年社会经济发展的新动向,提出的这些具有一定可行性的解决朝廷财政问题的方案,有别于从"一家之法"的角度设想出来的赋税制度即历朝历代的实行过的赋税制度。

再来看看万斯同对于赋税的观点。万斯同仍然是沿着历史发展的脉络细细追索,自三代以降,一路分析而下,权衡各自利弊得失。对于三代的贡、助、彻制,万斯同认为:"乡、遂、都、鄙之分,舍《周礼》外别无可据。不必尽拘,则乡、遂用贡,都、鄙用助之说,亦不必泥矣。"接着他论述孟子所说的布缕之征、粟米之征、力役之政,说:"古来之赋,止此三者。"在分析两汉三十税一制时,他说:"二十而税一,孟子以为不可,汉何能三十而税一?盖天下之费,莫大于养兵,汉无养兵之费,有三更之制。"他所说的"无养兵之费",指寓兵于民之意,如汉的三更、唐的府兵,万斯同极其赞成这种兵制,因为既无"养兵之费",国家军费开支少,田赋就较轻。当然,军费还是有的,"汉武用兵,岁费用百万而不加田赋,止增马口线,亦不甚重,何以足用,盖盐铁之赋皆自武帝始。……更有舟车之税,所以足用"。[①]

在讲述晋赋税制后,他较多地讲述了唐朝的租庸调制,以及由租调制变为两税法的原因。万斯同指出,租庸调制是"以人丁为本"的,由于"生齿日繁"和授田制的破坏,土地制度客观上已发生了变化,然而:

> 户部岁以空文上之。又戍边者,蠲其租庸,六岁免归。玄宗事夷狄,戍者多死,边将讳不以闻,故籍贯不除。天宝中,王鉷为户部使,务聚敛,以其籍存而丁不在,是隐课不出,乃按旧籍除当免者,积三十年,责其租庸,人苦无告,法遂大弊。至德后,天下兵起,人口凋耗,版图空

---

① 《万季野先生四明讲义》,《万斯同全集》(第5册),第283—285页。

虚,赋敛之司,莫相统摄。正赋所入无几,科敛凡数百名,废者不削,重者不去,吏因其苛,蚕食于民。富人丁多者以宦、学、释、老得免,贫人无所入,则丁存。故课免于上而赋增于下。德宗时,杨炎疾其弊,乃请为两税,以一其制。①

万斯同这一分析是很深刻的。

他抨击最厉害的是宋朝的赋税制。"唐以前无养兵之费,故国用多足。宋尽天下之力以养兵,故国用多乏。"国用多乏,就取诸赋税,所以宋时苛捐杂税多。他列举了酒税、茶税、醋税、渡口关税以及经制钱总制钱等,"其后,统名为经总制钱,其名有月椿、版帐之类,名目甚多,不能悉数。诸如两造讦讼,输赢皆要纳钱,输者罚钱,赢者谓之欢喜钱,真可笑也"。②

他对元朝的赋税制作如下的论述:

自古帝王创制,皆有所因,唯元独无所因。盖金末之乱,多为割据所有,元虽灭金,得其土地,而无财赋之入,因欲尽杀天下之人以为牧畜之地。耶律楚材以为若使我为之,可得赋数十万,元主从之。其后灭宋,亦不仍宋制。③

万斯同这一分析却不完全正确,所谓"元独无所因",是因为蒙古初兴,实行的是奴隶制,只想着将天下变成跑马场,尚不知道封建土地赋税制的缘故,而不是由于"得其土地而无财赋之入"。

关于币制,特别是对贵金属货币问题,万斯同十分重视,这反映了明清之际商品经济的发展。他先论述用钱先于用银,"周太公始为九府圜法,其时虽有此制,亦不盛行。管仲铸山煮海,以致富强。铸山即铸钱也,煮海即煮盐也。其法至管仲而始用,可见周初不甚行也。民间交易虽兼用钱,但田赋取民,总无征民之钱者。"到汉武帝时,才有算赋、口赋、马口钱等,赋税以钱,才普遍起来,然而,"终汉之世,其田赋亦无征钱者"。④

---

① 《万季野先生四明讲义》,《万斯同全集》(第5册),第286页。
② 《万季野先生四明讲义》,《万斯同全集》(第5册),第287页。
③ 《万季野先生四明讲义》,《万斯同全集》(第5册),第288页。
④ 《万季野先生四明讲义》,《万斯同全集》(第5册),第284页。

万斯同指出,银始见于《禹贡》,到汉武帝时,始用银。"古无用银之制,汉武帝时,杂置银锡为白金三品。……自古用白金,从此始。但不久亦废。"南北朝时,"北则凉州产银,故民间亦用银。南则交广亦然。然越境亦不行也"。[①]

至于政府征银,从元朝开始。他说:"元时田赋不征银,民间交易亦不用银,用钱亦少有,用钞之法中通钞,公私上下皆用之。"然而"元时田皆征米,因国用不足,每户征银六两,谓之包垛银,征银自此始。然亦出于户,而非出于田也"。[②]而田赋征银,则开始和普遍地使用于明朝。万斯同还论述了纸币:唐的飞钱,宋的交子、会子等。

万斯同把自三代直至宋元的田制、赋税、币制,都"一一究其始末",而"酌其确当"。张锡瑹对万斯同的观点作了如下概括。这是万斯同对历代田赋制度的总结:

> 首论赋役法,则壤溯神禹。井田不可复,限田亦虚语。惟有租庸调,唐制颇近古。两税一条鞭,救患患仍巨。[③]

总而言之,在田制、赋税这块,万斯同提不出好的方案来。

三、兵制之辩

黄宗羲兵制的出发点是维护明王朝政权稳定的目的。除此之外,他考虑更多的则是怎样建立合理的兵制,以减轻生民的负担,使生民从繁重的兵役、赋税中解脱出来,进而生活稳定,生产积极性得到释放,从而达到富民强国的目的。

黄宗羲具体分析了明朝三种兵制即卫所、召募、屯兵的弊端。黄宗羲认为明朝兵制三变即从卫所到召募到屯兵,不但没有加强军事实力,反而每变一次,生民的负担就加重一些。卫所、召募、屯兵的弊端归结到一点,就是兵分于农,军分于兵,导致天下不堪重负。黄宗羲有感于明朝兵制的窳败,军费开支庞大所带来的严重的不良后果,从"天下为主"的思想出发,从减轻生民负担,维护生民切身利益的角度,构想了"兵农合一""军兵合一"的新兵制。黄宗羲认为"兵农合一""军兵合一"可以解决生民负担过重的问题。除此之外,黄宗羲认为明

---

①　《万季野先生四明讲义》,《万斯同全集》(第 5 册),第 286 页。
②　《万季野先生四明讲义》,《万斯同全集》(第 5 册),第 288 页。
③　《赠别万季野先生北上四十二韵》,《万斯同全集》(第 8 册),第 470 页。

朝重武轻文的制度也是导致明朝败亡的重要原因。因此,黄宗羲又提出"文武合一"的方案,"使文武合一为一途,为儒生知兵书战策非我分外,习之而知其无过高之论;为武夫者知亲上爱民为用武之本,不以粗暴为能,是则皆不可叛之人也。"①"文武合一"的方案可以制止文人知军事而不空谈、言过其实,武人"亲上爱民"不至于沦为一介武夫。按照黄宗羲的构思设计,如果"文武合一"能够得以实行,文人、武人都会尽心尽力保卫国家。

黄宗羲关于"兵农合一、军兵合一"的观点与万斯同吻合。

为了找到合理的兵制,万斯同对历代兵制进行了详尽的考察。万斯同认为战国和秦无兵制可言。他根据《系辞》"服牛乘马"句,指出在赵武灵王胡服骑射之前,已有骑马的风俗,则"此时国人不乐从者,但言胡服之宜,而未尝言骑射,看来骑射之事,一也久矣"。② 万斯同的这一分析是独到的。

在论述汉唐兵制时,万斯同提出"兵民合一"的见解。

> 古者兵民合一,寓兵于农,其人即力田之人。汉兵亦出于民,但非必农夫耳。调发之制,按籍可求,兵无缺额,有司官调之于民,将帅率之以御敌,其粮饷亦出于民,将帅无从扣克之也。③

"兵民合一"最大的好处在于"天子不必自为养兵"。他多次提到,"自汉至隋唐,天子俱无养兵之费,养兵自宋始,故国贫而民赋重。""魏晋以后兵制无所考,其调发之制太大,约与西汉同。总之,天子无养兵之费,迄陈隋皆然。"④

万斯同重点分析了唐的府兵制。唐府兵制是"兵民合一"的典型:

> 其兵出自民。每人受田百亩即口分、世业,计六家出一兵,即周寓兵于农之意。而周制七家出一兵。唐制六家出一兵,虽若重于周,而不知唐所受田百亩,比周百亩为多,是唐民之出兵者,更优于周也。至于天子无养兵之费,总与前代无殊。⑤

---

① [清]黄宗羲:《明夷待访录》,《黄宗羲全集》(第1册),第35页。
② 《万季野先生四明讲义》,《万斯同全集》(第5册),第296页。
③ 《万季野先生四明讲义》,《万斯同全集》(第5册),第297页。
④ 《万季野先生四明讲义》,《万斯同全集》(第5册),第296—298页。
⑤ 《万季野先生四明讲义》,《万斯同全集》(第5册),第299页。

万斯同提出唐的兵制由府兵一变而为彍骑,再变而为藩镇之兵。他对这一变化的评论同欧阳修,"欧阳公(欧阳修)曰,唐文三变,每变而上,唐兵三变、每突而下。"①

接着,万斯同又较详尽地分析了宋的兵制。先历述宋太祖杯酒释兵权,以文官出为知州代替节度使以及禁军、厢兵等制度。万斯同明确反对宋的募兵制度。

> 宋时,天下之兵皆出于召募,而聚于京师,故尽天下之财力以养兵,其费独重。宋太祖以汴梁无险可守,欲迁都长安。时将相大臣安土重迁,交口阻之,太祖不能强,曰:"不出百年,天下兵力竭矣。盖无险可守,不得不以兵为险。以兵为险,故禁兵不得不重,而养兵之费日增。"②

万斯同对募兵制的利弊作如下分析:

> 唐府兵之制,六家出一人,如缺,则本州县自补,故其数常盈。宋出于召募,则将帅从中侵克,势必缺额。又开创时,武事为重,禁军可用。承平日久,武官之权甚轻,将帅之职尚无人肯居,何况于兵?又况加以刺面之制,非人所欲,故召募而无应者,此召募之害也。然召募之制,朝廷虽多养兵之费,而民间晏然。否则如唐府兵之制,虽其法尽善,而一人为兵,则六家尽受其累,倘有缺少,又须补足,父母妻子皆愁苦大息,是以唐时塞上从军之曲,最为伤情。③

万斯同对府兵、募兵制利弊的分析,是比较客观的。

此外,他逐一讲述了禁军、厢军、乡兵、蕃兵、义勇之法以及各种军事制度。对元朝,他仅以"元无兵制可言"④,一笔带过,置而不论。

万斯同大力提倡"文武合一"制。

---

① 《万季野先生四明讲义》,《万斯同全集》(第5册),第299页。
② 《万季野先生四明讲义》,《万斯同全集》(第5册),第302页。
③ 《万季野先生四明讲义》,《万斯同全集》(第5册),第302页。
④ 《万季野先生四明讲义》,《万斯同全集》(第5册),第303页。

> 舜征有苗,以禹为将帅,而益佐之。……启征有扈,以六卿为将帅。可见古之命卿,即为将帅,文武合一,无分任者。汤用兵,大约如此。①

"文武合一"是黄宗羲、万斯同师生俩总结历史经验,不谋而合而得出的又一结论。

林林总总,万斯同对历代兵制作了详细的回顾并对其优缺点作了恰当的点评。为此,张锡瑺对万斯同《兵制》一讲作了以下概括"次论古兵制,田赋寓卒伍。汉唐调发多,府兵法可祖。宋乃专召募,遂受养兵苦。"②可见,"唐府兵法"是万斯同总结历代兵制优缺点之后提出的首选方案,以供其"理想国"采用。

四、礼、礼制之辨

万斯同对于礼学着力颇多。万氏礼学是理解万氏"以礼治国"思想的依据。

查方祖猷先生《万斯同全集》,万斯同礼学相关著述有《禘说》《书禘后说》等论述禘祫之礼;《群书疑辨》论述丧礼,其内容与徐乾学《读礼通考》中"徐乾学曰:……"体例文字对应相同;《庙制图考》论述历代庙制。除此之外,尚有散落在各处,如《明史稿》《资治通鉴后编》等著作中的各种表述。浙江图书馆藏手抄本徐乾学《五礼备考》有待进一步研究。

（一）礼由情起,贵乎得中

关于礼的起源问题历来众说纷纭。有人主张礼源于宗教,有人主张礼源于交换,有人主张礼缘于情、欲而制,有人坚持礼以义起,还有人坚持礼起于俗。《礼记·祭义》云:"夫言岂一端而已,夫各有所当也。"

万斯同对于"礼由情起"予以了充分肯定。"礼由情起,人情之所不能已者,先王勿禁。"③万氏认为古人制礼"未有不本于情也,情由中出,礼自外至。"④情与礼呈现为表里关系。

万斯同主张"人情又贵乎得中"。朱熹《家礼》附邱氏《仪节》篇,其祔祭后主张"四拜者二,再拜者八",似乎表明拜得愈多则得礼。万斯同批评道"夫拜以成

---

① 《万季野先生四明讲义》,《万斯同全集》(第5册),第294页。
② 《送万季野先生北上四十二韵》,《万斯同全集》(第8册),第470页。
③ 《群书疑辨》,《万斯同全集》(第8册),第354页。
④ 《群书疑辨》,《万斯同全集》(第8册),第341页。

礼,非以多为恭。礼可以止,而顾仆仆尔亟拜也,是可谓之礼乎?"①又如丧期,古人或主二十五月,或主二十七月,而后人增为三十六月。万斯同批评道,"情固宜从厚,而礼又贵乎得中。"②万氏主张"情以义断"③,"可以义起"④,称此二原则为"准情度理"⑤。如是则先王之礼必须继承,比如妾可服私亲;先贤之礼如失则必须废除,比如以多拜为恭等等。

万斯同关于"礼由情起,贵乎得中"的观点,可以从孔子以降礼学的发展中找到线索。

孔子言"直"又言"礼";言直侧重于个人性情之自由,言礼则侧重于社会规范对于个人之制裁。孔子注重礼,然而缺乏礼的一般理论以说明礼的性质,以及礼之于人生的关系。孔子述而不作,孔子的观点是对其之前礼学思想的概括与总结,自己发挥之处不多。孟子较注重个人性情自由;由于孟子主性善之说,自然亦重视个人之道德判断。与其相对,荀子更为注重人的行为之外部规范,更为注重礼;由于荀子主性恶之说,因此,荀子特别注重以礼矫人之性。荀子讲到了礼的起源问题。《荀子·礼论》云:"礼起于何也?曰:人生而有欲。欲而不得,则不能无求。求而无度量分界,则不能不争。争则乱,乱则穷。先王恶其乱也,故制礼义以分之,以养人之欲、给人之求;使欲必不穷乎物,物必不屈于欲,两者相持而长。是礼之所起也。"可见,荀子认为礼起于人欲。《说文》心部:"情,人之阴气有欲者。"⑥说明情与欲相通,故可以理解礼起于人欲与礼本于人情说亦相通。然而《礼记·礼运》说"何谓人情?喜怒哀惧爱恶欲七者,弗学而能",说明情包含的意义更广。《礼记·问丧》说"夫祭者,非物自外至者也,自中出,生于心也",说明情动于中,礼节随之而产生。总之,在《礼记》中,礼缘于情得到了伸张。《礼记·仲尼燕居》中载:"仲尼燕居,子张、子贡、言游侍。……子曰:'师!尔过,而商也不及。子产犹众人之母也,能食之,不能教也。'子贡越席而对曰:'敢问将何以为此中者也?'子曰:'礼乎礼!夫礼,所以制中也。'"《礼记·坊记》云"礼者,因人之情而为之节文,以为民坊者也",说明礼或为节人之情,或为文人之情;人之情欲之流露必须合乎适当之节度分限。合乎节度分限

---

①　《群书疑辨》,《万斯同全集》(第8册),第357页。
②　《群书疑辨》,《万斯同全集》(第8册),第331页。
③　《庙制图考》,《万斯同全集》(第1册),第235页。
④　《群书疑辨》,《万斯同全集》(第8册),第347页。
⑤　《群书疑辨》,《万斯同全集》(第8册),第343页。
⑥　[清]段玉裁撰:《说文解字注》,中华书局2021年版,第506页。

即是合乎中。

综上所述，万斯同礼学继承了先秦时期自孔子、孟子以至《礼记》关于礼学的一般理论。"礼由情起，贵乎得中"是认识万斯同礼学的起点。

（二）周公乃制之为礼乎

万斯同坚持礼为周公所作之经典的传统观点。同时，万氏亦怀疑礼已经掺杂了后人的增删。

父拜其子，世所未闻，而周公乃制之为礼乎？[①]

这句话有两层意思。一礼本应为周公所作，二既然礼为周公所作，那么就应该合情合理。为什么会出现"父拜其子"的内容呢？不言而喻，礼融入了后人的内容。

《礼记》中多处遭到万斯同批评。如《礼记·檀弓上》记载，子贡曰："……请丧夫子，若丧父而无服。"万斯同不以为然云："吾读《礼》至此，未尝不叹记《礼》者之失言也。"并怀疑"吾固以为非子贡之言也"。[②] 他又批评《礼记·杂记》，"凡《杂记》所言，多论贵贵而不逾亲亲，大要末世之礼，而未必本先王之礼也"。[③]

一直为经古文学家奉为周公所作的《仪礼》亦遭到万氏质疑。《仪礼》首篇《士冠礼》篇末记载："大古冠布，齐则缁之，其緌也。孔子曰：'吾未之闻也，冠而敝之可也。'"万斯同据此认定："《仪礼》首篇为冠礼，即引孔子之言，则非周公所作可知。"[④]"吾疑《仪礼》之中，凡所谓大夫以尊降……之类，皆后世之强宗增损先王之旧典为之，而非周公之本书如是也。"[⑤]万斯同认为《仪礼》并非周公所作，亦非孔子所作。加上《周礼》，万斯大已辨其非周公所作，故可推测，在万斯同的视域中，由于三《礼》中有内容并非圣人所作，其权威性大打折扣，宛然已经跌下了神坛。

退一步说，即使指认为周公所作之《周礼》，万斯同亦认为其尚有不完善之处。如回应朱熹论祔礼问题。朱氏支持郑玄的卒哭以后，"祔已，主反于寝"说，

①　《群书疑辨》，《万斯同全集》（第 8 册），第 321 页。
②　《群书疑辨》，《万斯同全集》（第 8 册），第 334 页。
③　《群书疑辨》，《万斯同全集》（第 8 册），第 340 页。
④　《群书疑辨》，《万斯同全集》（第 8 册），第 323 页。
⑤　《群书疑辨》，《万斯同全集》（第 8 册），第 336 页。

认为卒哭以后,如神主即祔于庙,孝子之心是不安的。对此,万斯同反驳道"夫反之心而不安,以此议周制之未尽善则可,乃因不安于心而必欲强古人以从我,己之心则安矣,其于解经,得毋亦有未安乎?"①

(三)先王之礼久不行于后世矣

流传下来的礼大多为周代礼、礼制。万斯同根据历代礼、礼制变革的结果,将礼分为"先王之礼"与"先贤之礼"。"先王之礼"不必赘述;"先贤之礼"指的是像司马光的《书仪》、朱熹的《家礼》等对礼所作的改革。万斯同有"先王之礼,久不行于后世矣,先贤之礼,犹可行于今日"之说。② 证明万氏主张礼、礼制应因时而迁,对先贤所作的改革持支持态度。

万氏指出,礼经所载之先王之礼,因情况不同而有正礼和变礼(如鲁褅)之分。后世时代变迁,礼、礼制理应变通。泥古而不变,名为守礼,实则违礼。如谢孝之礼,周时,"仕者不出本国,则其所拜谢近在一城之中,岂若后世之过都历邑,越在数百里之远而亦往谢之哉!"③根据空间发生的变化,万斯同主张废除谢孝礼。又如,"故吏为旧君服",出于《仪礼》臣服君斩之义,"但后之守令,迁转甚速,而为掾吏者,亦去来无常,情义之相接,可与古诸侯之世君其地者同类语乎?"④如果仍泥古服斩衰,"名为敦励风教,而其实不情之甚"。⑤ 根据时间上发生的变化,万斯同主张实行"为吊服加麻以临之,俟其丧出境而除之"⑥的改革办法。不限于此,万氏的论述尚涉及奔丧、丧期、丧服、丧具、吊礼、谢孝、神主(神帛、神像)、祭礼、墓祭、丧葬等。在此,不一一具述。

万斯同提倡短丧,反对堪舆、居丧作乐、停丧不葬等。凡此种种均表明,万斯同不再以《礼》为经,主改革礼、礼制,其精神与孔子保持了高度一致。一言蔽之即"简"。

(四)酌古今之宜洽情理之中

万斯同基于"礼由情生,贵乎得中"的基本原则,以历史的眼光看待礼及其发展。之后,即开始了礼、礼制的论证、提炼过程,万氏试图找到礼的完美形式,为他的"理想国"服务。

---

① 《群书疑辨》,《万斯同全集》(第 8 册),第 370 页。
② 《群书疑辨》,《万斯同全集》(第 8 册),第 341 页。
③ 《群书疑辨》,《万斯同全集》(第 8 册),第 347 页。
④ 《群书疑辨》,《万斯同全集》(第 8 册),第 350—351 页。
⑤ 《群书疑辨》,《万斯同全集》(第 8 册),第 351 页。
⑥ 《群书疑辨》,《万斯同全集》(第 8 册),第 351 页。

1.禘祫之礼一也

万氏祭礼研究成果主要经"禘论"呈现出来。禘祫之祭乃古代帝王大祭,具体情况历来聚讼纷纭,莫衷一是。万斯大著有禘祫礼专著。基于其兄之研究,万斯同以破立论,相继对汉儒郑玄"二年祫三年禘"说、"禘为丧毕之祭"说、"祭于后稷庙而不祭始祖所自出"说和"祫大小说"等等进行了驳斥。

万氏禘论的主题是"禘祫一也,以其审谛昭穆谓之禘,以其合祀群庙谓之祫"①。其论据有二:

1.《礼记·大传》:"礼,不王不禘。王者禘其祖之所自出,以其祖配之。诸侯及其大祖,大夫士有大事,省于其君,干祫及其高祖。"据此,万斯同作出分析。显然,"诸侯及其大祖……干祫,及其高祖"句指的是合祭,"绎文义,总言合祭之事"。② 万斯大注"祫"云:"夫祫之为文,从示,从合,是凡合祭,皆为祫也。"③万斯同明确指出《大传》这段文字前半段是讲禘,后半段是讲祫,因而禘祫实是一祭。其次,基于周朝之等级制度,万斯同认为"礼,不王不禘",说明只有天子才能称禘祭和祫祭。与此对照,诸侯仅能祭及大祖,不能祭始祖所自出,不能以"禘"称,但可称之为"祫"。至于大夫及士,则"省于其君",由下向上推(干祫),仅能祭及高祖。至此,万斯同小结道:"特其分有崇卑,故名有异同,……其礼总皆合祭,特天子名为禘,亦可名为祫;在诸侯名为祫,不得名为禘。上可兼下,下不可兼上也。"④

2.万斯同从历代文献中寻找到有关禘礼的依据。"言禘者凡二十九篇,而言祫者不数见。"其列举言禘的有《礼记》中的《祭法》《祭统》《祭义》《王制》《大传》等十三篇,《诗经》中的《雝》《长发》和《诗序》,以及《春秋》《尔雅》《国语》诸书。"岂非禘之外别无所谓祫乎?"与此对应,言祫的仅有《礼记》中的《曾子问》《王制》《大传》及《公羊传》。具体来说,《曾子问》是讲时祭,非庙祭,《大传》所谓"干祫",正是诸侯以下的合祭,"犹天子之禘"。而《公羊》所说的"大祫",实即"大禘","然其意为下文合群庙主发言,故不言禘而言祫也。"万斯同的结论是:"非大禘之外,更有大祫也。"⑤

---

① 《群书疑辨·禘说七》,《万斯同全集》(第 8 册),第 367 页。
② 《群书疑辨·禘说七》,《万斯同全集》(第 8 册),第 367 页。
③ [清]万斯大撰,范显贵校注:《经学五书·学礼质疑》,华东师范大学出版社 2012 年版,第 32 页。
④ 《群书疑辨·禘说七》,《万斯同全集》(第 8 册),第 367 页。
⑤ 《群书疑辨·禘说七》,《万斯同全集》(第 8 册),第 367 页。

万斯同进一步分析了后人分禘、祫礼为二在经学上和历史上的原因。就经学而言，万氏认为由于郑玄不明《大传》的本意，把"其祖所自出"解释为"祭天"，故禘礼变成了祭天礼；郑玄亦不明"天子之禘与诸侯、大夫、士之祫，皆合祭祖宗之名，析其义为二"①，故将禘、祫看作两祭。就历史而言，万氏认为纬书有"三年一祫，五年一禘"说，"汉世君臣笃信不疑，故韦玄成有一祫一禘之论，张纯直以纬书为古礼，至马融、郑玄、王肃诸人，悉祖述之而不敢异"，致使"汉魏而下，祫禘并行"②。

2. 夫妇人以夫之齿为序

至于丧礼，《群书疑辨》关涉内容较多。举"娣姒妇"为例，说明万氏的新颖之处。

《仪礼·丧服》："娣、姒妇者，弟长也。"郑玄注云："长妇谓稚妇为娣妇，娣妇谓长妇为姒妇。"万斯同对郑注不以为然。"弟长也"如读作"弟，长也"，释弟为娣，则表示娣为长而姒应为稚。万斯同明确反对郑氏观点，认为郑玄的解释颠倒了经文原意。"余观《仪礼》娣姒妇之文，娣在姒之上，《传》又释之曰：'娣，长也'，分明娣长而姒幼。乃郑康成之注，……将娣姒倒置，而贾氏之疏因之。"③

至于娣、姒之长是以两者的年龄而言，还是就其夫之年龄而言。贾公彦主前者，万斯同则主后者。万氏引《左传》为证。穆姜是鲁宣公夫人，声伯之母为宣公弟叔肸之妻；因此，穆姜与声伯之母为姒娣，穆姜称声伯之母为姒。子容之母为叔向的嫂子，伯石之母为叔向的妻子；因此，子容之母称伯石之母为姒。故万斯同认为"则是娣为兄妻，姒为弟妻，与《仪礼》及《传》文正合，无可疑矣"。这是因为"夫妇人以夫之齿为序，而不以己之齿为序，此礼至今不变也"。④

总而言之，万斯同的"娣长妇幼"说，赞成者少；妇人以夫之齿为序，则赞成者多。无论如何，足成一家之言。另外，万斯同"叔嫂有服"说、"三虞即卒哭"说、辨"殡于五父之衢"等，新意独到。本文不一一列举。

3. 《王制》天子七庙制

万斯同在《庙制图考》中，对自夏、商、周三代直至宋元明历代宗庙制度的变迁史作了系统的考察。

---

① 《群书疑辨·禘说七》，《万斯同全集》（第 8 册），第 367 页。
② 《群书疑辨·禘说七》，《万斯同全集》（第 8 册），第 368 页。
③ 《群书疑辨·禘说七》，《万斯同全集》（第 8 册），第 326 页。
④ 《群书疑辨·禘说七》，《万斯同全集》（第 8 册），第 326 页。

（1）天子七庙及四亲庙

万斯同罗列韦玄成、刘歆、郑玄、王肃、孙毓、贾公彦等历代礼学大家对周代庙制的不同见解，予以折衷，提出"七庙制"。

> 宗庙之制，众说葝如，帝王制礼，因有同异。自非折衷群言，曷由归于一是！综其大概，约有数端：太庙居北，昭穆分列，以次而南者，孙毓之说也；太庙居中，群庙并列，无分上下者，贾公彦之说也；周制七庙，并数文武世室者，韦玄成、郑康成之说也；周制七庙，不数文武世室者，刘歆、王肃之说也。彼皆引《经》证传，各有依据，而王、郑两家尤为众说之鹄。自同堂异室之制兴，近亲四庙之典定，先王遗意殆无复存。欲昭盛代之规模，必复元公之制作，采《王制》七庙之文，参刘氏三宗之说，会而通之，典礼斯在。①

《礼记·王制》记有天子七庙，郑玄解释为始祖后稷庙，文王、武王庙，此三者是不祧之祖，加上高祖、曾祖、祖、父四庙，共七庙。刘歆、王肃则认为，天子七庙是常制，其他天子如有大功德，不能称祖但可称宗，如商有三宗，太宗太甲、中宗太戊、高宗武丁，其庙亦也不迁毁。万斯同折衷郑玄七庙说和刘歆、王肃的三宗说，主张天子七庙庙制。

> 经传皆言天子七庙，其言四庙者，惟《小记》为然。夫诸侯犹立五庙，而谓天子止四庙，有是礼哉？然惟三代之兴，其祖宗世为诸侯，故革命之后，即得备七庙之制。若前无所承，崛起草泽，其祖宗世系，且有茫然不知者，何拘于七庙之制乎？则立四亲之庙，以祀其高曾祖考，亦势之不得不然者也。②

万斯同进一步说明了天子七庙制及四亲庙产生的缘由。由于不明先世，创业之君崇祀四亲。之后，开启七庙制航程。万斯同指明四亲庙制自东汉光武帝始。这种方法历代效法，各个朝代均有具体操作，光怪陆离，各有得失。

---

(2)祖宗、昭穆制及迭毁制度

祖、宗之封号体例起源于三代。按照惯例:祖,有立国之大功,宗,有守成之大德。

> 祖有功,宗有德。庙止一祖而已,无三祖也。况生前自称哉?[1]

七庙制中仅有一祖即太祖。万斯同批评魏明帝曹叡同时列三祖,并生前自封烈祖的做法。诚然魏明帝有其特殊的历史原因、背景,此不赘言。

万斯同强调"祖有功,宗有德,固先王令典。"万氏举例只有像少康、周宣王一样有中兴之功,周成王、汉文帝一样有致治之德,君主才能冠以"宗"之号。在位君王应具备甄别不祧之公德有无。在万斯同的视野中,宋之真宗"惑于天书,遗讥万世",神宗"日事纷更,遂开亡国之釁"等,理不应加号"宗"。[2]

万斯同主张太祖即为始祖。

> 礼所谓太祖,即始祖也,既尊为太祖,既当居始祖之位。[3]

万斯同批评王安石"僖祖庙议"即祀僖祖为始祖是错误的。况且之前已有"汉之尊高祖,晋之尊宣皇,元魏之尊道武"[4]先例参照。万斯同赞成明世宗毁德祖而奉高皇是正确的。万斯同还举出唐朝的例子,说明唐以景帝为始祖是合适的,因其有封号,唐朝肇基于此。"唐之景帝,始封唐公,后高祖实由唐公践帝位,则尊为始祖也固宜。"

> 创业之君,其家必有常祀之祖,即推其最尊者以为始祖,其下祖考各立庙祀之,而复古七庙制。他日创业者升祔,尊居一庙,与始祖之庙俱百世不迁。其他以次递迁,一如周制。郊天则创业者配,大祫则始祖居东,而禘即奉始祖之父,庶乎其可也。[5]

---

[1] 《庙制图考》,《万斯同全集》(第 1 册),第 209 页。

[2] 《庙制图考》,《万斯同全集》(第 1 册),第 235 页。

[3] 《庙制图考》,《万斯同全集》(第 1 册),第 237 页。

[4] 《庙制图考》,《万斯同全集》(第 1 册),第 237 页。

[5] 《庙制图考》,《万斯同全集》(第 1 册),第 255 页。

于此,万斯同还提出了一种变通的方法,即始祖与太祖的分离,始祖为太祖立国之前常祀之祖。

> 昭穆之义,本由群主合享太庙时,昭主南向,取其向明而谓之昭;穆主北向,取其向幽而谓之穆也。①

万斯同批评陈祥道"父以明察下,子以敬事上,故称昭穆"之昭穆说,明确指出昭为穆父,穆亦为昭父。足见陈说之荒谬。

> 朱子曰:"迁毁之序,昭常为昭,穆常为穆。假令新主当祔昭庙,则毁其高祖之庙,而祔其主于左祧;迁其祖之主于高祖之故庙,而祔新主于祖之故庙。祔于穆者,其序亦然。"②

这里,万斯同引用朱子的观点,结合昭穆制说明了迁毁之序。

综上所述,随着时代的发展,祖宗、昭穆制、迭毁制等等得到了进一步细化、完善了天子庙制制度。

（3）为人后者为之子

万斯同明确指出,按照礼,为人后者为之子。反之,《春秋》即讥之为逆祀。

> 鲁僖公以闵公之兄,跻于其上,而《春秋》讥为逆祀。③

鲁僖公是鲁闵公的哥哥,但是鲁僖公曾是鲁闵公的臣子,死后排位却越之前。《春秋》判定为"逆祀"。

> 后之以兄继弟,以从父继从子者,率以生前世次,超而上之,皆《春秋》所讥也。④

---

① 《庙制图考》,《万斯同全集》(第1册),第171页。
② 《庙制图考》,《万斯同全集》(第1册),第188页。
③ 《庙制图考》,《万斯同全集》(第1册),第229页。
④ 《庙制图考》,《万斯同全集》(第1册),第229页。

万斯同以《春秋》为证,说明以兄继弟、以从父继从子,却以生前世次,排位提前,是为"逆祀"。如,晋之元帝,愍帝父辈,虽是长辈但是称帝在后,故祔庙在愍帝之下;本来是正确的,后来跻之于上,逆祀!还有简文、孝武都跻在成、康、穆、哀之上,逆祀!唐宣宗跻敬、文、武三帝而上,逆祀!明世宗听信丰坊邪说,竟然逆睿宗(嘉靖生父,生前登基大统)跻武宗之上,万斯同判定逆祀乱常!

（4）对后魏、元朝庙制的批评

少数民族与汉族有着不同的文化传统及背景,故太庙制度肯定是不同的。

> 魏之诸帝,功无高于道武者,尊为太祖宜也。但平文称太祖,已阅数世,一旦夺彼以与此,则非矣。且恭穆未登尊位,而列之七庙之中,献文本无殊功,而加以显祖之号,皆非礼也。若夫庙本七室,因易始祖而虚一以待己,前典未闻。孝文号为贤君,而失犹如此。①

这里,万斯同对元魏"双太祖"、"未登尊位而入庙"、"无殊功加祖号"、在位君王"虚一待己"提出了批评。

> 世祖初建太庙,崇祀者八主。及武宗更室次,八主之中,止存太祖、睿宗二主。②

同样,万斯同对元朝天子庙制亦提出批评。元世祖初建太庙,祭祀八主。到了武宗手里,八主只剩下太祖、睿宗。太宗、定、宪二帝本来统绪相传,竟然废而不祀,而祀睿宗又有私亲之嫌。

> 庙室以中为尊,得礼之正,无可议者。但既奉太祖居中,余当左昭右穆,乃列其高曾祖三世于右,而以父若叔父列于左,此何礼乎!③

按照礼,庙室以中间为"尊位"。故太祖居中,左昭右穆。这是庙制中历代

①　《庙制图考》,《万斯同全集》(第1册),第219页。
②　《庙制图考》,《万斯同全集》(第1册),第244页。
③　《庙制图考》,《万斯同全集》(第1册),第244页。

帝王牌位的摆放次序。万斯同批评元朝天子庙制将高曾祖三世摆在右首,父、叔父等摆在左首。显然,违背了"左昭右穆"制。

> 睿、裕、显、顺四宗,皆未履宸极,不当入庙者也。以子为天子,遂皆祔庙而太宗、定宗、宪宗反不获与焉,违礼甚矣。显、顺二宗,虽成宗之兄,但未登尊位,不当居其上,竟俨然超而上之。昔鲁僖继闵为君,后跻其上,《春秋》犹讥之,况生未为君者乎?……厥后,文宗继统,以泰定弒君,黜显宗不祀,而顺宗乃其祖,居庙如故。①

论及元朝庙制,万斯同再次提出"未登尊位而入庙"问题,如睿、裕、显、顺四宗;对"既已登位反而不入庙"提出批评,如太宗、定宗、宪宗。逆祀亦不例外,如显、顺二宗。最后,万氏还揭露了文宗弒君乱常的恶例。

综上所述,万斯同将国家兴亡与天子庙制是否常态化紧密联系在一起,如果国家政治生活动荡不安,则势必造成具体庙制的光怪陆离。

总而言之,万斯同继承了春秋以降儒家之以礼治国的思想。首先,礼是规范和准则。孔子曰:"非礼勿视,非礼勿听,非礼勿言,非礼勿动。"其次,礼是修养和文明的象征。"夫唯禽兽无礼,故父子聚麀。是故圣人作,为礼以教人,使人以有礼,知自别于禽兽。"其次,礼是社会控制的手段。《礼记·仲尼燕居》:"制度在礼。"《孝经》申明:"安上治民,莫善于礼。"孔子重申:"为国以礼。"礼还与"法""俗""乐"等相辅而行,形成"礼—法""礼—俗""礼—乐"等社会控制的模式。其次,礼是秩序。此秩序又与天地宇宙的规律和秩序相统一。《礼记·乐记》中有"礼与天地同节","礼者,天地之序也"。反之,则"礼崩乐坏"则天下大乱。其次,礼是礼制,是国家的象征。总之,万斯同将礼视为中华优秀传统文化之血脉,尤其在明清交替之际,保留并传承礼的思想具有特别重大的意义。万氏对历代礼、礼制及其演变的探究做了大量细致入微的考证工作。

"礼由情出,贵乎得中"是万斯同礼学的起点。万氏从人或者说人类共同的情感出发,站在发展的角度,将历代礼、礼制视为动态的发展史形态。万氏对于礼、礼制的探讨,突破了三代的局限范围,延伸至宋元明,其试图找到治理其"理想国"的完美方案,期待或者其自认为找到了立国兴邦、长治久安的"钥匙"所作

---

① 《庙制图考》,《万斯同全集》(第1册),第245页。

的努力,我们必须予以肯定。诚然,万斯同与历代礼学家之观点有同有异,但是其最终仍在维护旧的封建社会等级制度体系的立场并没有改变。这些我们也必须予以批判。

五、建都之辩

都城(京城)是全国政治、经济、文化的中心,皇帝居住、生活、办公的地方。其设置往往涉及政权的巩固、经济的繁荣、统治的便利以及中央与地方之间的关系等重要问题。因此,建都问题历来受到政治家和思想家们的重视。

明朝都城的选址问题在明政权高层曾有过争议。朱元璋登基之初将都城建在南京。后来,迫于北方少数民族入侵的压力曾动议迁都北京。这一问题直到永乐帝朱棣夺取皇位并重新疏通大运河后才最终完成(1450)。当时朱棣将都城北迁至少有两个方面的考虑:一永乐帝的权力嫡系范围和取得支持的基地位于北方而不在南京;二北京的地理位置优于其他一切地方,它既可以充当应对北方入侵中国的堡垒,又可以作为支撑皇帝在北方实行对外扩张政策的一切活动的中心。

在反思明朝灭亡的原因时,黄宗羲把明朝建都的"失算"纳入其思考范围内。黄宗羲提出问题,以往各个朝代几乎中间都曾出现过濒临灭国的危机,但往往能够躲过劫难。为何到了明朝就一乱而无治了呢?对此,黄氏以历史为参照进行了论证。黄宗羲认为其答案是"亡之道不一,而建都失算,所以不可救也"。[1]　具体说来,有三个原因。一是北京所处之地交通不畅达,且毗邻夷狄,一旦被围,无处逃生。二是北京之地缘政治导致国家常年处于危机之中。为了社稷安危,朝廷不得不重力保护都城,导致天下疲敝,财力困乏,无力以礼乐教化百姓。三是建都北京直接影响到国家财富的赢缩。不仅全国近十分之九的赋税都运往京师,而且其中所需要的花费以及在运输过程中的消耗相当惊人。

黄宗羲一直坚持明朝建都北京不当,但是从万斯同《天下志地》对二直隶和十三个布政司的评价看,万斯同并不完全赞成黄宗羲的观点。万斯同对首都北京之选是肯定的,万斯同认为北京地理位置、地势天下第一。因此,万斯同写道:

---

① ［清］黄宗羲:《明夷待访录》,《黄宗羲全集》(第1册),第20页。

京师雄峙东北,关山险固,形胜甲于天下。①

然后,万斯同又一一分析了其他地域即南直隶、各布政司的各具优势、特点以及拱卫北京的布局。

南京跨据江、淮,包络湖海,地广物繁,财赋滋殖,自昔号为富庶,得其地足以生聚教训、养民致贤,语形胜于东南,南京其最矣。②

山东介两都之间,江、淮挽输皆出于此,为天下之咽喉,京师之根柢。③

山西居京师之上游,藩篱完固,则堂奥可以无虑。大同斗绝边陲,三面皆险,与宣府互为唇齿,故防维最切。④

河南自古为韩、魏地,所谓中国之处而天下之枢也。然肩背之虑常在河北,咽喉之患常起陕西。⑤

陕西山川四塞,盖中原之喉吭,而天下之肩脊也,⑥

四川虽僻在西偏,而山川重阻,称为险固⑦

江西襟江带湖,控荆引越,称为形胜地。⑧

湖广之于天下,犹腰脊然。⑨

浙江崇山巨浸,包络四维,地饶鱼盐,民杂商贾。⑩

福建之地,海抱东南,山环西北,重关内阻,群溪交流,虽封壤约束而山川秀美,福州居然都会。⑪

广东介岭海间,盘纡逶迤,亘二千余里,大约与湖广、广西、福建相

---

① 《天下志地》,《万斯同全集》(第5册),第411页。
② 《天下志地》,《万斯同全集》(第5册),第430页。
③ 《天下志地》,《万斯同全集》(第5册),第449页。
④ 《天下志地》,《万斯同全集》(第5册),第463页。
⑤ 《天下志地》,《万斯同全集》(第5册),第479页。
⑥ 《天下志地》,《万斯同全集》(第5册),第505页。
⑦ 《天下志地》,《万斯同全集》(第5册),第533页。
⑧ 《天下志地》,《万斯同全集》(第5册),第548页。
⑨ 《天下志地》,《万斯同全集》(第5册),第573页。
⑩ 《天下志地》,《万斯同全集》(第5册),第590页。
⑪ 《天下志地》,《万斯同全集》(第5册),第601页。

唇齿。①

广西在五岭西偏,襟带三江,提封甚广。②

云南自昔为要荒之域,叛服不常。③

贵州山箐峭深,夷苗盘错,地势瘠狭,储蓄短少,师旅之费仰给于邻境。④

从万斯同的评价看,南京肯定是不错的,东南形胜,但是北京的地理位置、地势更佳,在各布政司的拱卫之下,如众星捧月一般,雄踞天下;万斯同又将各布政司之特点、优势、弊端一一罗列,不厌其烦,可供布置天下参考之用。至于漕运弊端,万斯同有《明代河渠考》一著。该文借鉴元朝海运的经验,搜集关于海运的相关资料论述启用海运问题。于此,黄宗羲提出的运输问题得到了很好的解决。万斯同通过"疏导"而不是"堵"的方法,认识海运、漕运对国家经济生活的影响,眼界、视野较之黄宗羲更为开阔。

综上所述,万斯同针对"君主、首辅、选举、胥吏、阉宦、封建及郡县制、土地赋税制度、兵制、建都"等一一考量,试图通过局部的优选、改革来调整封建王朝的运行过程,兑现"有道之世",缓和动荡给国家、天下带来的危害,成"一代之规模"。但这一切都是空想。事实证明,任何美好的愿望实现都离不开相应的生产力发展水平的支撑,这亦在万斯同探讨田赋制度的"卡壳"中得到提示。事实可鉴,在既有的生产力水平下,是不可能调整出超出生产力水平承载的完美的社会制度的。继而推之,当新的生产力已经取代旧的生产力,旧的制度外壳想挡住历史的车轮也是不可能的。

---

① 《天下志地》,《万斯同全集》(第5册),第612页。
② 《天下志地》,《万斯同全集》(第5册),第627页。
③ 《天下志地》,《万斯同全集》(第5册),第649页。
④ 《天下志地》,《万斯同全集》(第5册),第663页。

结　语

　　万斯同哲学思想是由天道论、格物论、道统论、古今之道、治道、人生哲学、理想国等构成的一个比较完整的理论体系。

　　万斯同认为世界的本原为道。万斯同所谓之"道"有两层含义。一道为普遍规律，二道为孔孟之道即性命之学、经世之学。"道"不依赖于人，自我存在于宇宙中，是外在的客观存在。时空是道的存在维度，道又寄存在现实的社会历史当中。万斯同哲学体系的范畴"道"与另一范畴"理"表现为一本万殊的关系。万斯同提出"太极判而两仪形，阴阳运而万物生""律吕天地自然之数"等命题。其中，"太极判而两仪形，阴阳运而万物生"，坚持了"气生万物"的观点。万斯同将整个世界划分为自然界、社会两部分。人作为人，既要受到自然规律的制约，又要受到社会规律的制约。万斯同将"气生万物"的观点同社会伦理道德密切联系起来，并将自然界与人类社会视为一个"天人合德"的整体，万斯同赞同礼、礼制则是天地秩序的反映的观点。万斯同在"气生万物"的基础上，继承了历史上关于宇宙结构的四季五行框架说。"律吕天地自然之数"的命题不仅揭示了世界的质量存在方式即质量互变规律，揭示了王朝"三始九极"的规律，且因为音乐的介入有了更深一层的美学意蕴，为人们追求美好的未来生活提供了思想资源，证明了构建理想国"一代之规模"的现实可能性。西方自然科学的传入，引发了明清之际许多学者包括万斯同在内对"实验"方法的关注。万斯同在确定道为世界的本体之后，继而作出"体而任之，措而施之，存乎其人"的重要判断。主客二分的思维方式凸显，人作为思维主体、实践主体的含义得到揭示。主体人被定格为思维的人，从事实践活动的人，主体、客体之间的关系定位为体认、措施即认识与被认识、实践与被实践的关系。万斯同确认道是外在的客观存在,然而道又是通过文本得到揭示并记载下来的。文本的形式是主观的,其内容是客观的。万斯同关于"六经道之所载"的观点深刻揭示了道—六经—教化之间的内在关系,揭示了千百年来"六经"塑造中华民族精神风貌的重大作用。万斯同提出圣人与道的作用合二为一。同时,在万斯同哲学体系中体用、理一分殊的思维方式,本体论无、有两条路径的传统继续保存和贯彻,说明中国哲学是其自身思维特质在中国特定条件下,在中国特定的文化土壤中生发出来的硕果。万斯同将动静互根之说有意识地引入现实生活,对于世间及其事物的"损益"的认识,关于"盛极则衰"的观点揭示了世界发展的内在规律。

　　此文关于万氏格物论的讨论涉及三个层面。第一,厘正了格物就是学习"六艺"的观点,提出学习六经加以践行是学习六艺的应有之义,并从体用的角度深入探讨了万斯同格物论深层的内涵,揭示了朱熹、王阳明、黄宗羲、万斯同等人"体用与理一分殊结合"的相同的思维特质。万斯同"格物"说充分显示了万斯同对于知识重在实用性的关照,凸显了理论知识对现实践行的指导作用。第二,对历代经典"格物"论进行了阐述与评价,包括郑玄来事说、司马光扞格外诱说、朱熹穷理说、王阳明正事说、潘平格格通人我说等等,一一予以驳正。纵观格物论的整个演化过程,这几种经典的学说都有各自合理的成分,一定的观点在一定的时期都曾经发挥过重要的作用。它们成为万斯同格物思想的重要资源,可以相互参照、比较,构成万氏"格物"论的天然界限。第三,探究了万斯同从"格通人我"到"学习《周礼》三物"的转变。潘平格哲学对青年万斯同的影响是非常大的,其对周孔之学的提出,对清廷科举制度的抨击,对朱、王二家的批判,对范畴"事、物"分类的界定、对朱熹"穷理在其中"的观点均曾为万斯同认可、赞同、接受。从万斯同哲学思想演变的轨迹看,潘平格格物论或者说潘平格哲学思想是万斯同通向颜李学派的桥梁。在这一转变过程中,万斯同实现了从主体与客体的分离到学习"经典"的转变(主体—客体),即完成了对主客关系思维路径的倒转。值得注意的是,尽管在其思想的成熟时期,万斯同与李塨在格物论领域观点契合,但还是可以明显地看到万、李二者思维方式的差别。朱熹、王阳明、黄宗羲、万斯同等人具体观点各异,但是"体用论与理一分殊相结合"的思维方式却高度一致。从李塨关于"有名目条件者曰物"贯通两个层次的叙述看,李塨是否具有此特质?尚需进一步的文献支持。这也是不能简单地将万斯同归类为颜李学派成员的重要原因。此节的论述可与本书第一章"万斯同哲学思想之三变及交游考"部分相互参照。

万氏"道统"论遵循"立道统、辟佛老"的基本结构。在万斯同的视野中,孔孟之道囊括性命之学、经世之学。孔孟之道是整个儒学不同流派包括理学、心学的共同源头。万斯同认为涵盖性命之学、经世之学的孔孟之道从来没有中断过,即使在异族统治的元代也得到了完整的保存和流传。文化、学术的未中断并不是简单的形式未中断,而是文化、学术的精髓得以完整的保留和传承。万斯同将朱熹排除的永嘉、永康学派拉进其道统新体系中,彰显了经世之学的正统面貌。万斯同在梳理学术流脉之时,从先贤处获得了精神上的支持,因此"立身在于诗书礼乐,而不在于显达"成为万斯同身处异族统治之下却终身不懈地追求"道"、践行"道"的座右铭。

在"辟佛老"部分。首先,万斯同将朱熹易学哲学体系的道教成分一一加以剥离,对朱子学说提出了严厉的批评。朱熹认为《易》为卜筮之书",并以三圣易不同、新四德说支持其论,万斯同则以"《易》本人事而作"辅之以三圣易同、四德说与之针锋相对。其核心就是反对朱熹将《易》视为卜筮之书。万斯同提出废除朱熹《周易本义》前《河图》《洛书》,因其非真版《河图》《洛书》,废除先天八卦、后天八卦,伏羲、文王八卦、六十四卦,方圆各图、卦变图等等,因其归属于邵雍易学,道学(教)范围。公正地讲,朱熹《易》学体系非常严密,历史地位颇高。但面对如何解释易学经典,万斯同和朱熹始终处于对立的阵营中,其核心最主要、最尖锐的问题是朱熹《易》学尤其是象数学,在万斯同看来,杂糅了道教成分。朱熹和万斯同都认为,象和意不可偏废。在"立象以尽意"问题上,朱熹的观点突出了"立象",尤其是象占环节之不可缺失。万斯同与朱熹观点有细微差别。归结起来,仍然是因为"《易》为卜筮之书"问题,万氏认为首当其冲"立象",象立则义理具备,并没有占环节;加之对于王弼之"得意忘象"的理解与朱熹有差异,可推测万斯同《易》学承接汉《易》,而朱熹则建立在魏晋以降易学发展的基础之上,由于此时道教已经掺入易学,故朱熹易学遍布道教成分。对此,朱熹并没有回避。证据、"口供"确凿无疑,万斯同对朱熹易学的判断正确无误。通过对朱熹易学道教成分的剥离,万斯同易学哲学思想浮出水面。万斯同易学哲学思想的核心观点即太极、乾坤生六子。在万斯同的易学哲学思想体系中,太极、乾坤生六子构成整个世界的基本框架。由此为入口,万斯同全盘接受了《易传·序卦传》中"有天地然后有万物,有万物然后有男女,有男女然后有夫妇,有夫妇然后有父子,有父子然后有君臣,有君臣然后有上下,有上下然后礼义有所错"的观点。万斯同将"气生万物"的观点同社会伦理道德密切联系起来,并将自然界与人类社会视为一个"天人合德"的整体。在万斯同易学体系中无先天八卦、后天八卦之说。象数体例包括卦变、互卦等等。一言以概之,卦变、互卦等象数诸体例,以及言象意数及其关系等构成乾坤生六子的基本内容。万斯同主张象有八卦之象、广八卦之象。象及广取象是万斯同易象观的基础。万斯同认为义理涵于物象之中,象立则义理无所不该。万斯同曾致力于《易》经的传、注研究,做过大量的笔札。但是这部分材料目前还没有找到,否则可以深入展开论述了。其次,万斯同将佛教定性为蛮夷之教,并分别从本体论、人性论、因果论等角度对佛教进行了批判。万斯同站在孔孟之道的立场,揭示了佛教对中国社会的长期危害,提出弘扬孔孟之道是打击佛教传播蔓延的最有力的武器,孔孟之道大行天下之时就是佛教自行灭亡之日。万斯同解答了生民信从佛教的根本原因即经济原因,体现了万斯同对生民的生存状态的观照,彰显了万斯同本体论的最高维度。

万斯同将王朝的治乱兴衰视为现实的历史进程,"损益""盛极则衰"的循环过程,即兴起—兴盛—衰落—灭亡,历史上多少王朝就此屡试不爽。万氏提出决定王朝命运的两个关键因素即天命和人事。他具体分析了导致明王朝覆灭的经济、政治、军事三大人事因素,阐明其中症结在于统治阶级与被统治阶级、统治阶级内部的矛盾积聚、激化,生民太苦、明军队战斗力下降。明朝中叶以后,土地兼并加剧,赋税异常沉重,军力不够即加派军饷,军饷加重则加派征银,严格地讲,征银并不是明朝灭亡的原因,关键在于重赋。因重赋而征银,生民必然受到更沉重的盘剥,王朝征银越多,实际上生民持有的财富越发减少。明朝军队战斗力大大下降,生民生活太苦!明王朝何德不亡?

万斯同认为现实的历史进程离不开人参与其间的活动。万斯同笔下的明王朝的现实的历史进程的七变是由帝王主导下的生变,说明帝王个人魅力、能力、作为与王朝的兴衰紧密关联。在万斯同的古今之道思想中,帝王史观占据重要位置。在万斯同看来,君主、皇帝是左右王朝兴衰的决定性因素,是决定王朝治乱兴衰的中枢——乾坤。这与其"乾坤生六子"的哲学思想是高度一致的。万斯同认为"人事"的核心即在于君王之德,万斯同强调帝王应遵循"地势坤君子以厚德载物,天行健君子以自强不息"的原则,引领国家前行。"七庙可以观德"汇聚了多少人对王朝万世不竭的永恒期待。

当不能用人事来解释王朝的治乱兴衰时,万斯同才会借用天命解释王朝的兴衰成败。万斯同的"数"思想显然没有直接套用邵雍"数"学说。万氏关于明朝兴亡与"数"有关的观点,主要还是建立在其宇宙观基础之上的"三始九极",故万斯同赞同"陈抟怕听五更头"之说。以为数或类似数的神秘力量决定王朝更替,万斯同身上有这种痕迹。万斯同将天文、地理、物象的变化与人事、政事的变化对应联系起来。将自然现象本身的变异,视为人事、政事重大变化的预兆和前奏。因此,灾害、怪异、妖孽,一言而统之,万斯同认为灾异有着与人事密切相关的特殊涵义。不仅如此,万斯同还将星象变化与现实事件对应起来,根据星象变化判断世事变化。在万斯同的视野中,"数"是决定王朝治乱兴衰更替的神秘原因,而"灾异思想""星象"则是治乱兴衰的晴雨表。

万斯同将"乾坤生六子"观点具体运用到社会历史领域,用以解释王朝之所以治乱兴衰。正因为如此,万斯同将历史的发展与人主的念虑竟然联系到一起。在深入摸索到万斯同历史哲学的逻辑脉络之后,可知这种连接完全在情理之中。万斯同能够从经济、政治、军事等三个人事方面分析明朝灭亡的原因,这是他的实学思想运用在社会领域的重要表现,是他的优点,抓住了问题的实质。但是,我们应该看到,万斯同至此止步。换个角度说,他的古今之道思想中虽有民本思想,同情农民起义,同情妇女和商人命运,甚至批判君主专制等积极的因素,但是他并没有像他的老师黄宗羲一样,完整地提出"仁义民生观"。万斯同古今之道思想中残存有天命史观成分,这是万斯同古今之道思想的不足之处。万斯同的古今之道思想有其长处亦有其缺陷,这些都应综合考量,予以客观的中肯的评价。

万斯同认为封建王朝是以"三纲五常"为原则的等级森严的社会。国家政治生活的正常运行得益于君、臣、民三者处于相互制衡的关系中,而维系这种关系正常运行的是礼、礼制,"礼也者,天地之序也","安上全下莫善于礼"。因此,需要加强礼、礼制的建设。人主以礼臣民,臣民则以礼报君。国家需大力培养大批人才,壮大士人(礼载体)队伍,使得礼、礼制得到充分的传播并得到切实的践行。君主管理官吏的办法不在于权威,更不在权势,而在于制度建设,德法兼顾,德法兼顾是对礼治的重要补充。万斯同认为暴君、骄主之过失是封建社会内部各种矛盾长期积累,积重难返的结果;明王朝有完善的进谏的制度,又有历史上诸多进谏事例可借鉴,但是真正能完美进谏,并如意改变君王的想法、观点是不容易的,进谏之臣往往没得好下场。进谏的顺利进行,往往建立在君王能否虚心纳谏的基础之上,而这样的君王少之又少。万斯同因此作出"两让"的规劝。由此可见,谏议制度在绝大多数时段下形同虚设、徒有虚名。尽管如此,万斯同仍然依据《尚书》提出"从谏弗咈,改过不吝"的观点,正面盛赞明宣宗、孝宗之英明,期待贤明人主能够虚心纳谏。在君子、小人之辨问题上,万斯同认为古今小人心术不正、丑恶面目相同,悖仁义,搞阴谋、耍手段,排除异己,排挤能做事的大臣,等等。故开国承家小人勿用;否则,王朝必然自政治生态遭破坏始,至亡朝亡国而终。万斯同并不袒护君子,认为现实中不论君子、小人均呈结派之必然之势,因此凡结派者即连根拔除。

万氏人生哲学的主题是对安身立命之道的构建。万斯同认为安身立命的关键在于诗书礼乐即学道、传道、载道;万斯同特别强调立身在于精神层面的富足,万斯同将自己的人生与学道、传道、布道合二为一,突出践行。特别突出践行,这是万斯同极为可贵之处。万斯同安身立命之道把握住了"孔颜乐处"的精神实质,万斯同视"缔交海内文士为可乐",可乐的内容是"欣赏奇文",因奇文承载着道,可乐的形式是缔交文士,因文士是布道者、传道者。万斯同将与海内文士共"乐"书中作为徜徉"诗书礼乐"世界的重要补充和重要环节。万斯同告诫择术用世者应当审清时务,不抱侥幸心理,始终坚持站在"道"的一边是人生立于不败的关键所在。万斯同提出能够为身后留下"令名"的退而求其次的立场。一个人固然有存世"生"的欲望和意义,但更有留世"令名"的意义和价值,舍弃令名而置名节、气节不顾则身败名裂。这是万斯同在对历史进行深度研究,反思历史人物臧否的基础上,对现实的人生价值的深层思考。万斯同认为名节、气节对于人立身至关重要,立身需谨慎,切忌一招不慎而声名俱裂。万斯同在正文所举的事例中,不乏人物,个个对名节、气节不是不懂,但是在得失成败面前难免动摇,在屠刀威逼之下则更难保其全……于此,万斯同关于"名节"的发问引人深思?! 在异族占领的特定的历史条件下,万斯同认为名节、气节、民族大义高于一切。在绝不仕清的前提下,万斯同将"诗书礼乐"本身作为自己最终的精神家园。

万斯同之理想国即"一代之规模",不仅是试图给社会矛盾运动寻找到一个归宿,而且也是为了给国家、天下寻求一个可能达到的至高点,给天下生民找到一方乐土。万斯同以黄宗羲《明夷待访录》的观点作为参照物,分别从"君主、首辅、选举、胥吏、阉宦、封建及郡县制、土地赋税制度、兵制、建都"等方面论述了构建理想国的方案。

万斯同认为君主之善"纳谏"与群臣之能"尽言",即"天下之公论"相结合,则"大道"行是封建王朝最理想的政治局面。万斯同并无彻底推翻封建专制制度的观念,在维护封建专制制度的前提下,万斯同百般善意地建议其他君主向"榜样"看齐,万斯同对封建君主制抱有幻想的观念是为时代所限。万斯同从现实实际层面对明朝诸多首辅进行了客观评价。在万斯同的视域中,首辅制度差强人意。可见,黄宗羲关于"赖宰相传贤足相补救"的命题在万斯同这里是值得推敲的。与黄宗羲的方案相比,万斯同并没有拘泥于三代取士、用士之法,而是通过历代选举之具体考察肯定了汉唐宋之事实证明了的取士方法的有效性。黄、万师生二人的共同点在于都主张宽取士之办法;另一方面则注重人才的品德、才智等等,即选拔人才注重"德才兼备"的标准。万斯同总体上赞同其师黄宗羲"依法治国"的观点;认为现行国家需采用法来治理,既可以仿效三代,也可以仿效三代后之汉、唐、宋;考虑到三代之法具体内容后世难以把握,可推测万斯同认为切实可行的办法是借鉴汉、唐、宋之良法,从汉、唐、宋法中找到"可行性"才是切实可行之路。由此可见,万斯同的思路抓住了三代之法的精神实质?但是无可置疑万斯同仍然在坚持封建君主独裁。这与黄宗羲法治的观点即要求民主距离拉大了。万斯同充分认识到士阶层在传道、载道方面,在引领国家前行中的正面作用,同时鉴于胥吏对国家的危害,可以推断以士代胥,以士担当官吏,是万斯同对官吏队伍建设的首选方案。宦官历来被看作是封建社会的毒瘤。为此,万斯同愤然提出"阉人之种无时绝,阉人之祸遂不浅"的命题。之后,万斯同尚有《黄河清》一诗以纪念崇祯皇帝"圣人之出",铲除魏忠贤阉党势力之喜,又可见其时代之局限性。万斯同在封建、郡县问题上的观点、方法就是"寓封建之意于郡县之中",即从中央政府到地方政府,采用郡县制,而地方政府如方镇留有诸多独立的自主权(财政、军队)。当然,这种观点不是没有弊病。在边疆设置方镇,给予方镇地方长官很大的自主权,固然能达到震慑朝廷的作用,但也可能会导致这些方镇在边陲,因"天高皇帝远",拥兵自重,出现国中之国的现象,酿成唐朝那样尾大不掉的弊端。对于如何防止方镇的权力过大,避免威胁朝廷的安全等问题,显然,万斯同等人对此关注不够。万斯同此时的关注点在于如何维持大"道"即国家不被异族统治、汉人掌权国家政权。这是万斯同在满人入主中原的条件下,对孔子尊王攘夷思想及"有道之世"的进一步深层认识。万斯同把自三代直至宋元的田制、赋税、币制,都"一一究其始末",而"酌其确当"。张锡瑢曾对万斯同的观点作了以下概括:"首论赋役法,则壤溯神州。井田不可复,限田亦虚语。惟有租庸调,唐制颇近古。两税一条鞭,救患患仍巨。"总而言之,在田制、赋税这块,万斯同提不出好的方案来。万斯同对历代兵制亦曾作过详细的回顾并对其优缺点作了恰当的点评。为此,张锡璁对万斯同《兵制》这一讲有如下概括:次论古兵制,田赋寓卒伍。汉唐调发多,府兵法可祖。宋乃专召募,遂受养兵苦。可见,"唐府兵法"是万斯同总结历代兵制优缺点之后提出的首选方案,以供其"理想国"采用。万氏礼学是理解万氏"以礼治国"思想的依据。万氏将礼视为中华优秀传统文化之血脉,尤其在明清交替之际,保留并传承礼的思想具有特别重大的意义。万氏对历代礼、礼制及其演变的探究做了大量细致入微的考证工作。"礼由情出,贵乎得中"是万斯同礼学的起点。万氏从人或者说人类共同的情感出发,站在发展的角度,将历代礼、礼制视为发展史形态。万氏对于礼、礼制的探讨,突破了三代的局限范围,延伸至宋元明,其试图找到治理其"理想国"的完美方案,期待或者其自认为找到了立国兴邦、长治久安的"钥匙"所作的努力,我们必须予以肯定。在建都问题上,万斯同首先肯定南京是不错的,东南形胜,但是万氏认为北京的地理位置、地势更佳,在各布政司的拱卫之下,如众星捧月一般,雄踞天下;万斯同将各布政司之特点、优势、弊端一一罗列,不厌其烦,以供布置天下参考之用。至于漕运弊端,万斯同有《明代河渠考》一著。该文借鉴元朝海运的经验,搜集关于海运的相关资料论述启用海运问题。于此,黄宗羲提出的运输问题得到了很好的解决。万斯同通过"疏导"而不是"堵"的方法,认识海运、漕运对国家经济生活的影响,眼界、视野较之黄宗羲更为开阔。

　　总之,万斯同试图通过局部的优选、改革,来调整封建王朝的运行过程,兑现"有道之世",缓和动荡给国家、天下带来的危害,成"一代之规模"。但这一切都是空想。事实证明,任何美好的愿望实现都离不开相应的生产力发展水平的支撑,这亦在万斯同探讨田赋制度的"卡壳"中得到提示。事实可鉴,在既有的生产力水平下,是不可能调整出超出生产力水平承载的完美的社会制度的。

　　综上所述,万斯同哲学思想呈现三条线索。一是以"气生万物"为主线,展示了自然界到人类文明社会的现实生成,揭示了物质世界的先在,这个叙述较短,可谓言简意赅。二是太极、乾坤生六子的构架。首先,太极、乾坤生六子从易学角度说明了整个世界的生成顺序;其次,这里还可窥见万斯同探索社会发展动力的种种努力,关于乾坤的认定,君王无疑是第一个锁定目标,除此之外,经济因素同样引起了万斯同的关注。三是道(孔孟之道)与理一本万殊关系的展开。道统论清理了佛老残余,对"道"做了正本清源的工作,古今之道、治道、人生哲学等则对"道"进行了具体展开。总体看,"道(孔孟之道)"是万斯同哲学思想的核心、中心。理想国、"有道之世"即构建"一代之规模"是万斯同哲学思想是归宿、最高成果、终极目标。而格物论则为通往理想国目标提供了现实的认识武器、改造工具、方法论,其格物论显现出万斯同哲学思想的实学特征。

数次访谒万斯同故居,笔者深深为万斯同的人格、学术、事迹所感动。几年来笔者一直沉浸于万斯同及其家族之学术研究。去年协助云南大学朱瑞强教授考证出"佛顶山庄"的具体位置,确定佛顶山庄即宁波城西应奥山顶的一座庙宇,原以为在杭州。大名鼎鼎的袁忠彻——万斯同四世祖母的父亲——将祖坟山应奥赠予万氏家族。其女早逝,是为感伤之至,竟送出祖坟山的大礼隆葬其女并作出万氏家族"优于文学,代有异人"的预言,令人感叹。万斯同诗歌中尚余"李郎潭"一处确切地址不明,不解之疑团一直萦绕在思绪之间。探索之乐无法形容,窃不敢独吞其中之乐趣,余兴未尽之时,想就《导言》中出现的关于万斯同哲学思想三变等问题及其归属作出简要回答。

万斯同哲学思想三变的起点为蕺山之学。蕺山之学按照黄宗羲的解读,一言以概之,即"一本万殊"。当万斯同与潘平格哲学思想相遇并信奉"潘哲"的时候,黄宗羲驳斥潘氏"三灭"并奉劝学生万斯同先认真研读经史(万殊),在既有的"规矩方圆"内行事,期待学生最后回到心或独(一本)。二十年后,万斯同早已学有所成,并在学界有一定的名望。一番交锋,与颜李学派的重要哲学家李塨诸多观点不谋而合。至此,回溯三变,潘平格的意义就在于,潘氏的"格通人我"说所体现的体用观(物的先在),是万斯同从蕺山之学始,最后与颜李之学交汇的桥梁。李氏将身、家、国、天下作为自己的研究对象,这与黄、潘并无二致。李氏认为要研究它们并不能直接入手,只能学习"三物"。"三物"即等于身、家、国、天下等客体。万斯同将李氏格物说(这是他们的共同点)向社会历史领域拓展,提出了自己的"理想国"(一代规模、经世之学)理论。但是仅仅因为万斯同成熟时期万李二人在格物论上彼此契合,便简单地将万氏最后定格为颜李学派的重要一员是不妥的。在没有文本证据证明万李二人本体论、格物论完全重合之前,就只能将万斯同视为浙东学派的哲学家,这是当时实学思潮统摄下的奇特多彩现象。换个角度看,如果说颜李学派从外部延续了实学对王学的革命,那么万斯同则是王学占统治地位的浙东学术圈内部从王学走向实学的一环。在明末清初"天崩地解"的大背景下,万斯同成为浙东学术史上的一位重要人物,其学术思想的形成得益于浙东学派传统的滋润、其家学渊源的熏陶及黄宗羲的栽培,也得益于当时学界反省、批判道学的实学思潮。万斯同的"理想国"

理论绝大多数观点源于黄宗羲《明夷待访录》。但是，由于万斯同将所得理论结果等同于外在客体，故万斯同不能像其师黄宗羲一样推导出"天下为主，君为客"的重要判断。黄宗羲站在"心外无理，心外无物"的立场将帝王这种现象本身彻底否定掉了。与之对照，万斯同由于将帝王现象视为外在客观，故只能有好坏差别的评判。凡此种种，万斯同哲学思想与黄宗羲的距离已经拉开距离。在此不一一赘述。这实际预示着浙东学派哲学思想在实学思潮大道上的新的走向。

由于万斯同著作的大量散佚，造成对其哲学思想研究的诸多困难。加之笔者学术功力的限制，拙稿尚存在如下三点不足之处。

第一，在本书"道统论"一章，通过探讨万斯同"对朱熹易学道教成分的剥离"，万斯同易学之框架得以初步显现。但是对万斯同易学思想尚需进一步深入挖掘。万斯同关于拟卦的记载、关于卦变说的论述，尤其是卦变说采用"刚柔说"，拒斥"阴阳说"之探讨，这部分内容之学术价值是什么？笔者目前把握不准。易学体例本有爻辞、卦辞，这里是否可定义为"卦变辞"？本文没有述及，有待补苴。

第二，据载万斯同在礼学领域建树颇多，其曾帮助徐乾学修著《读礼通考》《五礼备考》等礼学著作。《读礼通考》现在徐乾学名下；署名秦蕙田的《五礼通考》，梁启超认为可能源自万斯同而被秦蕙田改装，这有待甄别；现存浙江图书馆徐乾学名下的手稿（孤本）《五礼备考》，目前学界尚未提及，文献具在，如何判定归属，任务艰巨。万斯同礼学思想自身值得深入研究，万斯同礼学与黄宗羲等浙东代表人物之礼学的对比研究、与万氏家族其他人礼学的对比研究都非常有价值。

第三，徐乾学名下的《资治通鉴后编》亦是万斯同的作品，这已经引起历史学界的关注，若能将万斯同学术思想研究置于从《资治通鉴后编》到《明史稿》的广阔范围，前后贯通进行研究，必将会有意外的收获。这是笔者未来努力的方向。

考虑到万斯同礼学思想之博大，内容丰厚，笔者2021年写作了论文《礼始于天而成于人——王安石的礼学思想探索》，并参加了江西抚州举办的纪念王安石诞辰1000周年学术研讨会，2022年又着手《博文以约礼——王阳明礼学思想探索》一文材料搜集准备工作。王安石曾经在鄞县担任过三年知县，王阳明则是宁波本土的历史文化名人，浙东学派的顶级人物。对于他们礼学思想的研究,是为了更好地理解万斯同礼学思想的源头及学术背景,乃至研究方法。目前从事浙东学派学术思想研究的队伍庞大,笔者从他们的研究中收获匪浅,对浙东这块肥沃的学术土壤有了一定的认识,从中分享了很多的"成功"乐趣。因此,尽管摆在面前的万斯同学术思想研究任务"繁重",但因为有了众多的同行者,加之又有导师、同门的激励,笔者期待在上述三个方面有所作为!

参考文献

古籍

1. ［清］万斯同撰，方祖猷主编：《万斯同全集》，宁波出版社 2013 年版。

2. ［清］万斯同撰：《明史稿》，《续修四库全书》本，上海古籍出版社 2002 年版。

3. ［宋］叶适著，刘公纯、王孝鱼、李哲夫点校：《叶适集》，中华书局 1961 年版。

4. ［宋］陈亮著，邓广铭点校：《陈亮集》，中华书局 1974 年版。

5. ［宋］程颢、程颐著，王孝鱼点校：《二程集》，中华书局 1984 年版。

6. ［明］黄宗羲撰，沈芝盈点校：《明儒学案》，中华书局 1985 年版。

7. ［清］董诰、阮元、徐松等编辑《全唐文》，中华书局 1987 年版。

8. ［清］颜元撰，王星贤等点校：《颜元集》，中华书局 1987 年版。

9. ［明］王守仁著，吴光等编校：《王阳明全集》，上海古籍出版社 1992 年版。

10. ［清］万言撰：《管村文抄内编》，丛书集成续编本，上海书店出版社 1994 年版。

11. ［唐］孔颖达：《周易正义》（影印本），北京图书馆出版社 2003 年版。

12. ［清］黄宗羲撰，沈善洪主编，吴光执行主编：《黄宗羲全集》，浙江古籍出版社 2005 年版。

13. ［清］顾炎武撰，［清］黄汝成集释，栾保群、吕宗力点校：《日知录集释（全校本）》，上海古籍出版社 2006 年版。

14. ［明］朱载堉撰，冯文慈点校：《律吕精义》，人民音乐出版社 2006 年版。

15.［宋］周敦颐著,陈克明点校:《周敦颐集》,中华书局 2009 年版。

16.［宋］周敦颐著,梁绍辉、徐荪铭等点校:《周敦颐集》,岳麓书社 2007 年版。

17.［清］黄宗羲:《易学象数论》,九州出版社 2007 年版。

18.［唐］柳宗元:《柳河东集》,上海古籍出版社 2008 年版。

19.［宋］胡宏撰,王立新校:《胡宏著作两种》,岳麓书社 2008 年版。

20.［清］胡渭:《易图明辨》,九州出版社 2008 年版。

21.［宋］杨万里:《诚斋易传》,九州出版社 2008 年版。

22.［宋］黄庭坚著,郑永晓整理:《黄庭坚全集辑校编年》,江西人民出版社 2008 年版。

23.［宋］欧阳修撰,洪本健校笺:《欧阳修诗文集校笺》,上海古籍出版社 2009 年版。

24.［清］戴震撰,何文光整理:《孟子字义疏证》,中华书局 2009 年版。

25.［唐］李隆基注,［宋］邢昺疏,金良年整理:《孝经注疏》,上海古籍出版社 2009 年版。

26.［战国］尸佼著,黄曙辉点校:《尸子》,华东师范大学出版社 2009 年版。

27.［清］潘平格撰,锺哲点校:《潘子求仁录辑要》,中华书局 2009 年版。

28.［宋］欧阳修著,李逸安点校:《欧阳修全集》,中华书局 2009 年版。

29.［宋］苏轼著,张志烈、马德富、周裕锴主编:《苏轼全集校注》,河北人民出版社 2010 年版。

30.［宋］司马光著,李文泽、霞绍辉点校:《司马光集》,四川大学出版社 2010 年版。

31.［宋］朱熹著,朱杰人、严佐之、刘永翔主编:《朱子全书(修订本)》,上海古籍出版社、安徽教育出版社 2010 年版。

32.［宋］程颐著,王孝鱼点校:《周易程氏传》,中华书局 2011 年版。

33.［清］李塨著,邓子平、陈山榜校:《李塨文集》,河北人民出版社 2011 年版。

34.［魏］王弼注,楼宇烈教释:《老子道德经注》,中华书局 2011 年版。

35.［明］王夫之著,船山全书编辑委员会编校:《船山全书》,岳麓书社 2011 年版。

36.［汉］班固撰,［唐］颜师古注:《汉书》,中华书局 2012 年版。

37.〔清〕万斯大撰,温显贵校注:《经学五书》,华东师范大学出版社 2012 年版。

38.〔宋〕张载著,章锡琛点校:《张载集》,中华书局 2012 年版。

39.〔明〕朱载堉:《乐律全书十五种》,国家图书馆出版社 2013 年版。

40.〔清〕顾炎武著,黄珅、严佐之、刘永翔主编:《顾炎武全集》,上海古籍出版社 2013 年版。

41.〔清〕李邺嗣撰,张道勤校:《杲堂诗文集》,浙江古籍出版社 2013 年版。

42.〔明〕张居正撰,潘林编注:《张居正奏疏集》,华东师范大学出版社 2014 年版。

43.〔战国〕左丘明著,〔三国吴〕韦昭注,胡文波点校:《国语》,上海古籍出版社 2015 年版。

44.〔清〕皮锡瑞著,吴仰湘点校:《经学通论》,中华书局 2017 年版。

45.〔汉〕王充:《宋本论衡》,国家图书馆出版社 2017 年版。

46.〔魏〕王弼注,〔晋〕韩康伯注,〔唐〕孔颖达疏,于天宝校:《宋本周易注疏》,中华书局 2018 年版。

47.〔清〕全祖望著,朱铸禹校注:《全祖望集汇校集注》,上海古籍出版社 2018 年版。

48.〔清〕万斯大增修:《宁波濠梁万氏宗谱·内集》,清乾隆三十七年辨志堂刻本。

49.〔汉〕董仲舒著,张世亮、钟肇鹏、周桂钿译注:《春秋繁露》,中华书局 2018 年版。

专著

1.梁启超:《中国近三百年学术史》,江苏人民出版社 2015 年版。

2.姜国柱:《张载的哲学思想》,辽宁人民出版社 1982 年版。

3.李玄伯:《中国古代社会新研》,上海文艺出版社 1988 年版。

4.蒙培元:《理学范畴系统》,人民出版社 1989 年版。

5.邢兆良:《朱载堉评传》,南京大学出版社 1998 年版。

6.冯达文:《中国哲学的本源——本体论》,广东人民出版社 2001 年版。

7.高令印、乐爱国:《王廷相评传》,南京大学出版社 2002 年版。

8.陈正夫、何植靖:《许衡评传》,南京大学出版社 2002 年版。

9. 彭永捷:《朱陆之辩——朱熹陆九渊哲学比较研究》,人民出版社 2002 年版。

10. 梁绍辉:《周敦颐评传》,南京大学出版社 2002 年版。

11. 张义德:《叶适评传》,南京大学出版社 2002 年版。

12. 张立文:《朱熹评传》,南京大学出版社 2004 年版。

13. 傅小凡:《宋明道学新论——本体论建构与主体性转向》,社会科学文献出版社 2005 年版。

14. 葛荣晋、王俊才:《陆世仪评传》,南京大学出版社 2006 年版。

15. 祁润兴:《陆九渊评传》,南京大学出版社 2006 年版。

16. 东方朔:《刘宗周评传》,南京大学出版社 2006 年版。

17. 徐振贵:《孔尚任评传》,南京大学出版社 2006 年版。

18. 王晓毅:《郭象评传》,南京大学出版社 2006 年版。

19. 潘起造:《明清浙东经世实学通论》,宁波出版社 2006 年版。

20. 朱义禄:《颜元李塨评传》,南京大学出版社 2006 年版。

21. 董平、刘宏章:《陈亮评传》,南京大学出版社 2006 年版。

22. 龚杰:《张载评传》,南京大学出版社 2006 年版。

23. 施觉怀:《韩非评传》,南京大学出版社 2006 年版。

24. 张祥浩:《王守仁评传》,南京大学出版社 2006 年版。

25. 卢央:《京房评传》,南京大学出版社 2006 年版。

26. 王晓毅:《王弼评传》,南京大学出版社 2006 年版。

27. 许苏民:《顾炎武评传》,南京大学出版社 2006 年版。

28. 李开:《惠栋评传》,南京大学出版社 2006 年版。

29. 侯敏:《易象论》,北京大学出版社 2006 年版。

30. 南聚德:《刘因评传》,南京大学出版社 2006 年版。

31. 邢兆良:《墨子评传》,南京大学出版社 2006 年版。

32. 陈居渊:《焦循阮元评传》,南京大学出版社 2006 年版。

33. 方旭东:《吴澄评传》,南京大学出版社 2006 年版。

34. 潘富恩、徐余庆:《吕祖谦评传》,南京大学出版社 2006 年版。

35. 黄明同:《陈献章评传》,南京大学出版社 2006 年版。

36. 李迪:《梅文鼎评传》,南京大学出版社 2006 年版。

37. 杨泽波:《孟子评传》,南京大学出版社 2007 年版。

38. 高怀民:《先秦易学史》,广西师范大学出版社 2007 年版。

39. 高怀民:《两汉易学史》,广西师范大学出版社 2007 年版。

40. 高怀民:《元明清》,广西师范大学出版社 2007 年版。

41. 郑杰文、傅永军:《经学十二讲》,中华书局 2007 年版。

42. 复旦大学思想史研究中心:《经学、政治与现代中国》,上海人民出版社 2007 年版。

43. 惠吉兴:《中国哲学精神》,广东人民出版社 2007 年版。

44. 史革新:《清代理学史》,广东教育出版社 2007 年版。

45. 郭善兵:《中国古代帝王宗庙礼制研究》,人民出版社 2007 年版。

46. 周山:《中国学术思潮史纲》,上海社会科学院出版社 2008 年版。

47. 侯外庐:《中国思想史纲》,上海世纪出版集团 2008 年版。

48. 侯外庐:《中国思想史纲》,上海书店出版社 2008 年版。

49. 何俊、尹晓宁:《刘宗周与蕺山学派》,中国人民大学出版社 2009 年版。

50. 许苏民、申屠炉明:《明清思想文化变迁》,南京大学出版社 2009 年版。

51. 单周尧:《明清学术研究》,中国社会科学出版社 2009 年版。

52. 陈鼓应、白奚:《老子评传》,南京大学出版社 2009 年版。

53. 蔡方鹿:《经学与中国哲学》,华东师范大学出版社 2009 年版。

54. 孔繁:《荀子评传》,南京大学出版社 2010

55. 颜世安:《庄子评传》,南京大学出版社 2010 年版。

56. 牟宗三:《从陆象山到刘蕺山》,吉林出版集团有限责任公司 2010 年版。

57. 钱穆:《宋明理学概述》,九州出版社 2010 年版年版。

58. [日]土田健次郎:《道学之形成》,上海古籍出版社 2010 年版。

59. 陈来:《朱子哲学研究》,生活·读书·新知三联书店 2010 年版。

60. 牟宗三:《中国哲学十九讲》,吉林出版集团有限责任公司 2010 年版。

61. 赖玉芹:《博学鸿儒与清初学术转变》,中国社会科学出版社 2010 年版。

62. 陈来:《宋明理学》,生活·读书·新知三联书店 2011 年版。

63. 赵金刚:《朱熹的历史观》,生活·读书·新知三联书店 2018 年版。

64. 杨天石:《朱熹——孔子之后第一儒》,东方出版社 2019 年版。

65. 熊逸:《逍遥游——当〈庄子〉遭遇现实》,线装书局 2011 年版。

66. 蔡方鹿:《中国经学与宋明理学研究》,人民出版社 2011 年版。

67. 钱穆:《中国近三百年学术史》,九州出版社 2011 年版。

68.俞宣孟:《本体论研究》,上海人民出版社 2012 年版。

69.林忠军:《易学源流与现代阐释》,上海古籍出版社 2012 年版。

70.冯友兰:《中国哲学史》,重庆出版社 2012 年版。

71.汪学群:《明代遗民思想研究》,中国社会科学出版社 2012 年版。

72.陈祖武:《清代学术源流》,北京师范大学出版社 2012 年版。

73.李晓春:《张载哲学与中国古代思维方式研究》,中华书局 2012 年版。

74.陆杰荣:《形而上学研究的几个问题》,中国社会科学出版社 2012 年版。

75.尉利工:《朱子经典诠释思想研究》,中国社会科学出版社 2013 年版。

76.苟小泉:《中国传统哲学本体论形态研究》,北京师范大学出版社 2013 年版。

77.陈来:《有无之境王阳明哲学的精神》,北京大学出版社 2013 年版。

78.牟宗三:《心体与性体》,吉林出版集团有限责任公司 2013 年版。

79.[日]本田成之:《中国经学史》,漓江出版社 2013 年版。

80.梁涛:《儒家道统说新探》,华东师范大学出版社 2013 年版。

81.陈壁生:《经学的瓦解》,华东师范大学出版社 2014 年版。

82.张立文:《戴震哲学研究》,人民出版社 2014 年版。

83.南怀瑾:《列子臆说》,东方出版社 2014 年版。

84.张立文:《中国哲学思潮发展史》,人民出版社 2014 年版。

85.胡金旺:《王安石的哲学思想与〈三经新义〉》,光明日报出版社 2014 年版。

86.周赟:《张载天人关系新说—论作为宗教哲学的理学》,中华书局 2015 年版。

87.车铭洲:《西欧中世纪哲学与现代西方五大哲学思潮》,南开大学出版社 2015 年版。

88.王汎森:《权力的毛细血管作用》,北京大学出版社 2015 年版。

89.李承贵:《天道与人道》,南京大学出版社 2015 年版。

90.张克宾:《朱熹易学思想研究》,人民出版社 2015 年版。

91.陈鼓应:《道家易学建构》,中华书局 2015 年版。

92.南怀瑾:《易经杂说》,东方出版社 2015 年版。

93.李中华:《神秘文化的启示纬书与汉代文化》,中国书籍出版社 2015 年版。

94. 匡亚明：《孔子评传》，南京大学出版社 2016 年版。

95. 巴文泽：《跨越千年的论战——今文经学与古文经学之争》，中州古籍出版社 2016 年版。

96. 唐琳：《朱熹易学研究》，商务印书馆 2016 年版。

97. 张立文：《宋明理学研究（增订版）》，中国人民大学出版社 2016 年版。

98. 陈畅：《理学道统的思想世界》，上海书店出版社 2017 年版。

99. 张岱年：《中国哲学大纲》，中华书局 2017 年版。

100. 余敦康：《汉宋易学解读》，中华书局 2017 年版。

101. 陈霞：《道家哲学引论》，中国社会科学出版社 2017 年版。

102. 李楠明：《列宁〈哲学笔记〉研究读本》，中央编译出版社 2017 年版。

103. 肖孟夏：《程伊川的理一本思想研究》，四川大学出版社 2017 年版。

104. 王明慧：《大道与人生》，山东人民出版社 2017 年版。

105. 周桂钿：《中国传统哲学》，福建教育出版社 2017 年版。

106. 张岱年：《中国古典哲学概念范畴要论》，中华书局 2017 年版。

107. 史少博：《儒学视野下的易学》，华南理工大学出版社 2017 年版。

108. 成中英：《本体诠释学（一）》，中国人民大学出版社 2017 年版。

109. 成中英：《本体诠释学（二）》，中国人民大学出版社 2017 年版。

110. 成中英：《儒家哲学的本体重建》，中国人民大学出版社 2017 年版。

111. 欧阳维诚：《思维模式视野下的易学》，华南理工大学出版社 2017 年版。

112. 徐梵澄：《陆王学述》，崇文书局 2017 年版。

113. 朱彦民：《史学视野下的易学》，华南理工大学出版社 2017 年版。

114. 任继愈：《任继愈谈易经》，石油工业出版社 2018 年版。

115. 王国富：《西方哲学史的本体论思考方式研究》，社会科学文献出版社 2018 年版。

116. 杨国荣：《实证主义与中国近代哲学（修订版）》，华东师范大学出版社 2018 年版。

期刊论文

1. 展龙：《万斯同〈明史〉序、论的史学价值》，《史学史研究》2013 年第 2 期。

2. 展龙：《万斯同〈明史〉"论赞"的史学价值与理论意义——兼与张廷玉〈明

史〉"论赞"之比较》,第十四届明史国际学术研讨会论文集。

　　3.方祖猷:《万斯同史学思想中的新因素》,《宁波大学学报(人文科学版)》1993年第2期。

　　4.万殿才:《万斯同和他的史学》,《西南师范大学学报(人文社会科学版)》1988年第4期。

　　5.郭培贵、王志跃:《〈明史·礼志〉史实考误》,《古籍整理研究学刊》2008年第4期。

　　6.王志跃、欧磊:《〈明史·礼志〉编纂考述》,《平原大学学报》2006年第6期。

　　7.王允亮:《西汉庙制之争考论》,《咸阳师范学院学报》2005年第5期。

　　8.朱昌荣:《20世纪中国大陆清初程朱理学研究回顾》,《中国史研究动态》2006年第3期。

　　9.朱昌荣:《清初程朱理学"复兴"标志论略》,《史学集刊》2009年第5期。

　　10.朱昌荣:《程朱理学官僚与清初社会重建——基于学术思想史与社会史结合的考察》,《历史研究》2013年第4期。

　　11.任雪山:《方苞与万斯同交游及其学术史意义》,《宁波大学学报(人文科学版)》2017年第6期。

　　12.许光.《方苞史学思想与浙东学派——从解读方苞〈万季野墓表〉》入手,《佳木斯大学社会科学学报》2013年第4期。

　　13.刘梁剑:《人物之际:黄宗羲"一本万殊"思想的一个面向》,《学海》2012年第1期。

　　14.何石彬:《老子之"道"与"有"、"无"关系新探—兼论王弼本无论对老子道本论的改造》,《哲学研究》2005年第7期。

　　15.郑济洲:《"气本论"考论》,《黑河学刊》2016年第3期。

　　16.高建立:《论程颢程颐宇宙观之差异》,《黄淮学刊》1989年第4期。

　　17.卢连章:《程颢程颐哲学思想异同论》,《中州学刊》1982年第2期。

　　18.陈水德:《朱熹理本论及其根柢之误》,《江南大学学报(人文社会科学版)》,2010年第5期。

　　19.曾振宇:《对朱子理气关系论的重新考察》,《船山学刊》2017年第4期。

　　20.丁为祥:《张载太虚三解》,《孔子研究》2002年第6期。

　　21.赵中国:《易学在北宋五子儒学本体论建构中的意义》,《燕山大学学报

（哲学社会科学版）》2010 年第 4 期。

22. 向世陵：《理学流派与性学的价值》，《哲学研究》1999 年第 9 期。

23. 胡金旺：《苏轼道本论与工夫论关系探微》，《南昌大学学报（人文社会科学版）》2016 年第 1 期。

24. 张占军：《道本论与无本论：老子与王弼之思想分野析论》，《河北学刊》2016 年第 5 期。

25. 陈宇宙：《从气本到人本：王夫之生死观的致思理路》，《船山学刊》2017 年第 6 期。

26. 孙邦金：《乾嘉易学与"道论"形而上学之重构》，《周易研究》2013 年第 6 期。

27. 杨俊峰：《论朱熹格物论视域中的"物""理"与"知"》，《中州学刊》2018 年第 7 期。

28. 石磊：《朱熹格物论中的"心学"倾向及其对心学工夫论的批判》，《学术探索》2017 年第 12 期。

29. 吕继北：《宋儒"格物"论与儒释交融思潮》，《学术探索》2017 年第 12 期。

30. 石磊、解光宇：《朱熹格物论的心学化转向——阳明格竹与龙场悟道内在关联探析》，《安徽大学学报（哲学社会科学版）》2017 年第 5 期。

31. 张新国.《重建"儒者之学"——朱子〈大学〉补传成说及对各家格物论的批评》，《中州学刊》2016 年第 6 期。

32. 尹晓宁：《格物致知新解："以类相推"的方法论——兼论朱熹格物论的缺失》，《浙江学刊》2014 年第 6 期。

33. 乐爱国：《王阳明对朱熹格物论的误读——兼论冯友兰〈中国哲学史〉对朱熹理学与陆王心学的分疏》，《社会科学战线》2014 年第 9 期。

34. 杨易辰、孙定芳：《颜李学派的哲学困境——以颜元、李塨"格物"论为中心的考察》，《理论观察》2014 年第 3 期。

35. 陈居渊：《清代乾嘉之际的"新格物论"》，《哲学研究》2009 年第 9 期。

36. 黄卓越：《王艮"淮南格物"论概念系统的再疏释——并论其对〈大学〉文本的解读》，《中国哲学史》2004 年第 2 期。

37. 祁洞之：《古代中国自然哲学的认识论基础及特征》，《江苏社会科学》1992 年第 6 期。

38. 袁凌新：《以人为中心的主客二分模式辨析》，《中共南京市委党校学报》

2013 年第 6 期。

39.李志宏、刘洋:《认识论与"主客二分"何错之有？——兼论实践存在论美学的倒退》,《文艺争鸣》2013 年第 5 期。

40.高连福:《关于主客二分模式的思考》,《哲学研究》2011 年第 5 期。

41.杨军:《马克思的主客二分模式及其理论变革意义》,《河北科技师范学院学报(社会科学版)》2009 年第 2 期。

42.王玉民:《宋元明时期司天机构的候气工作与候气观念的兴衰》,《中国科学史杂志》2015 年第 2 期。

43.杨晓英:《"道统说"到"气本论":韩愈和张载反佛思想的逻辑进路》,《新西部》2018 年第 5 期。

44.冯琳:《王船山道统论之近代因素的思考》,《中国哲学史》2019 年第 2 期。

45.赵瑞军:《宋初的道统论研究——兼论宋初之尊孟》,《现代哲学》2018 年第 6 期。

46.吴震:《心学道统论——以"颜子末而圣学亡"为中心》,《浙江大学学报(社会科学版)》2017 年第 5 期。

47.苏费翔:《宋人道统论——以朱熹为中心》,《厦门大学学报(哲学社会科学版)》2015 年第 1 期。

48.郑吉雄:《〈易图明辨〉与儒道之辨》,《周易研究》2000 年第 4 期。

49.梅溪:《论二程的"道"范畴——兼论二程哲学体系的结构特征》,《青海社会科学》1988 年第 4 期。

50.李明友:《清初批判道学思潮论略》,《浙江大学学报(社会科学版)》1994 年第 9 期。

51.何静:《儒佛道交融的朱熹天理论》,《浙江社会科学》2009 年第 12 期。

52.唐琳:《朱熹易学的诠释特色——兼论朱熹对程颐的批判》,《孔子研究》2015 年第 6 期。

53.宁怡琳:《"良知即是易"——试论王阳明的易学思想》,《中国哲学史》2019 年第 2 期。

54.曾华东、杨效雷:《"史事宗"易学:一种中国式方法范式的确立与传承》,《江西社会科学》2019 年第 3 期。

55.曾华东:《以史证易与诚斋易学》,《周易研究》2011 年第 6 期。

56. 曾华东：《史事宗易学视域下的朱陆分殊》，《朱子学刊》2015 年第 1 期。

57. 姜晗琪：《杨万里易学诠释特色之"以史证易"探析》，《周易研究》2015 年第 3 期。

58. 续晓琼：《李光史事易学初探》，《东岳论丛》2014 年第 7 期。

59. 黄忠天：《史事宗易学研究方法析论》，《周易研究》2007 年第 5 期。

60. 李元骏：《汉代象数易学的两个面向——以王弼"存象忘意"的批评为例》，《周易研究》2018 年第 5 期。

61. 张沛：《焦循易学的旁通说及其仁学意蕴》，《周易研究》2018 年第 4 期。

62. 陈睿超：《论邵雍先天易学哲学的体用观念》，《哲学动态》2018 年第 6 期。

63. 陈道德：《言、意、象简论》，《哲学研究》1997 年第 6 期。

64. 姜广辉、杨丹：《儒道分野：胡渭对图书易学的批判》，《周易研究》2018 年第 6 期。

65. 向世陵：《张载"易之四象"说探讨》，《周易研究》2012 年第 5 期。

66. 卢有才：《张载谈"鬼"论"神"》，《河南工程学院学报（社会科学版）》2012 年第 2 期。

67. 朱志荣：《论〈周易〉的意象观》，《学术月刊》2019 年第 2 期。

68. 李秋丽：《论胡一桂占筮识度下的意象观》，《东岳论丛》2010 年第 11 期。

69. 刘玉建：《论唐代易学名家孔颖达的意象观》，《社会科学战线》2004 年第 3 期。

70. 丁为祥：《儒佛因缘：宋明理学中的批判精神与排拒意识》，《文史哲》2015 年第 3 期。

71. 崔海东：《辟佛老视域下张载本体义理的展开》，《中州学报》2013 年第 11 期。

72. 刘馨明：《攘斥佛教，复兴儒学：韩愈辟佛思想论》，《哈尔滨学院学报》2019 年第 2 期。

73. 张连伟、李晗：《辟佛、反本与开新：二程"生之谓新"新解》，《中国哲学史》2019 年第 3 期。

74. 王洁：《朱子"实理"思想的四个层次——兼论朱子"实理"视域下的辟老与辟佛》，《孔子研究》2016 年第 3 期。

75. 代云：《朱熹人心道心论的辟佛意旨》，《中州学刊》2013 年第 11 期。

76. 彭耀光：《二程辟佛与理学的建构》，《哲学动态》2012 年第 11 期。

77. 王志强：《关于人工智能的政治哲学批判》，《自然辩证法通讯》2019 年第 6 期。

78. 李佃来：《建构整全意义上的当代中国马克思主义政治哲学》，《求索》2019 年第 3 期。

79. 孙旭鹏、赵文丹：《荀子与洛克政治哲学比较》，《湖南文理学院学报》2019 年第 4 期。

80. 刘道岭：《孔子家语的政治哲学意蕴》，《人民论坛》2019 年第 4 期。

81. 赵哲轩：《从"道德的政治"视角看〈中庸〉的政治哲学》，《广西社会主义学院学报》2019 年第 1 期。

82. 牛江伟：《马克思政治哲学的立论方式及对正义问题的解决》，《齐齐哈尔大学学报（哲学社会科学版）》2019 年第 4 期。

83. 刘丰：《"为民父母"与先秦儒家的政治哲学》，《现代哲学》2019 年第 1 期。

84. 陈双飞：《论马克思政治哲学的理论特质》，《社科纵横》2019 年第 1 期。

85. 郑开：《试论黄老政治哲学的"内圣外王之道"》，《湖南大学学报（社会科学版）》2019 年第 2 期。

86. 葛荃：《君子小人辨：传统政治人格与君主政治》，《天津社会科学》1991 年第 4 期。

87. 邓辉、左珂：《"气本论"下的"圣王之治"——黄宗羲政治思想的哲学探究》，《吉首大学学报（社会科学版）》2010 年第 3 期。

88. 李翔海：《"孝"：中国人的安身立命之道》，《学术月刊》2010 年第 4 期。

89. 郭清香：《何以安身？立命何处？——"安身立命"问题的当代价值》，《河南社会科学》2011 年第 3 期。

90. 练崇潮：《人情社会、情感异化与现代人的安身立命》，《江西社会科学》2015 年第 5 期。

91. 吕纪立：《论〈周易〉中"安身立命"的四大关系》，《学术探索》2015 年第 11 期。

92. 吴龙灿：《从"大德受命"到"德福一体"——中西比较视域中的早期儒家德福观》，《伦理学研究》2012 年第 2 期。

93. 陈屹：《道器之辨中的三种方式及其转换》，《周易研究》2010 年第 6 期。

94. 王向清、李芬:《道器之辨的逻辑发展》,《中南林业科技大学学报(社会科学版)》2007 年第 2 期。

95. 方祖猷:《浙东学术及其三大学派——浙东学术文化在宁波概述之一》,《宁波党校学报》2003 年第 3 期。

96. 杨丕丞:《由〈群书疑辨〉论宋史探讨万斯同之史学精神》,《中州学报》2002 年第 12 期。

97. 汪惠娟:《凌廷堪"以礼代理"之礼学思想探研》,《哲学与文化》2005 年第 11 期。

98. 张丽珠:《一代贤奸托布衣——万斯同之明史修撰与浙东史学的联系》,《成大中文学报》2009 年第 7 期。

99. 邓国光:《明史论明文:明、清公私史乘叙论明代诗文、八股及文化复古歧议研究》,《东华中文学报》2009 年第 12 期。

100. 衣若兰:《旧题万斯同 416 卷本〈明史·列女传〉研析》,《汉学研究》2010 年第 3 期。

101. 凌华苓:《什么礼义? 谁的人情——〈明史〉"大礼议"论赞分析》,《联大学报》2014 年第 6 期。

102. *Weiguo*, *Sun*. The historical narrative of the Wanli Korean campaign in the Qing Official Ming History Chinese Studies in History , 2019, *Vol. 52 Issue 1*, *p76-100*, *25p*, *1 Chart*;数据库: *OmniFile Full Text Mega*（*H.W. Wilson*）

学位论文

1. 杨军:《马克思的新唯物主义与主客二分的思维方式》,苏州大学 2010 年博士学位论文。

2. 于祥成:《清代书院的儒学传播研究》,湖南大学 2012 年博士学位论文。

3. 徐加胜:《韩愈的道统及其宗教性诠释》,中国社会科学院 2012 年博士学位论文。

4. 赵标:《"自然"与"必然"的融贯——戴震理学批判思想研究》,西北大学 2013 年博士学位论文。

5. 刘春雷:《西汉易学卦气说研究——以孟喜、焦赣、京房和〈易纬〉为中心》,山东大学 2016 年博士学位论文。

6.杨虎:《左氏易传:〈左传〉〈国语〉易学研究》,山东大学 2017 年博士学位论文。

7.陈盟:《汉代经学视野中的郑玄易学研究》,山东大学 2018 年博士学位论文。

8.马鑫焱:《张载易学著作与思想研究》,山东大学 2018 年博士学位论文。

9.修文举:《二十世纪的易学研究与当代中国哲学的建构》,黑龙江大学 2018 年博士学位论文。

10.李学卫:《张载与程颐易学比较研究》,陕西师范大学 2018 年博士学位论文。

11.邢万全:《士风和世俗——以 16—18 世纪鄞县万氏为个案的考察》,宁波大学 2009 年硕士学位论文。

12.刘小红:《潘平格思想研究》,上海师范大学 2012 年硕士学位论文。

13.闫瑞:《〈明史·佞幸传〉研究》,东北师范大学 2013 年硕士学位论文。

14.陈佳炜:《〈明史·奸臣传〉研究》,黑龙江大学 2018 年硕士学位论文。

15.杨丽恒:《试论王弼易学的意象观》,华中科技大学 2017 年硕士学位论文。

后　记

　　本书是在本人博士学位论文的基础上修改而成的。

　　从着手考博，至博士毕业前后都十几年了。其间，敬爱的外公走了，妈妈走了，外婆在我即将毕业之前也走了……

　　顾老师走了，他的象棋手稿基本都在我这。当上海棋谱收藏家周明华老师将排局家谈金仪老先生的手稿转赠给我的时候，我知道往后的任务很重、担子很重。放下手下的工作，写作一部《近现代象棋排局名家录》是我时时脑际冒出的冲动！书法、象棋无疑占去了我的一部分时间，但既然已经站到门槛边，为什么不去努力一把？在众多亲朋好友的注视之下，我是否应该表现得更完美一些？

　　现在，父亲又走了。一年多时间内发生的一件又一件的事情增加了前进的难度，似乎在考验我的决心和定力……

　　若干年前，我在上海图书馆古籍部见到象棋古谱《梅花泉》"韩应陞稿本"。其中，有篇《序》令我动容。讲的是汪大经，清代一位杰出的文学家。他的叔伯、兄弟、堂兄弟、子侄等先后登科及第，屡屡升迁，在官场混得风生水起……惟独学问最大的他屡屡落榜不得志。一个胖子，大热天挥汗如雨，在街头摆摊为人写帖子，鬻艺谋生！想到我自己，如果不是我的导师，慧眼识"珠"，那我很可能就是第二个汪大经。

　　我的导师魏福明老师给了我学习上的极大鼓励，给了我自由发挥的空间。在他的激励下，我对哲学有了点想法……最后真有了点想法。哲学的概念、命题、判断，终于临近毕业之际固定为我思考问题的基本方法。学业的结束并不意味着学习的结束，其实她是学术研究的开始。我的耳畔时常能感觉到导师的问题:"哲学是什么?"

对呀,哲学是什么? 哲学是穿越书法海洋的航船! 哲学是解开象棋奥秘的金钥匙! 哲学是中国哲学! 哲学为我今后的研究插上了翅膀!

我不知道魏老师对我的回答是否满意? 或者将来我的研究工作能够令魏老师满意?

十几年的考博、读博之漫漫征程,确实有点长。因为时间太漫长,不知有多少人能一直坚持下来,不知有多少十足的理由会让人改变初衷。即使能扛下来,也未必一定开花结果啊!? 因此,在这个意义上说,我觉得自己非常的幸运。不仅遇到了导师,不仅在博士论文开题、预答辩、定稿,直至最后答辩的过程中,有徐嘉、乔光辉两位老师的点拨,我在学术、学问上确实受益匪浅;更为重要的是,三位老师性格、风格迥异,严谨、严格的治学态度却不约而同地高度一致,令人难以忘怀。无疑,他们是我终身追随、学习、效法的榜样。

我能够感受到我家爱人怡然自得的心境。尽管她上班工作忙,一周有10几节课、一沓沓的作业批改不完,下班之后又操持起家务,等所有"工作"完毕,她又心无旁骛地弹奏起古筝……有了妻子乃至来自整个大家庭的支持,有整个国家、社会祥和、太平的大环境。借助于此,我能够一直执拗地练字、打谱、看书,做自己喜欢做的事情……

现在《万斯同哲学思想研究》即将正式出版。再次感谢浙江省社科联的资助,感谢评审专家提出的宝贵的修改意见,感谢宁波财经学马克思主义学院领导及各位同事的帮助和支持。

伍强胜

辛丑年冬月廿三日于宁波冯家岸桥